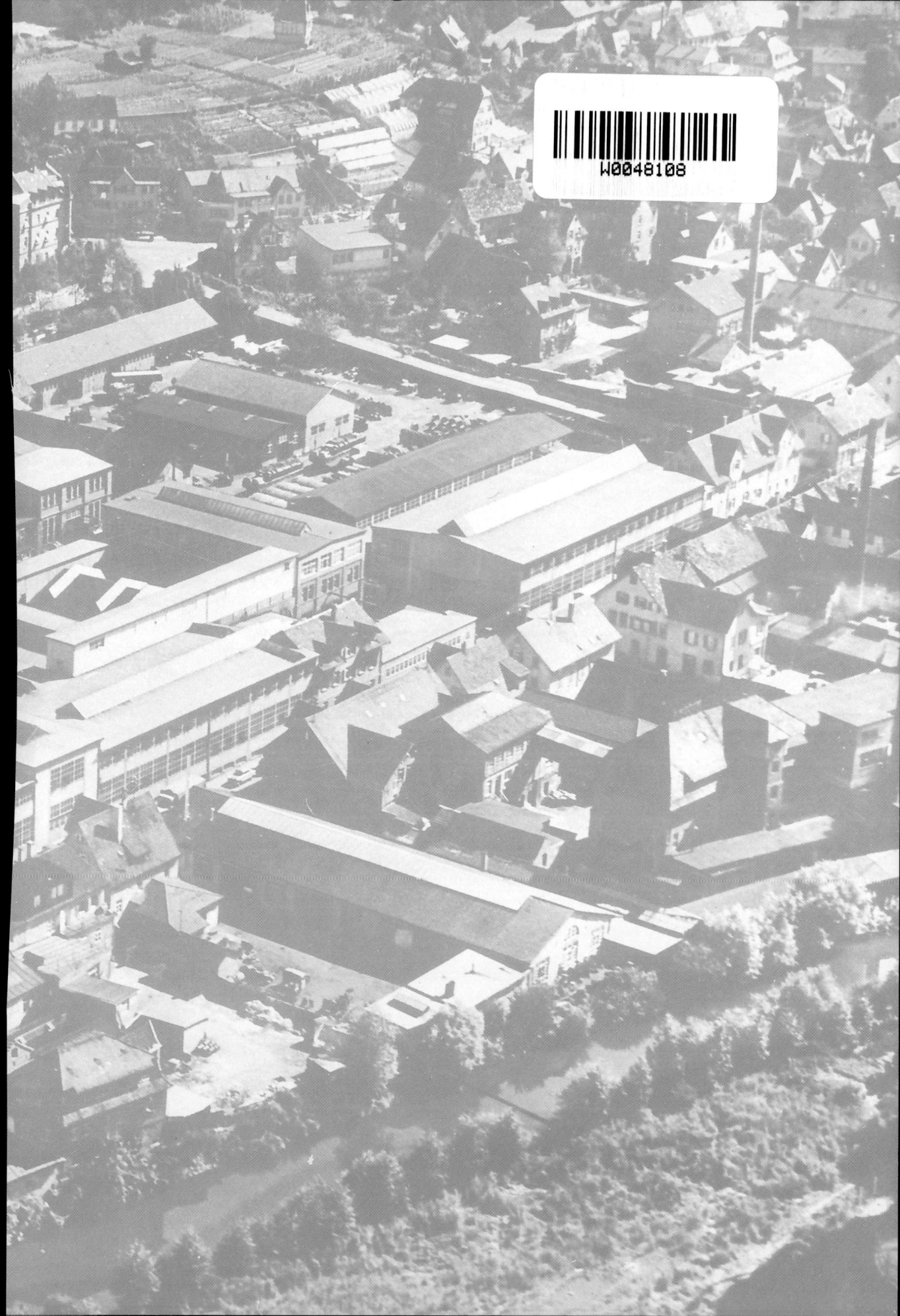

Erwin Fink

Eine schwäbische Firma

Geschichtliches und Hintergründiges
aus über 100 Jahren
Firma Kaelble in Backnang

2., neu bearbeitete und erweiterte Auflage

Herausgeber:
Andreas Fink, Ursula Fink

Fr. Stroh Verlag Backnang

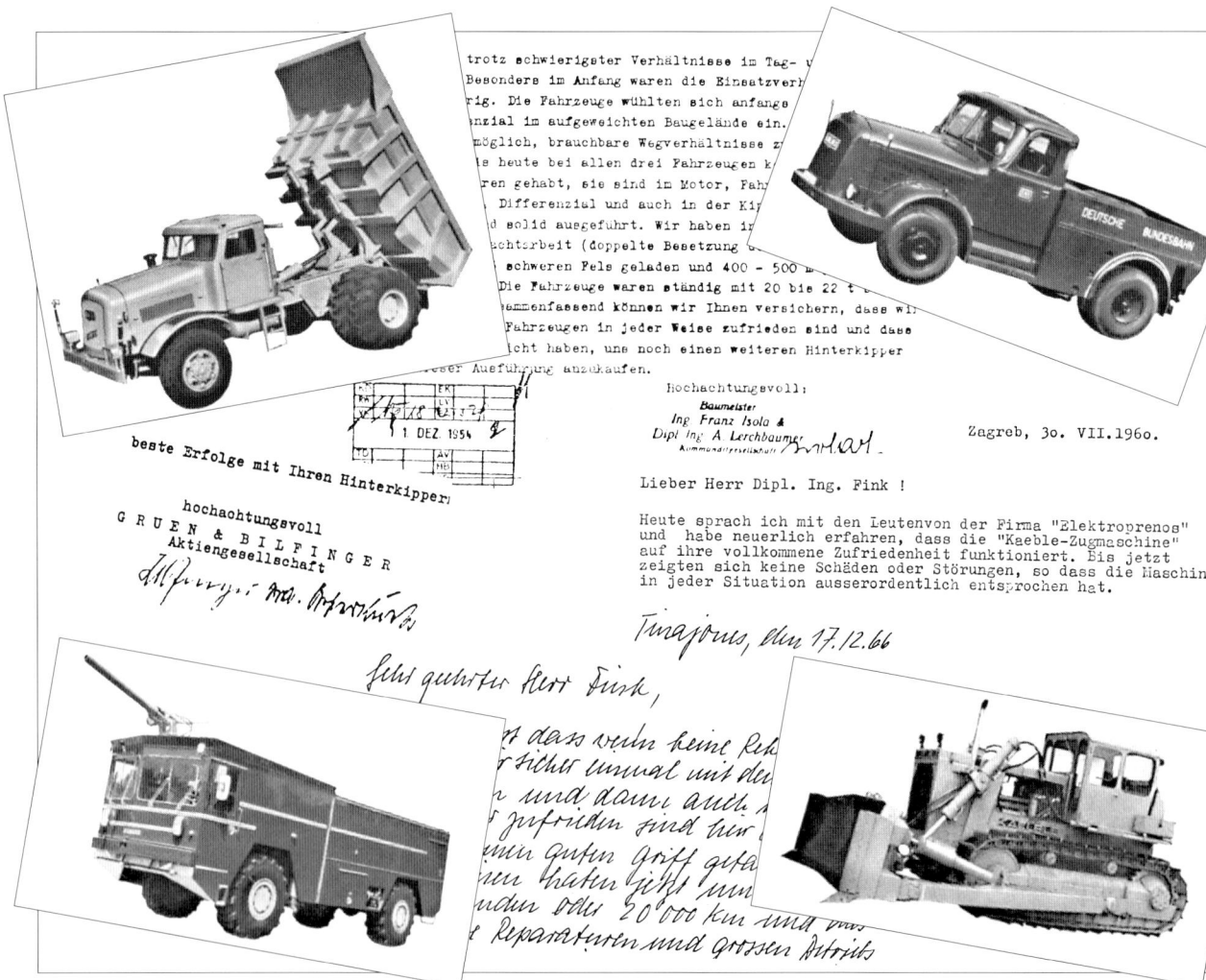

trotz schwieriger Verhältnisse im Tag- u
Besonders im Anfang waren die Einsatzverh
rig. Die Fahrzeuge wühlten sich anfangs
nzial im aufgeweichten Baugelände ein.
möglich, brauchbare Wegverhältnisse z
s heute bei allen drei Fahrzeugen k
ren gehabt, sie sind im Motor, Fah
Differenzial und auch in der Kip
d solid ausgeführt. Wir haben in
chterbeit (doppelte Besetzung
schweren Fels geladen und 400 - 500
Die Fahrzeuge waren ständig mit 20 bis 22 t
mmenfassend können wir Ihnen versichern, dass wi
Fahrzeugen in jeder Weise zufrieden sind und dass
icht haben, uns noch einen weiteren Hinterkipper
eser Ausführung anzukaufen.

1 DEZ 1954

beste Erfolge mit Ihren Hinterkipper;

hochachtungsvoll
G R U E N & B I L F I N G E R
Aktiengesellschaft

Hochachtungsvoll:
Baumeister
Ing Franz Isola &
Dipl Ing A Lerchbaumer
Kommanditgesellschaft

Zagreb, 3o. VII.196o.

Lieber Herr Dipl. Ing. Fink !

Heute sprach ich mit den Leuten von der Firma "Elektroprenos"
und habe neuerlich erfahren, dass die "Kaeble-Zugmaschine"
auf ihre vollkommene Zufriedenheit funktioniert. Bis jetzt
zeigten sich keine Schäden oder Störungen, so dass die Maschine
in jeder Situation ausserordentlich entsprochen hat.

Tinajones, den 17.12.66

Sehr geehrter Herr Fink,

dass wenn keine Rek
sicher einmal mit de
und dann auch
zufrieden sind hier
einen guten Griff geta
haben jetzt um
unden oder 20'000 Km und
e Reparaturen und grossen Betrieb

Herausgeber: Andreas Fink, Ursula Fink
Verlag: Fr. Stroh Verlag Backnang
Gesamtherstellung:
Stroh. Druck und Medien GmbH Backnang
Fotos:
Kaelble-Werksarchiv und private Sammlungen
Umschlaggestaltung: Marcus Kraft

2. Auflage – 2001
ISBN 3-927713-26-0

Inhalt

Vorwort der Herausgeber 4

Über den Autor 5

Zum Geleit 6

Von den Anfängen bis zum Neubeginn nach 1945 7

Die Lehrwerkstatt 23

Anekdoten aus dem Alltagsleben in der Firma Kaelble 24

Die Wirtschaftswunderzeit 32

Turbulente Zeiten 80

Sonderentwicklungen 84

Episoden aus vier Jahrzehnten Kaelble-Kultur 114

Reisen und Abenteuer 124

Anhang

– Schaustücke einst und jetzt 179

– Zukunftsvisionen 180

– Organisationen 182

– Typenbezeichnungen 183

– Zum Schluß 184

Das vordere Vorsatzblatt zeigt das alte Werk I in der Wilhelmstraße, auf dem hinteren Vorsatzblatt ist das neue Werk II in der Maubacher Straße abgebildet. Titelbild oben rechts: Carl Kaelble und Landrat Limbeck.

4

Vorwort
der Herausgeber

In monatelanger Detailarbeit hat Erwin Fink die Bilder und Geschichten aus seinem 35jährigen Arbeitsleben bei der Firma Kaelble zusammengetragen und aufgeschrieben.

Leider war es ihm aus gesundheitlichen Gründen nicht mehr möglich, das Gesammelte in Buchform zu veröffentlichen.

Damit die Dokumente nicht in irgendwelchen Schubladen verschwinden, haben wir, seine Tochter und sein Neffe, es uns zum Ziel gesetzt, das Buch fertigzustellen, um dem einen oder anderen Kaelble-Anhänger, Kunden oder Lieferanten eine Freude zu machen und die Gelegenheit zu geben, in alten Erinnerungen zu schwelgen.

Wir erheben mit der Bildauswahl keinen Anspruch auf Vollständigkeit in der Darstellung aller jemals bei Kaelble gebauten Produkte und wollen auch keine detaillierten technischen Produktbeschreibungen liefern, dies ist in speziellen Fachbüchern ausreichend dokumentiert. Insbesondere sei hier auf das 1999 erschienene Werk „KAELBLE Lastkraftwagen und Zugmaschinen" von Joachim Wahl und Alexander Luig verwiesen.

Vielmehr soll dieser Bildband einen Eindruck von der vielfältigen Ingenieurskunst und vom Arbeitsumfeld bei der Firma Kaelble in einem Zeitraum von über 100 Jahren vermitteln.

Viele ehemalige Mitarbeiter haben einen großen Teil ihres Arbeitslebens bei Kaelble zugebracht. Bei allen Hochs und Tiefs, die dabei erlebt wurden, erfüllte es doch jeden mit Stolz und Bewunderung, wenn – angefangen vom ersten Bleistiftstrich am Reißbrett, weiter über sämtliche Fertigungszweige bis hin zur Kundenabnahme – zum Schluß ein fertiges Fahrzeug vom Hof rollte. Jedes Fahrzeug bekam so seine eigene kleine Geschichte.

Diese Geschichten werden anschaulich dargestellt und mit persönlich Erlebtem ausgeschmückt. Sicherlich könnte auch so manche Begebenheit aus anderen Blickwinkeln ehemaliger Mitarbeiter ergänzt werden, doch würde das den Umfang dieses Buches sprengen.

Um die rein dokumentarischen Texte von den persönlich gefärbten Erzählungen zu unterscheiden, werden im folgenden zwei Schrifttypen verwendet.

In den Bildunterschriften haben wir, soweit es möglich und sinnvoll erschien, die Typenbezeichnungen der abgebildeten Fahrzeuge aufgeführt. Eine Erklärung der Typologie befindet sich im Anhang.

Unser Dank gilt allen Kaelble-Mitarbeitern, die uns bei den Recherchen zum Fertigstellen des Buches mit wertvollen Hinweisen weitergeholfen haben. Besondere Anerkennung verdient Frau Agnes Piller für ihre Ausdauer beim Aufschreiben der Texte.

Herzlich danken möchten wir an dieser Stelle insbesondere den an der Herstellung des Buches beteiligten Mitarbeitern vom Fr. Stroh Verlag für die fachkundige Unterstützung bei der Drucklegung des Werkes.

Aufgrund der erfreulich großen Nachfrage ist es möglich, bereits jetzt die zweite, neu bearbeitete Auflage vorlegen zu können.

Ursula Fink
Andreas Fink

Im Mai 2001

Über den Autor

Erwin Fink wurde am 18. Dezember 1922 in Groß-bottwar, Kreis Ludwigsburg, geboren. Nach vier Grundschuljahren wechselte er in die Realschule nach Marbach am Neckar und erreichte dort die Mittlere Reife.

Anschließend absolvierte er eine Lehre als Ma-schinenschlosser. Danach besuchte er die Mörike-Oberschule in Ludwigsburg, wo er 1941 das Abitur ablegte.

Seine Militärdienstzeit bei der Marine beendete er als Leutnant und Leitender Ingenieur auf einem U-Boot.

Von 1946 bis 1951 studierte er an der Universität Stuttgart (Technische Hochschule) Maschinenbau und schloß mit dem akademischen Grad Dipl.-Ing. ab.

Am 1. Juni 1951 begann er seine Laufbahn bei Kaelble als Konstrukteur für Schwerlastfahrzeuge. Sein Weg führte ihn über Gruppenleiter und Abtei-lungsleiter zum Leiter der Konstruktionsabteilung.

1971 wurde ihm Prokura erteilt, 1978 wurde er zum Technischen Direktor ernannt, und 1982 be-stellten ihn die Gesellschafter der Carl Kaelble GmbH zum Technischen Geschäftsführer.

Zum 31.12.1984 schied er offiziell aus dem Unter-nehmen aus, bis Ende 1986 war er noch im Rahmen eines Beratungsvertrages für die Firma tätig.

Während seiner 35jährigen Zugehörigkeit zum Hause Kaelble hatte Erwin Fink maßgebenden Anteil an zukunftsweisenden Entwicklungen und Techno-logien im Baumaschinen- und Sonderfahrzeugbe-reich.

Er vertrat die Firma außerdem viele Jahre lang in verschiedenen Fachverbänden im nationalen und internationalen Bereich wie z. B. im Verein Deut-scher Maschinenbau-Anstalten, im Internationalen Baumaschinen-Komitee, in der Deutschen Gesell-schaft für Wehrtechnik, in der Forschungsgesell-schaft für das Straßenwesen und in der Max-Planck-Gesellschaft, und er veröffentlichte zahlreiche Arti-kel zu technischen Fragestellungen in renommierten Fachzeitschriften.

Zum Geleit

Die Jugend greift ins Leben, lernend es zu fassen,
Weisheit und Verstand wird dem Forschenden gelassen.

Das Alter im Erlebten dann sich gründet,
Erfahrung wächst, Erlerntes schwindet.

Doch glücklich ist, dem beides sich vereint,
der aus Erlebtem hat gelernt.

Erwin Fink

Von den Anfängen bis zum Neubeginn nach 1945

Aller Anfang ist schwer.

*Man weiß nie, was werden mag.
Aber man muß es einfach wagen!*

*Der Firmengründer Gottfried Kälble
(1848 bis 1911).*

Am 7. April 1884 gründete Gottfried Kälble in Cannstatt eine kleine mechanische Werkstätte, bestehend aus einer Hobelmaschine, einer Drehbank, einem Schraubstock und einem Schmiedefeuer, alles mit Hand- bzw. Fußbetrieb. Diese befaßte sich mit Reparaturen aller Art, ob es sich um landwirtschaftliche Maschinen, Maschinen der Lederindustrie oder Dampfmaschinen handelte, war völlig gleichgültig. Jeder Auftrag wurde angenommen und zur Zufriedenheit des Auftraggebers ausgeführt.

Gottfried Kälble wurde 1848 in Kirchheim am Neckar geboren, besuchte dort die Volksschule und ging bei einem Wagner in die Lehre. Das Holzhandwerk gefiel ihm aber nicht recht, deshalb trat er bei seinem Bruder in Kirchheim in einer mechanischen Werkstatt in die Lehre. Es folgten einige Jahre Wanderschaft. Aus dem Krieg 1870/71 kehrte er gesund und mit Auszeichnung in die Heimat zurück.

Nach seiner Heirat mit Caroline, geborene Rau, gelang ihm zunächst ein guter Start. Aber bereits im Jahre 1894 ging die neue Werkstatt in Konkurs. Durch seine Frau, die als sehr vermögend galt, konnte sie wieder auf gesunde Beine gestellt werden.

Im Handelsregister war dann als Firmeninhaberin Caroline Kälble, geb. Rau, und als Prokurist Gottfried Kälble genannt worden.

Gottfried und Caroline hatten zusammen elf Kinder, wovon aber fünf im Kindesalter starben. Zwei der Söhne traten in die Fußstapfen des Vaters. Der ältere, Carl mit Namen, wurde am 6. April 1877 in Stuttgart-Bad Cannstatt geboren. Der jüngere, Hermann, kam am 15. August 1883 auf die Welt. Carl arbeitete bereits in jungen Jahren in der väterlichen Werkstatt. Im Jahr 1895 nahm der damals 18-jährige Carl sein Studium an der Baugewerkschule in Stuttgart auf und konstruierte in seiner Freizeit Maschinen, die sein Vater in der Werkstätte herstellte.

Schon seit mehreren Jahren hatte man auch nach auswärts gearbeitet, unter anderem nach Backnang, der Geburtsstadt von Caroline Kälble. Die dort aufstrebenden Gerbereien versprachen gute Möglichkeiten, und so zog man 1895 ganz nach Backnang. Zur rechten Zeit, denn gerade in diesen Jahren wurden die Gerbereien zu Fabriken ausgebaut. Da gab es viel zu tun mit Anfertigung von Walk- und Gerbfässern, Aufstellung von Dampfmaschinen, Kesseln, Transmissionen und so weiter.

Im Murrtalboten vom 13. April 1895 stand folgende Bekanntmachung:

Backnang.
Geschäfts-Eröffnung & Empfehlung.
Einem hiesigen und auswärtigen Publikum zeige hiemit ergebenst an, daß ich mit Heutigem eine
Maschinen- & Eisenkonstruktionswerkstätte
mit Kraftbetrieb, verbunden mit maschinentechnischem Bureau im Hause Wilhelmstraße Nr. 44 eröffnet habe.
Ich übernehme ganze Einrichtungen zur Lieferung und Montierung in
Dampfmaschinen, Dampfkesseln, Transmissionen,
Gerbereimaschinen jeglicher Art,
Petroleum-, Ligroin- & Benzin-Motoren, elektrischen
Anlagen u. s. w.
Reparaturen werden schnell und pünktlich unter billigster Berechnung ausgeführt.
Ferner fertige **Pläne und Konzessionsgesuche** für obengenannte Anlagen, welche bei Auftragerteilung gratis gemacht werden.
Achtungsvoll
Kälble,
Maschinenwerkstätte.

Bis zum 22. 6. 1895 war die Schreibweise der Firma „Kälble". Danach wurde sie umgewandelt in Kaelble, um einer internationalen Schreibweise gerecht zu werden.

Einige Zeit später machte Gottfried Kaelble im Backnanger Murrtalboten so auf seine Firma aufmerksam:

Die folgenden, für die Gerbereien schlechten Jahre, die dort mehrere Konkurse zeitigten, brachten auch der damaligen Firma Kaelble schwere Verluste bei, führten aber auch zu der Erkenntnis, daß man vom Platz Backnang unabhängig werden und etwas herstellen müsse, das überallhin verkauft werden konnte.

Als Carl nach Abschluß der Ausbildung an der Staatlichen Ingenieurschule um die Jahrhundertwende nach Backnang zurückkehrte, widmete er sich mit voller Kraft der Entwicklung von Arbeits- und Baumaschinen, die durch Verbrennungsmotoren angetrieben wurden. Somit wurde der junge Ingenieur in die seit Beginn des Betriebes aufgenommene Entwicklung des Motorenbaues mitten hineingestellt.

Gebaut wurden zunächst Benzin-Motoren mit 130- bis 200-mm-Bohrung. Später wurden auch Petroleum- und Glühkopf-Motoren hergestellt und von 1904 bis 1908 die ersten Versuche an einem Dieselmotor nach dem Patent von Friedrich-August Haselwander aus der übernommenen Motorenfabrik Rastatt durchgeführt. Diese Versuche hatten bereits zum Ziel, die Einspritzung des Kraftstoffes ohne Preßluft unter Verwendung einer Vorkammer zu erreichen.

Sämtliche zur Aufbereitung des Kraftstoff-Luft-Gemisches notwendigen Anlagen wie Düsen und Einspritzpumpen mußten selbst konstruiert und gebaut werden.

Die beiden Söhne Carl und Hermann hatten sich sehr früh schon mit der vor der Jahrhundertwende aufkommenden Entwicklung von Benzin- und Dieselmotoren beschäftigt und dann einen Benzinmotor hergestellt, der in einer nachfolgenden Serie in Holzsägemaschinen und Steinbrechern eingebaut wurde.

Die ersten eigenen Konstruktionen von Carl Kaelble waren:

1900 eine selbstfahrende Motor-Bandsäge,
1903 ein schnellaufender Ottomotor,
1906 die erste Straßenzugmaschine
sowie fahrbare Kompressoranlagen.

Es folgten ein Ackerschlepper, ein Motorsteinbrecher, ein stehender 2-Zylinder-Dieselmotor und 1907 der erste Lastwagen.

Der Betrieb beschäftigte inzwischen fünfzehn Mitarbeiter.

Produktion von Dieselmotoren nach dem Prinzip von Friedrich-August Haselwander.

Der schnellaufende Ottomotor aus dem Jahr 1903.

Erster Ackerschlepper Typ Z 2 A von Kaelble. Aufgrund des hohen Eigengewichts war dieser Schlepper für die heimischen Böden ungeeignet, und so konnten lediglich 18 Modelle verkauft werden.

Fahrbarer Steinbrecher mit Steinsieb aus dem Jahr 1905.

Der erste Lastwagen von Kaelble entstand 1907 als Umbau eines Automobils der Firma Benz aus Mannheim.

Carl Kaelble (1877 bis 1957).

Hermann Kaelble (1883 bis 1953).

Im Jahre 1908 übergab der Vater den Betrieb, der bis dahin immer wieder hatte erweitert werden müssen, seinen Söhnen Carl und Hermann. Diese wandelten die väterliche Firma in eine offene Handelsgesellschaft um und schufen aus dem handwerklichen Betrieb ein modernes Industrieunternehmen.

Am 1. 7. 1908 wurde der Betrieb wie folgt ins Handelsregister eingetragen:

**Carl Kaelble oHG
Inh. die Maschinenfabrikanten
Carl und Hermann Kaelble**

Carl Kaelble übernahm die technische Leitung, während Hermann Kaelble für die kaufmännischen Angelegenheiten zuständig war.

Leider durfte Gottfried Kaelble die nun folgende Weiterentwicklung nicht mehr lange erleben. Im Jahre 1911 machte ein Herzschlag seinem arbeitsamen Leben ein Ende.

Die Söhne führten im Sinne ihres Vaters die Fabrik weiter, bauten sie im Laufe der nächsten Jahre ständig aus und erkannten bald den Wert der Spezialfabrikation. In rastlosem Vorwärtsstreben konstruierten sie Neuheiten auf dem Gebiet der fahrbaren Arbeitsmaschinen und im Motorenbau, die auf dem Weltmarkt raschen Absatz fanden.

Insbesondere waren dies Autosteinbrecher zur Erzeugung von Straßenschotter, Motorwalzen, Motorsägen und Motorlokomobile. Ein Motorsteinbrecher wurde zum Beispiel beim Wiederaufbau von Messina eingesetzt, das bei dem letzten großen Erdbeben zerstört worden war. Auch beim Abbruch des Stuttgarter Hoftheaters waren Kaelble-Geräte im Einsatz.

Die Versuche und Mühen waren von Erfolg gekrönt, und die Firma Carl Kaelble war damit die erste Dieselmotorenfabrik Württembergs.

Die Mitarbeiterzahl war auf 28 angestiegen.

In der folgenden Zeit wurde an der Entwicklung von Straßenzugmaschinen gearbeitet, was zu einem bedeutenden Produktionszweig wurde. Auch dabei wurde der eigene Benzinmotor verwendet. Diese Zugmaschinen erfuhren in abgewandelter Form und in größerer Stückzahl Anwendung beim Deutschen Heer während des Ersten Weltkrieges.

Die Heeresverwaltung hatte so großes Vertrauen in diesen Betrieb, daß ihm die Herstellung von 100-PS-Zugmaschinen übertragen wurde. Ebenso mußten Flugmotoren überholt werden. Auch hier konnten reiche Erfahrungen gesammelt werden. Der Betrieb selbst erwies sich von Jahr zu Jahr als zu klein. Ein Erweiterungsbau nach dem anderen mußte in Angriff genommen werden.

Nach Beendigung des Krieges von 1914 bis 1918 konnte die Firma auf ihr bewährtes Programm zurückgreifen. Motorwalzen, Motorsteinbrecher, stationäre Brecher, Benzin- und Dieselmotoren standen in reicher Typenauswahl zur Verfügung. Dieses ausgedehnte Programm gestattete es, alle Schwierigkeiten des Absatzes zu überwinden und Arbeiter und Angestellte in Lohn und Brot zu halten.

Waren auch während des Krieges viele Märkte verlorengegangen, so konnte man sie nachher wieder gewinnen, denn die gelieferten Erzeugnisse hatten sich bewährt und aller Welt gezeigt, daß Kaelble-Maschinen Qualitätsmaschinen waren. Für den Chef der Firma war dies jedoch kein Grund, die Weiterentwicklung zu vernachlässigen. Im Gegenteil, er wollte stets die fortschrittlichsten und modernsten Maschinen erzeugen und trieb mit zäher Energie die Entwicklung immer weiter.

So wurde 1920 der erste Bootsdieselmotor hergestellt, 1921 das erste Patent über kompressorlose Dieselmotoren angemeldet und erteilt. Im Jahre 1924 folgte ein weiterer bahnbrechender Schritt. Die Vorteile des kompressorlosen Dieselmotors lagen ja auf der Hand: Er war robuster, günstiger im Verbrauch und benötigte keine Zusatzaggregate, weshalb die Wartung einfacher und weniger zeitaufwendig war. Deshalb baute man diesen Motor in eine Straßenwalze ein. Dies war die erste dieselgetriebene Straßenwalze der Welt. Sofort ging man daran, diesen Gedanken auch anderweitig zu nutzen, und Kaelble baute die erste Dieselzugmaschine der Welt und setzte einen weiteren Markstein in der Entwicklung dieselgetriebener Straßenfahrzeuge. Die Prinzipien waren nun vorhanden, diese galt es jetzt auszubauen. Es entstanden nacheinander Maschinen aller Variationen, Walzen aller erforderlichen Dienstgewichte und immer stärkere und bessere Zugmaschinen.

Die Drehereiabteilung von 1918 mit den damals üblichen Transmissionsantrieben.

Steinbrecher beim Einsatz in Messina 1908.

Fein- und Edelsplittbrecher, integrierbar in Steinbrecher-anlage.

Die erste Zugmaschine Z 1, auch genannt Suevia AD 17, im Kaelble-Betriebshof.

Suevia-Motor-Dreiradwalze aus dem Jahr 1920.

Anhänge-Straßenaufreißer bis 3,5 t Einsatzgewicht.

Zugmaschine Z 2 für das Militär, präsentiert mit Kanonenattrappe.

Zugmaschine Z 2 Express vor Backnanger Kulisse.

»KAELBLE«-Straßenschlepper mit Dieselmotor, Type Z 3 S, 55 PS

Fahrgestell:

Rahmen	rahmenlose Bauart
Zahl der Räder	4
Radart des Schleppers	Scheibenräder
Radachslager	Wälzlager
Federung	vorn Halbelliptik-Blattfedern
Lenkung	links, Schraubenspindel
Fußbremse	Innen-Backenbremse auf beide Hinterräder wirkend
Handbremse	Bandbremse auf 1 Getriebetrommel wirkend
Rücklaufsicherung	rückwärts wirkende Bremsen
Brennstoff-Zuführung	natürliches Gefälle
Schmierung	Fettpresse
elektrische Ausrüstung	Batterie, Scheinwerfer, Horn, Schlußlicht

Diesel-Motor

Typ	F 125 d
Zylinderzahl und Arbeitsweise	3, Viertakt
Bohrung und Hub	125 und 200 mm
Drehzahl	1200 pro min.
Drehzahlverstellung	Fußhebel
Bremsleistung	55 PS
Zylinder	stehend, Block mit Spezialguß-Büchsen
Zylinderköpfe	einzeln abnehmbar
Ventile	im Zylinderkopf hängend
Schmierung	Druck-Umlaufschmierung durch Zahnrad-pumpe
Kühlung	Wasserpumpe, Ventilator und Lamellenkühler
Anlasser	Druckluftanlasser oder elektrischer Anlasser
Brennstoff	Rohöl
Einspritzvorrichtung	Boschpumpe und Düse

Änderungen vorbehalten!

Gewicht und Leistung

Gesamtgewicht	4060 kg
Geschwindigkeiten	4,2 — 9 — 13,5 — 25 km/Std.
bei Elastikbereifung	3,5 — 7 — 11 — 16 km/Std.
Wendefähigkeit	ca. 2,5 m kleinster Wenderadius innen

Triebwerk

Kupplung	Einscheibenkupplung
Getriebe	4 Gang-Zahnrad-Schubgetriebe mit Kugelschaltung
Ausgleich	Kegelradausgleichgetriebe, sperrbar
Antrieb der Hinterräder	direkt
Lagerung der Getriebe	Wälzlager

Hauptabmessungen

Länge, Breite, Höhe ohne Dach	3500, 1950, 1760 mm
Radstand	2160 mm
Hochelastik-Bereifung	vorn 740×560×110 einfach hinten 1070×850×170 doppelt
oder: **Luftbereifung**	vorn 6,00 Transport-20 hinten 40×8 extra
Spurweite, mitten, vorn bei Elastik-Bereifung	1480 mm
„ „ „ bei Luft- „	1470 mm
„ „ hinten bei Elastik- „	1420 mm
„ „ „ bei Luft- „	1510 mm
Zughakenhöhe	800 mm
Bodenfreiheit	210 mm

Auf Wunsch Riemenscheibe und Seilwinde, Führerhaus, Druckluftbremse für Anhänger.

F. 894 c. 1000 Din A 4.

6-Zylinder-Dieselmotor Typ G 110 s mit 100 PS Leistung.

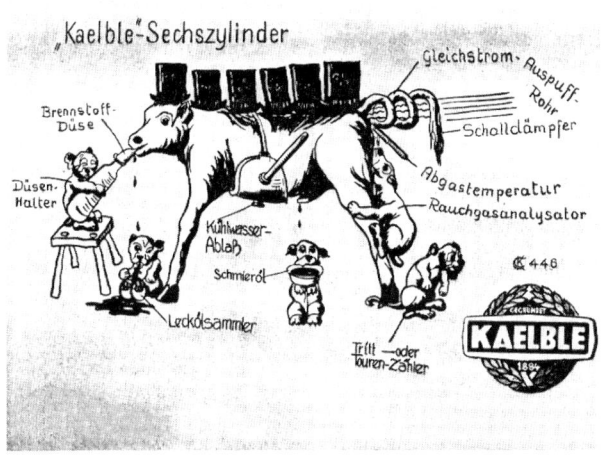

Kleine Motorenkunde für jedermann.

Die zuverlässigste Reklame war ein hoher Quali-tätsbegriff, der mit dem Namen Kaelble verbunden war.

Besonders die Dieselstraßenwalzen fanden großen Anklang und wurden sowohl in Europa als auch im Iran, in der Türkei und in Indien eingesetzt. Selbst ei-ne Sonderausführung als Gleisbettungswalze fand für spezielle Aufgaben im Schienenbau ihre Verwendung.

Trotz aller politischen Wirren der Nachkriegszeit hielt der Betrieb, dank der Arbeitskraft seines Chefs, in stetiger Entwicklung seine einmal gewonnene Stellung in der Wirtschaft.

1926 war die Zahl der Beschäftigten bereits auf 207 angestiegen.

Als Anerkennung für sein Wirken wurde Carl Kaelble 1929 von der Technischen Hochschule Stuttgart zum Ehrensenator ernannt.

1931 tat Carl Kaelble den Schritt zum industriel-len Unternehmen, indem er die Carl Kaelble GmbH bildete und die Lokomotiven- und Maschinenfabrik Gmeinder & Co. in Mosbach übernahm. Dadurch war das Gesamtunternehmen in der Lage, eine sehr große Fertigungstiefe zu erreichen, was dann auch zu einer sehr starken Verselbständigung führte.

Die Firma war inzwischen auf 700 Beschäftigte gewachsen.

1933 begann der gewaltige Aufschwung mit einem Auftrag der Deutschen Reichsbahn zur Lie-ferung von Schwerlastzugmaschinen für die neuen Culemeyer - Eisenbahnwaggon - Transportanhänger, die sogar in umgebauter Form mit einem Spur-kranz versehen auf Bahnschienen eingesetzt werden konnten.

Dieselmotor-Straßenwalze mit Zusatzausrüstung.

Gleisbettungswalze.

KAELBLE

DIESEL-
Schnell-Zug-
Maschinen
65, 100 und 130 PS

Carl Kaelble
G. m. b. H.
Backnang
bei Stuttgart

Motoren- und Maschinenfabrik
Telefon 541, 542, 543   Gegründet 1884

Zugmaschine vom Typ S 6 G 125 mit Sattelauflieger und Anhänger.

Die Z 6 R/2 beim Transport eines 88 t schweren Findlings zum Hindenburg-Denkmal bei Tannenberg.

Wiederum ist es die Z 6 R/2, die 1936 die Olympische Glocke durch Berlin befördert.

Der Ingenieur und spätere Reichsbahndirektor Johann Culemeyer gilt als Erfinder des „fahrbaren Anschlußgleises". Er hatte sich schon früh mit der Ausarbeitung von Konzepten zur Beschleunigung des Warenumschlags von der Schiene auf die Straße befaßt. Nach dem von ihm entwickelten Verfahren konnten vollbeladene Güterwaggons von der Schiene auf spezielle Anhänger, die Straßenroller, übernommen und direkt zu den Kunden, die über keinen Gleisanschluß verfügten, transportiert werden. Hierzu benötigte man schwere Zugmaschinen, eine Spezialität der Firma Kaelble.

Es wurden von 1933 bis 1938 an die Reichsbahn geliefert:

– 38 zweiachsige 65-PS-Dieselschlepper mit zwei Treibrädern,

– 9 dreiachsige 100-PS-Dieselschlepper mit vier Treibrädern,
– 2 dreiachsige 100-PS-Dieselsattelschlepper mit vier Treibrädern sowie
– 1 dreiachsiger 180-PS-Dieselschlepper mit sechs Treibrädern.

Bemerkenswert ist, daß es in dieser Zeit nur zwei Anbieter von schweren Zugmaschinen in Deutschland gab, nämlich Henschel in Kassel und Kaelble in Backnang. Vom gesamten Lieferumfang von 55 Schleppern hat Henschel lediglich 5 Fahrzeuge geliefert.

1937 baute Kaelble die damals größte Straßenzugmaschine der Welt mit der Typenbezeichnung Z 6 R 3A und dem Beinamen „Jumbo", die zunächst 180 PS Leistung erbrachte und nach dem gelungenen Umbau im Jahr 1940 sogar 200 PS lieferte.

Eine Zugmaschine vom Typ Z 6 W 2A 130 fährt hier mit einem Spurkranz versehen auf der Gleisanlage.

Die Z 6 W 2A 130 bei der Abbeförderung des historischen Compiègne-Wagens im Jahr 1940. In diesem Waggon war das Waffenstillstandsabkommen von 1918 unterzeichnet worden.

Die legendäre Schwerlastzugmaschine Z 6 R 3A, genannt Jumbo.

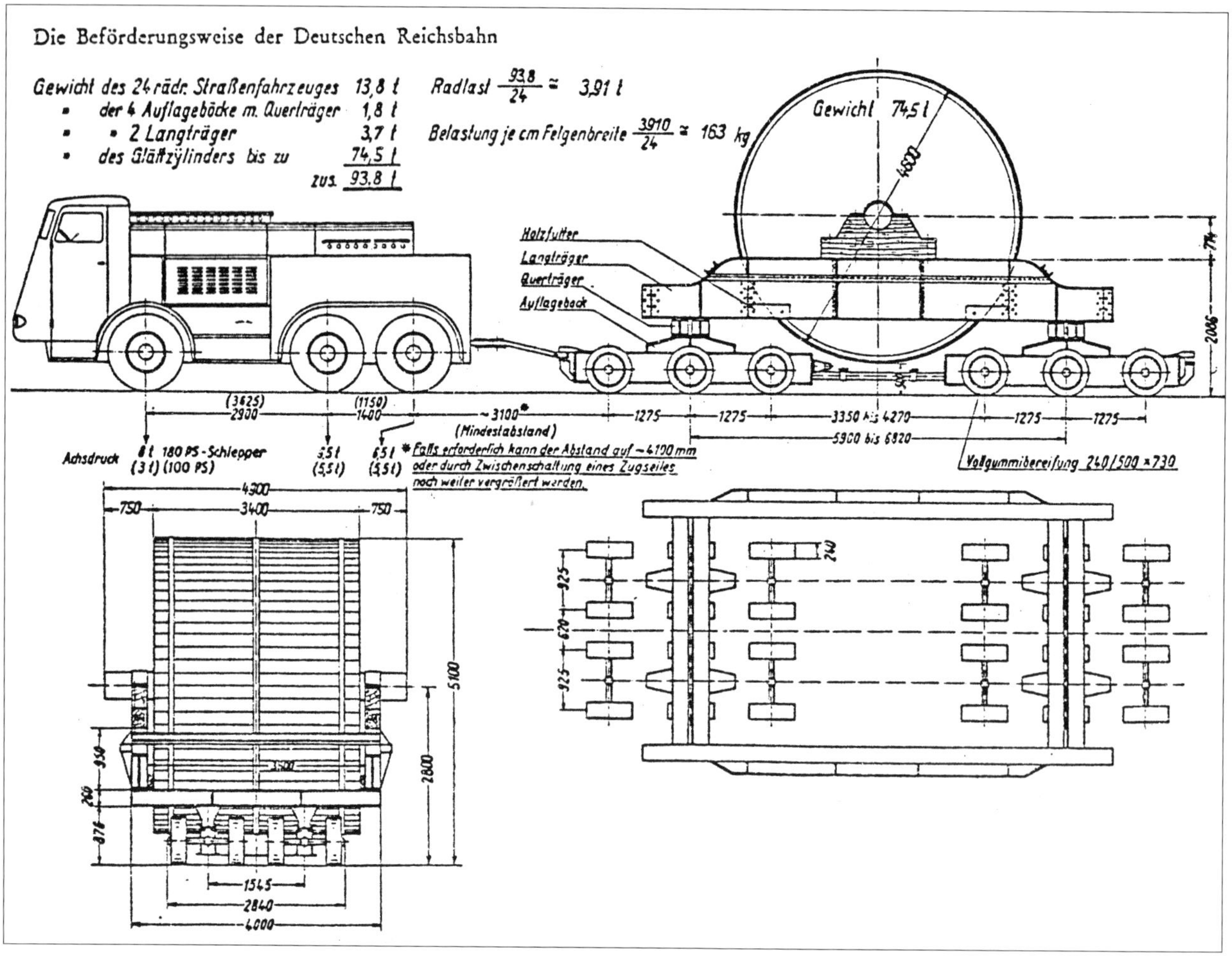

Entwurf für die Beförderung eines quergelagerten Papierglättzylinders auf zwei Fahrgestellen.

War in den ersten Anfängen die Arbeit des Konstrukteurs, Meisters und Kaufmanns in einer Person vereinigt, so brachte es der rasche Aufschwung mit sich, daß immer mehr Leute für die besonderen Fachgebiete eingestellt werden mußten, um den Chef zu entlasten. Stets blieb er aber maßgebend und überwachte alle neu hinzugekommenen Abteilungen. Die Arbeit wurde raschestens von ihm vorangetrieben, und aus dem reichen Schatz seiner Erfahrungen und Fachkenntnisse konnten immer bessere und modernere Maschinen gebaut werden.

Aus einem reinen Handwerksunternehmen entwickelte sich Kaelble im Lauf der Zeit zu einem großen Industrieunternehmen.

Gerade das, was andere Firmen für zu schwierig hielten, reizte Carl Kaelble.

Hier ein Beispiel:

Als noch vor dem Zweiten Weltkrieg ein Bedarf an schweren Planierraupen und Erdbewegungsgeräten bestand, rief der damalige Organisationsleiter Dr. Todt die in Frage kommenden Industrieführer zusammen. Er sagte ihnen, welche Geräte und Fahrzeuge er brauche und fragte sie, wer die Aufgabe übernehmen wolle und wie lange die Entwicklung dauere. Überlegend wiegten die Herren die Köpfe und konnten sich nicht entschließen, da diese Aufgabenstellung ja völliges Neuland für ihre Betriebe war.

Anders dagegen Carl Kaelble. Auch für ihn und seinen Betrieb war es Neuland; er jedoch stand auf und sagte: „Wir machen das und wir werden zwei Jahre brauchen, wenn wir alles selbst konstruieren müssen und ein Jahr, wenn wir uns im Prinzip an etwas anlehnen können."

Nun, es gab keine Einwände dagegen, sich an eine vorhandene Konstruktion anzulehnen. Also konnten Carl Kaelble und seine Techniker sogleich an die Arbeit gehen und ein bereits existierendes Raupenfahrzeug einer genauen Analyse unterziehen.

Der Erfolg dieses Wagemutes war, daß die Firma Kaelble binnen eines Jahres die größte und stärkste Planierraupe Europas und einen Schürfkübel schuf. Zu Anfang wurde ein 130-PS-Motor eingebaut, der im Zuge der Weiterentwicklung auf 150 PS Leistung gebracht wurde.

In dieser Zeit entstanden auch die Vorarbeiten zum Kaelble-Omnibus für die Firma Möbus.

Nach dem Zweiten Weltkrieg, bei dem die Firma Kaelble von Zerstörungen weitgehend verschont geblieben war, lag die deutsche Wirtschaft am Boden. Langsam kehrten die in den Krieg gezogenen Arbeiter wieder zu ihrer Stammfirma zurück, von der aus sie vor Jahren ins Feld gerufen wurden.

Somit konnte Kaelble wieder mit einem großen Stamm von erfahrenen Arbeitern beginnen.

Die PR 125 mit schräg verstellbarem Schild war seinerzeit die stärkste Planierraupe Europas.

Gegen Ende des Zweiten Weltkrieges wurden die noch fahrbereiten Fahrzeuge mit einem Holzgeneratorantrieb ausgerüstet, hier die Z 3 S.

Im zweireihigen Führerhaus der K 410 Z war Platz für sechs Personen.

Der einzige von Kaelble gebaute Omnibus für die Firma Möbus in Ludwigsburg, basierend auf einem Vorkriegs-fahrgestell.

Jetzt galt es von neuem, manche Klippe zu umschiffen. Material war knapp, Betriebsstoffe und Kohle nicht minder.

Die deutsche Wirtschaft brauchte aber nach den furchtbaren Zerstörungen Substanz an Transportmitteln, Lastwagen sowie Zugmaschinen.

Die noch vorhandenen Lastwagen wurden wieder repariert. Stromsperren und Kohleknappheit wurden immer wieder umgangen. Die eigene Kraftstoffstation mußte aushelfen.

Bewährte Konstruktionen und solide Bauweise sicherten der Firma Kaelble den Ruf schwäbischer Qualitätserzeugnisse im In- und Ausland. Die Fabrikate sind auch heute noch in aller Welt verbreitet und besitzen Weltruf.

Folgende Länder gehörten zu den Absatzgebieten der Kaelble-Erzeugnisse:

Holland und Kolonien	Belgien und Kolonien
Frankreich und Kolonien	Spanien und Kolonien
Portugal und Kolonien	Italien und Kolonien
Schweiz	Österreich
Ungarn	Jugoslawien
Rumänien	Bulgarien
Polen	Türkei
Finnland	UdSSR
Norwegen	Schweden
Großbritannien	Dänemark
Venezuela	Mexiko
Paraguay	Brasilien
Argentinien	Chile
Uruguay	Japan
Brit. Indien	Iran
Marokko	Ägypten
Nigeria	Kamerun
Südwestafrika	Südafrika

Demnach war es nicht zuviel gesagt, wenn man schon damals die Firma Kaelble als eine „Weltfirma" bezeichnete.

150-PS-Lastwagen vom Typ K 631 L auf Fernstraßen in Chile.

KAELBLE

Kaelble-Straßenwalzen im Iran. In persischen Schriftzeichen wirbt ein iranisches Handelsunternehmen für Straßenbauge-räte von Kaelble.

Carl Kaelble gehörte aber nicht zu den Menschen, die sich mit beruflichen und wirtschaftlichen Erfolgen zufrieden gaben. Er betätigte sich vielmehr als Förderer und Ratgeber in zahlreichen Institutionen des öffentlichen Lebens. Der Verein Deutscher Ingenieure, dem Kaelble mehr als ein halbes Jahrhundert angehörte, ehrte ihn mit der Verleihung der goldenen Dankesnadel. Von der Industrie- und Handelskammer Stuttgart wurde er mit der großen Ehrenplakette bedacht. Er war lange Zeit im Aufsichtsrat des Kreditvereins Backnang und bis zu seinem Lebensende im Aufsichtsrat der Commerz- und Kreditbank Frankfurt am Main, die ihn zu ihrem Ehrenmitglied ernannte.

Das Tanklöschfahrzeug KV 410 LF.

Ein Dreiachser vom Typ KD 832 mit Zementsilo-Aufbau.

Ein Zementtransportzug mit vorgespannter K 610 Z.

Die Lehrwerkstatt

Die Erzeugung von Qualitätsprodukten, wie sie die Kaelble-Maschinen darstellen, verlangt tüchtige, gut ausgebildete Facharbeiter. Dieser Erkenntnis Rechnung tragend, hat sich Kaelble stets besonders der Ausbildung seiner Lehrlinge gewidmet.

Wo aber junges Volk am Werk ist, da kommt der Humor aus der überschäumenden Vitalität der Jugend auch zu seinem Recht. Wir wollen dies deshalb nicht vergessen, wenn wir die Geschichte der Lehrlingsausbildung der Firma Kaelble aufzeichnen.

Früher war es allgemein üblich, daß ein Lehrling Lehrgeld bezahlen mußte. Dafür wohnte er bei seinem Meister und bekam selbstverständlich auch das Essen dort. Die Ausbildung erfolgte unter Aufsicht von Meister und Gesellen, die ihm auch die notwendigen Arbeiten zuteilten. Natürlich waren diese nicht immer angenehm, und es galt der Satz: „Lehrjahre sind keine Herrenjahre". War der Junge fix, so konnte er bei der Vielseitigkeit des Betriebes allerhand lernen. Allerdings wurden die Lehrlinge auch zu anderen, meist privaten Arbeiten herangezogen. Aber dies war zu dieser Zeit überall gang und gäbe.

Manche Anekdoten wurden aus dieser Zeit erzählt. So sollen einem Lehrling die Leberspatzen der Frau Caroline Kaelble nicht besonders geschmeckt haben. Vom Teller mußten sie aber, und so steckte er sie kurz entschlossen in die Tasche. Vergaß aber, sie später herauszunehmen. Seine Mutter hat sie dann gefunden und ihm dafür die Leviten gelesen.

Die Lehrlinge hatten auch die Aufgabe, für ihre Gesellen Putzwolle zu holen. Hierzu mußten sie auf die Bühne gehen. Der Weg führte an der Tür von Frau Kaelble vorbei. Wenn sie nun zurückkamen und glaubten, ein ordentliches Quantum ergattert zu haben, sahen sie sich getäuscht. Sie konnten so leise gehen wie sie wollten, Frau Kaelble hörte sie doch, kam durch die Tür und maß einem jeden das ihm zukommende Quantum zu.

Wenn einer seine Arbeit zur Zufriedenheit des Chefs ausgeführt hatte, gab ihm dieser meist ein paar Zigarren als Anerkennung – egal, ob es sich um einen ganz jungen Stift oder einen Gesellen handelte.

Der Schmied Kübler in Backnang bekam von der Firma Kaelble des öfteren Schmiedeaufträge. Er verlangte dafür aber einen Zuschläger. Meist schickte man den stärksten Lehrling. Der Schmied hat dann diese Stifte weidlich ausgenützt. Wenn dem Ärmsten die Puste ausging, soll er zu ihm gesagt haben: „So Büble, jetzt kannscht pfeife." Es hat aber nach dieser Prozedur keiner mehr so viel Puste gehabt, um dem Rat zu folgen.

Die Firma Kaelble sicherte sich durch die Ausbildung vieler Lehrlinge stets einen Stamm im Betrieb gewachsener Facharbeiter und legte hiermit einen weiteren Grund für die Prosperität des Gesamtunternehmens.

Im Jahr 1936 wurde eine moderne Lehrwerkstatt geschaffen. Die Werkstatt hatte Raum für 60 Lehrlinge, 45 Schraubstockplätze, 7 Drehbänke, 3 Fräsmaschinen, 3 Bohrmaschinen, 2 Schnellhobler und einige Schleifmaschinen sowie Hebelscheren, Bügelsägen, einen Härte- und Schmiedeofen mit Amboß und eine Anreißplatte mit komplettem Anreißwerkzeug. All dies gab die Gewähr für eine gute praktische Grundausbildung. Ein heller Lehrsaal war angeschlossen. Die Werkstatt stand unter der Leitung eines bewährten und erfahrenen Lehrmeisters, der einen Gesellen zur Unterstützung hatte. Einer von den langjährigen Lehrlingsausbildern war Otto Tritt, der auch aufgrund seiner großen Erfahrungen weit über die Firma Kaelble und die Stadt Backnang hinaus einen hervorragenden Ruf hatte.

Die Lehrlinge der Firma Kaelble im Jahr 1937, angetreten vor ihrem Ausbilder.

Anekdoten aus dem Alltagsleben in der Firma Kaelble

Carl Kaelble, bekannt als zielstrebiger, fleißiger Schwabe, beherrschte und leitete die Firma auf seine ihm eigene urige Weise, und so entstanden die folgenden Episoden, die manchem noch in Erinnerung geblieben sind.

Inspektion im TB von Carl Kaelble

Carl Kaelble hatte die Angewohnheit, jeden Tag ins Konstruktionsbüro zu kommen, und zwar meist morgens um halb acht Uhr, und dann zu bleiben bis zwölf Uhr. Die Anwesenheit wurde allen dadurch bekannt, daß er mit einem gewaltigen Räuspern die Tür zum Büro öffnete. Das hörte jeder, und sofort wurde auch jedem klar „er ist da". Dann ging er durch die Reihen, aber nicht an jeden Platz, sondern es waren pro Tag nur einer oder höchstens zwei auserkoren, die er an ihren Reißbrettern „beglückte". Das war dann die intensivste Arbeit. Stets sahen sich die Leute um, mit dem Gedanken, wer ist nun heute dran, wer ist heute reif? Die anderen waren unterdessen sich selbst überlassen. An diesem Tag verschonte er die meisten, bis auf die besagten zwei, aber diese waren eben die „Auserkorenen".

Kreutzers Platz gleich nebenan

Als wir noch im alten Büro beisammen waren, da hatte es Carl Kaelble ganz einfach. Sein Zimmer war direkt nebenan. Nur eine Türe trennte uns voneinander. Sein nächster Nachbar war derjenige, der seinen Arbeitsplatz an der Tür hatte. Er hieß Kreutzer und war der Sohn eines Backnanger Arztes. Er hatte be-

Konstrukteure bei der Arbeit im Technischen Büro.

stimmt kein leichtes Leben. Carl hatte einen unmittelbaren Zugriff. Die anderen im Büro hatten mitunter etwas Eigenes auf dem Reißbrett hängen, das sie ausschließlich und geheim bearbeiteten; bei Kreutzer war dies unmöglich. Ihm galt stets der direkte Angriff des Chefs, und das nervte ihn kolossal und brachte ihn zu einer frühzeitigen Kündigung. Der Bürochef Strohhäcker konnte hier wenig beziehungsweise gar nichts mildern.

Chef Carls Eintritt ins TB durch die Hintertür

Es geschah äußerst selten, daß der Chef Carl durch die Hintertür unser Konstruktionsbüro betrat. Das war überraschend, denn besonders die hinteren Reißbretter waren ab und zu nicht besetzt. Manche Kollegen hatten die Gelegenheit benutzt, sich zu unterhalten und waren natürlich nicht an ihrem Platz. Herr Kern, der diesen Zustand zuerst erkannte, konnte nur noch eine „Pst"-Warnung abgeben. Blitzschnell stob alles an seinen Platz zurück. Das ging so schnell, daß wir der Meinung waren, der Chef Carl hätte nichts bemerkt. Dem war aber nicht so. Carl lief durch die Reißbrettreihen und fragte ganz unauffällig: „Du, weißt du, warum der ‚Pst' gesagt hat?" Dabei lächelte er verschmitzt.

Inspektion im TB von Hermann Ekert

Hermann Ekert, der Schwiegersohn von Hermann Kaelble, hatte es sich zur Gewohnheit gemacht, jeden Abend kurz vor Feierabend ins Technische Büro zu kommen und die Arbeit der Konstrukteure zu begutachten. Es galt als Ehrensache, daß keiner, obwohl schon längst der Feierabend begonnen hatte, das Büro verließ. Hermann Ekert hatte die Eigenart, sich an den Schreibtisch des jeweiligen Klienten rücklings zu lehnen, seine Beine übereinanderzuschlagen und auf elegante Art seine Arme zu schränken, und zwar so, daß er mit ausgestreckten Zeigefingern die Arme fast senkrecht nach oben stieß und dann in schwungvoller Form übereinander schränkte und direkt vor seiner Brust verschlungen zusammenwarf. Das war dann seine Wartestellung, und damit begann an jedem Reißbrett die Besprechung, die dann beim letzten des Büros meist bis sechs oder sieben Uhr dauerte. Wenn dann der einzelne Konstrukteur etwas vorhatte, war er gezwungen, seine Feierabendtermine zu verschieben, und das geschah öfters.

Hermann Kaelble jun. (1909 bis 1971).

Hermann Ekert (1904 bis 1973).

„Dahanna"

Carl stand im Betriebsbüro vor einem Reißbrett und versuchte, in einer Skizze darzustellen, wie er sich die Lösung des betreffenden Problems vorstellen könnte. Hinter ihm waren der Betriebsleiter Rupp, die beiden Meister und der Direktor Ekert versammelt. Jedesmal, wenn Carl seine Skizze erweitert hatte und dazu sagte: „Dann mache mir des so", dann sagte Ekert prompt: „Ja Onkel do dahanna." Bei jedem „dahanna" drehte sich Carl um und sah seinen Neffen vorwurfsvoll an, aber dessen ungeachtet wurde der Einwurf „dahanna" weiter vermehrt, bis der Chef Carl wutentbrannt seinen Bleistiftstummel auf den Boden warf und beim Verlassen des Raumes ausrief: „Du mit deinem dauernden ‚dahanna'!" Alle Anwesenden blieben erstarrt stehen, und in die atemlose Stille hinein sagte ganz bedächtig Herr Ekert: „So kann's dr ganga dahanna."

Hermann Ekert hatte eine außergewöhnlich lange Geschäftsreise vor. Er wollte mit seinem Schwager Hermann Kaelble jun. nach Japan reisen. Da fiel ihm ein, daß er seinem Jagdfreund, dem Bürgermeister von Kirchberg, entsprechenden Bescheid geben mußte. Er rief ihn also vom Technischen Büro aus an: „Horch amol dahanna, i fahr morga nach Japan dahanna und ben also morga abend net an onserem Treffponkt dahanna, em Wald bei dem Benkle dahanna, also wenn d' hubscht, no ben e net zom seha dahanna, no gucksch halt alloi nach dem Bock dahanna, weil i ben jo en Japan dahanna."

Chef Carl duzte

Der Chef Carl hatte die Angewohnheit, jeden mit „Du" anzureden, aber es war streng untersagt, dasselbe in umgekehrter Richtung zu tun.

Strenge Sitten

Wir hatten ein Fräulein Wagner. Sie hatte über ihre Stirn ein paar Locken aus ihrem Haar nach vorn gekämmt. Auf der Treppe sprach sie der Chef an: „Du kämmscht au deine Sempelfranza nach oba, wie sich des g'hört!"

So waren beispielsweise für junge und alte Männer kurze Hosen auch im Sommer verboten.

Anerkennung vom Chef

Es ist mir einmal eine besondere Ehre vom Chef Carl zuteil geworden. Ich hatte meinen ersten Urlaub – damals gab es nur fünf Arbeitstage. Mit meiner erst vor kurzem angetrauten Frau fuhr ich nach Taxenbach im Salzburgischen Land. Ich wußte, daß wir erst vor ein paar Wochen eine spezielle Zugmaschine zum Transport von Zement auf den Großglockner an ein österreichisches Konsortium geliefert hatten. In Taxenbach, wo ich in einem bescheidenen Restaurant logierte, habe ich erfahren, daß die Zugmaschine jede Nacht die nahegelegene Großglocknerstraße unter Last hochfahren würde. Ich beschloß also, das Transportunternehmen zu besichtigen und fuhr mit der Eisenbahn und dem Omnibus bis nach Zell am See, wo sich das Betriebsbüro des Unternehmens befand. Dort traf ich den Betriebsleiter an. Er erzählte mir, als er hörte, daß ich von der Firma Kaelble sei, daß der Transport reibungslos vonstatten ginge und daß sie mit der einzigen Zugmaschine hoch zufrieden seien.

Als ich dann acht Tage später wieder in Backnang war, erzählte ich dem Chef Carl von dem positiven Ergebnis meines freiwilligen Besuches. Das freute ihn sehr, und ich konnte feststellen, daß er es sehr hoch einschätzte, weil ich in meinem ersten Urlaub so viel Firmeninteresse gezeigt hatte.

Spontan bot er mir an, von der Kasse Geld abzuholen, damit meine Kosten für diesen Ausflug gedeckt wären. Ich bedankte mich sehr für diese freundliche Geste bei ihm. Allerdings wußte ich nicht, welche Kosten ich dabei verrechnen konnte. So traf ich den damaligen Finanzchef, Herrn Hirschmann, und bat ihn, mir zu erklären, welche Kosten hier angemessen wären. Er gab mir den Hinweis, meine Eisenbahnfahrt von Taxenbach bis nach Zell am See und zurück und ein Telefongespräch aufzuschreiben. Alles in allem ergab dies einen Betrag von Schilling in Mark umgerechnet von 23,25 Mark. Mit dieser Rechnung

bekam ich von Herrn Hirschmann anderntags diesen Betrag ausgehändigt. Sechs Tage später hielt sich Carl Kaelble unvermittelt an meinem Reißbrett auf und sagte, er habe mich doch aufgefordert, meine Kosten für die Fahrt in Österreich abzurechnen. Ich bestätigte ihm, daß ich dies bei Herrn Hirschmann getan habe. Seine sofortige Frage war: „Wie hoch war der Betrag?" Ich nannte ihm wahrheitsgemäß den Betrag von 23,25 Mark. Seine prompte Antwort war: „Siehst du, wärst du zu mir gekommen, dann hättest du einen viel höheren Betrag, mindestens das Vierfache bekommen."

Chef Carls Vesper

Seinem Fahrer Ernst gab Chef Carl ab und zu den Auftrag, ihn zum Vespern ins Remstal zu fahren, und manchmal aß er dann nur eine Schwarze Wurst.

Rapps Vorzugsstellung

Wir hatten einen Konstrukteur mit Namen Rapp. Er galt als ein besonders kluger Kopf. Im neuen Büro hatte er seinen Platz ganz vorn, direkt hinter dem Chefbüro. Er hatte dadurch die Möglichkeit, stets den

Beim Bau des gigantischen Kraftwerks Kaprun in Österreich war ab Mai 1952 auch diese KD 832 Z im Gebirgseinsatz.

Eingang zu beobachten und damit als erster den Eintritt von Carl Kaelble zu registrieren.

Wenn Chef Carl sein Räuspern beim Eingang von sich gab, stand auch Herr Rapp schon neben ihm, um ihm das Neueste aus dem Büro zu melden. Also erlangte er dadurch eine Vertrauensstellung, die ihm der Chef auch gewährte, was er öfters laut bestätigte. Die Einwürfe Rapps fanden natürlich nicht immer die Zustimmung der anderen Kollegen.

Rapps Hunger nach Anerkennung

Zu seinem Arbeitsgebiet gehörten die Einbaumotoren. Was wir in dieser Zeit doch für vielerlei Aufgaben ausführten! Dazu gehörte auch manchmal eine Geschäftsreise. In einer solchen Reise sah er den Hinweis für eine außerordentliche Bestätigung seines Könnens und seiner Sprachbegabung, denn er hatte mitunter die Aufgabe, Betriebsanleitungen von deutsch auf englisch zu übersetzen, was, wie er meinte, seine Wichtigkeit unterstreichen würde. Das gab er auf vielfältige Art bekannt. Er erzählte seinen Kollegen lange Geschichten über Holland und fügte bescheiden ein, daß er nun begierig sei, zu erfahren, wie die Holländer zum Beispiel ausgefallene Probleme lösen würden. Erst dann waren seine Kollegen bereit, ihn direkt zu fragen: „Warum, fährst du morgen nach Holland?" Worauf er sich geschmeichelt übers Haar strich, weil er einen entdeckt hatte, der ihn nun bewunderte, daß er auserkoren sei, dorthin entsandt zu werden.

Manchmal hat er es auch direkter gemacht, indem er die Frage in den Raum stellte, er wolle nur sehen, ob die Holländer ein astreines Englisch sprechen.

Rapp als Steuermann

Manchmal ist ihm auch etwas danebengegangen. Wir lieferten für viele Binnenschiffe die Einbaumotoren. Die Reedereien hatten den Ersteinbau mit einer Schiffstaufe verbunden. Damit war ein eindrucksvolles Fest eingeschlossen. Bei einem solchen Vorgang gab es zuerst eine Menge Alkohol, der die Worte beflügelte. Unser Herr Rapp hatte sich inzwischen genügend Mut angetrunken und verlangte deshalb vom Schiffseigner, den Kahn bei der anschließenden Probefahrt steuern zu dürfen, was natürlich in diesem Zustand nicht einwandfrei gelingen konnte. Nachdem der Schiffsdiesel die nötige Leistung erbrachte, hatte der „Steuermann" den Kahn in halbschräger Lage in voller Fahrt auf das gegenüberliegende Ufer gesetzt, was einer vollständigen Havarie entsprach. Rapp hatte nur noch in lallenden Worten seine Enttäuschung kundtun können. Der Nimbus des hervorragenden Steuermanns war nun dahin.

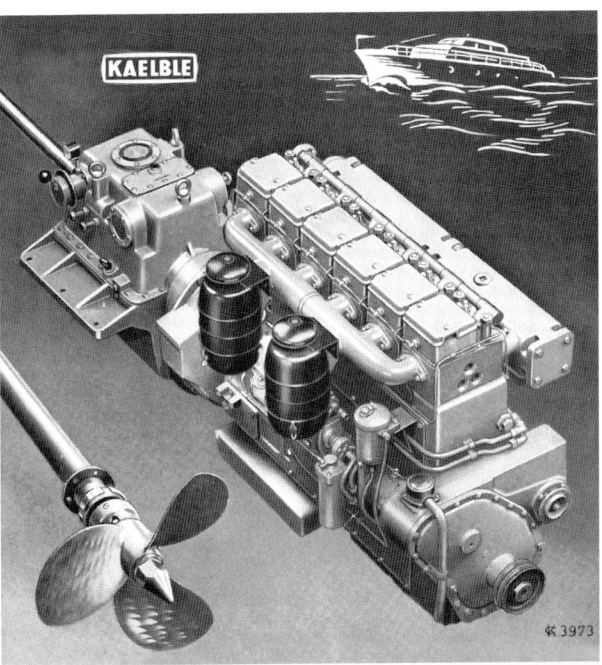

Kaelble-Bootsmotoren bis 300 PS auf allen Gewässern im Einsatz.

Honorar in Fischform bei Tritt

In der ersten Zeit meiner Tätigkeit in Backnang hatte ich ein Motorrad, um zur Arbeit zu kommen. An den Werktagen hatte ich ein Zimmer in der Hermann-Löns-Straße bei Obermeister Tritt, dem über viele Jahre hinweg tätigen ausgezeichneten Lehrlingsausbilder der Firma Kaelble. Er hatte ein reizendes Töchterlein, das damals die „höhere Töchterschule" besuchte. Wie es bei solchen Vätern üblich ist, hatte er den Ehrgeiz, daß seine Tochter ein Ausbund der Mathematik, der Physik, der Chemie und aller anderen technischen Disziplinen sein müßte, und daher trainierte er das „arme" Mädchen bis auf die Knochen. Nur auf dem Gebiet der englischen Sprache, da zeigte er „Fahrkarte". Da hatte man mich gebeten, das Lehramt zu übernehmen. So hatte ich in den Abendstunden montags bis freitags Englisch auf dem Stundenplan, und Frau Tritt, die eine praktische Frau war, hatte herausgefunden, daß ich in meinen Jugendjahren bei der Deutschen Kriegsmarine meinen Dienst getan hatte. Also hatte sie richtig kombiniert, daß ich Fisch furchtbar gerne essen würde – Fisch in den verschiedensten Formen und Zubereitungen. So wurde mein Honorar in „Fischform" abgewickelt. Wenn ich dann an den Sonntagen zu Hause in Großbottwar zu speisen hatte, bat ich meine Mutter inständig, ja keinen Fisch, in welcher Form auch immer, auf den Tisch zu bringen, denn mein Bedarf war gedeckt.

Chef Carls Geheimnis

Jedesmal wenn ich zusammen mit meinem Obermeister Tritt am Feierabend nach Hause ging, mußten wir am Haus eines betagten Fräuleins vorbeigehen. Und da geschah es manchmal, daß die freundliche Frau uns eine Halskette, ein defektes Bügeleisen oder ähnliches durchs geöffnete Fenster reichte. Mir fiel dann auf, daß Herr Tritt überaus freundlich und zuvorkommend war. In den Abendstunden half ich manchmal bei der Reparatur der betreffenden Gegenstände und konnte dann nicht umhin, ihn um nähere Auskunft zu bitten. So erfuhr ich, daß diese Frau eine frühere Geliebte unseres verehrten Chefs Carl Kaelble war und daß sie vor vielen Jahren, als sie ein Kind erwartete, nach Amerika auswanderte, das Kind dort zur Welt brachte und dann später wieder nach Backnang zurückkehrte.

So lebte sie damals noch als ledige Mutter. Doch diese Geschichte hatte eine Fortsetzung.

Der verlorene Sohn

Inzwischen waren der Erste Weltkrieg, die Weimarer Republik, das Dritte Reich und der Zweite Weltkrieg vergangen. Aus dem Kind war ein gestandener Mann geworden, der auf der Karriereleiter seinen Aufstieg gemacht hatte. Kein Wunder, denn als Sohn eines so tatkräftigen Vaters wie unseres Carl Kaelble konnte ja kaum weniger herauskommen.

Es wurde in Backnang bekannt, daß der Sohn von Carl Kaelble der maßgebliche Leiter eines großen amerikanischen Konzerns geworden war und daß er daneben auch noch den Posten eines Oberst in der amerikanischen Armee bekleidete. In dieser Position kam er nach dem Zweiten Weltkrieg nach Deutschland, und als profunder Sachkenner wurde er der Militärregierung in Stuttgart zugeteilt. Dort war er schließlich zuständig für die Demontage der schwäbischen Industrie.

Als erstes hatte er Verbindung mit seiner Mutter aufgenommen und die Demontage der Industrie dann äußerst milde gehandhabt. Die Firma Kaelble verlor keine einzige Schraube.

Von Stuttgart aus, wo er stationiert war, besuchte er jeden Sonntag seine Mutter und nahm mit ihr zusammen am Gottesdienst teil.

Begegnung zwischen Carl Kaelble und dem amerikanischen Oberst

Dann kam die Zeit, da er auch zu seinem Vater Verbindung aufnehmen mußte und wollte. Er fuhr mit seinem Superwagen in Backnang in der Wilhelmstraße an der Pforte der Firma Kaelble vor und begrüßte den Pförtner, der damals Herr Bräutigam hieß. An dieser Stelle war die erste Überraschung fällig, denn der amerikanische Oberst sah dem Chef Carl Kaelble zum Verwechseln ähnlich. Nachdem die erste Verblüffung verflogen war, sagte der Amerikaner den bedeutungsvollen Satz: „Wenn mein Vater nicht nach mir guckt, will ich nach ihm sehen."

Bräutigam hatte dann nichts Eiligeres zu tun, als vor ihm her in die obere Etage zu gehen, an der Zimmertür unseres Chefs zu klopfen und auf ein kräftiges „Herein" die Tür zu öffnen und sich an der Verblüffung von Carl Kaelble zu weiden – was aber nicht lange dauerte, denn der Amerikaner schloß diskret die Tür hinter sich. Was drinnen geschah, blieb dem Außenstehenden verborgen. Nur als die Unterredung beendet war, sah man unseren Chef mit feuchten Augen, was sonst noch nie der Fall gewesen war.

Sorge ums Erbe

Wir konnten daraufhin folgendes registrieren: Von diesem Tag an entstand eine hektische Geschäftigkeit unter allen Schwiegersöhnen, Neffen, Töchtern und Nichten.

Wird er in die Firma einsteigen – die Geschäftsleitung übernehmen – oder wird er ein totales Revirement durchziehen? Fragen über Fragen.

Nichts von alledem geschah.

Der Konzern und seine militärische Funktion nahmen ihn voll in Anspruch. Backnang ließ er links liegen.

Von meinem Hausherrn, Herrn Tritt, erfuhr ich, daß ihm der Chef Carl anvertraut hatte, daß er jetzt auch Care-Pakete bekommen habe. Der Friede war wieder hergestellt, dank des Großmuts des Herrn R. aus Amerika.

Mittagstisch bei Idler statt in der Kantine

Am Anfang meiner Tätigkeit bei der Firma Kaelble hatten wir, das heißt einige Angestellte, unser Mittagessen in der Gaststätte Idler eingenommen. Wir saßen im Nebenzimmer der Gaststätte. Dort bediente uns zumeist die Tante Helene, der ich besonders zugetan war, denn es stellte sich heraus, daß ihr Sohn etwa gleichaltrig mit mir war, dieser aber leider als Soldat in Rußland gefallen war. So bediente sie mich besonders aufmerksam, in Erinnerung an ihren geliebten Sohn. Diese Tante Helene, wie wir sie nennen durften, war die Schwester des Metzgermeisters Idler. Während unseres Mittagstisches entwickelte sich stets eine ausführliche Unterhaltung, an der auch „unsere Tante Helene" mit regem Interesse teilnahm. Unser Kantinenwirt in der Firma hat diesem Treiben argwöhnisch zugeschaut, denn er war darauf bedacht, daß auch die sogenannten „höheren Kreise", zu denen wir uns zählten, bei ihm das Mittagessen einnehmen sollten. Selbst Carl Kaelble hatte uns einige Male aufgefordert, dies zu tun, weil er unser Fernbleiben als einen Affront gegen sich bewertete. Wir hatten alles zu tun, ihn von diesem Glauben abzubringen.

Der Betriebsleiter und der Inder

In der ersten Zeit nach dem Krieg wurde in der Bundesrepublik die „Duisberg-Gesellschaft" gegründet, die sich mit der Vermittlung von außereuropäischen Volontären befaßte, also mit Menschen, die in unserer aufsteigenden Industrie ihre ersten technischen Ausbildungen erwerben konnten.

So hatte der damalige Betriebsleiter eines Tages einen Inder zum Mittagessen in die Gaststätte Idler ins Nebenzimmer eingeladen. Wir saßen am Nebentisch und konnten die Unterredung der beiden mitverfolgen. Unser Betriebsleiter war ein wortkarger Mann, und er tat sich schwer, eine Konversation in Gang zu bringen. Man sah ihm an, daß er sich große Mühe gab, mit seinem Gegenüber eine Unterhaltung zu beginnen. Diese Bemühungen blieben uns am Nebentisch natürlich nicht verborgen. Beim Hinausschauen aus dem Fenster in die umgebende Landschaft entwickelte sich so folgendes Gespräch: „Hait saichts kerzagrad ra." Der Inder hatte aber im Goethe-Institut in Neu-Delhi astreines Hochdeutsch gelernt, sah sich also außerstande, das spezielle Schwäbisch aus

Backnang zu verstehen. Höflich und in gepflegtem Hochdeutsch bekundete er daher, er habe kein einziges Wort verstehen können. Der Betriebschef war jedoch ein Urschwabe, und man konnte nun am Mienenspiel ablesen, daß er große Mühe hatte, seinen begonnenen Satz ins Hochdeutsche zu transferieren. Als Ergebnis seiner Anstrengungen kam folgender Satz zustande: „Heute schifft es kirzengerade herabe." Und der Inder nickte freundlich, während uns am Nachbartisch vor lauter unterdrückter Lacher das Szegediner Gulasch im Halse steckenblieb.

Die beiden Gerber Schweizer und Kaess

Unsere Essenszeit im Gasthaus Idler hatte uns dann auch mit der Backnanger Welt in Verbindung gebracht. Tante Helene sorgte dafür. So hatte sie uns eine Geschichte aus der Backnanger Gerberdynastie berichtet, denn uns „Zugereisten" war aufgefallen, daß neben der Maschinenfabrik, der wir selbst angehörten, die bedeutendste Branche die Gerbereien waren. Wir konnten dies beim Blick durchs Fenster und in die Straßen sehen. Von AEG-Telefunken war noch lange nichts zu bemerken.

Die Gerber waren ein trinkfestes Völklein. So waren auch die beiden Gerber Schweizer und Kaess, stets nach dem Zahltag, der damals, noch vor 1900, jeden Samstagvormittag war, in ein Wirtshauslokal gegangen und hatten, ehe sie ihr Geld zu Hause ab-

Dreiachs-Hinterkipper KDV 834 E mit 300 PS in Japan.

Gesellige Runde im „Lamm" in Großaspach mit Besuch aus Japan in den 50er Jahren.

lieferten, einen Umtrunk eingelegt, der dann meist etwas länger dauerte.

Das Wirtshaus, dem sie den Vorzug gaben, gehörte der alten Frau Feucht. Diese hatte zudem zwei bildschöne, heiratsfähige Töchter, was ein zusätzliches Zugpflaster darstellte. So hatten die beiden Gerber, Schweizer und Kaess, ihre Sitzungen im Lokal der Feuchts immer mehr ausgedehnt und dabei einen Großteil ihres Lohnes „versoffen". Und als die Zeit gekommen war, hatten die beiden einen solchen Gefallen an den beiden Töchtern der Feucht gefunden, daß sie in den Hafen der Ehe einmündeten, und damit hatten sie ihr jahrelang „versoffenes Geld" in Form der Erbschaft wieder. Die alte Feucht kommentierte diesen Vorgang mit den Worten: „Dui Feuchte hat dem Schweizerkäs guat dau." Was allein schon dadurch bewiesen wurde, daß beide später große Fabriken bauen konnten. Ob es nun tatsächlich so gewesen war, entzieht sich meinen Kenntnissen, denn die Finanzämter haben eine unbestechliche Abrechnung.

Wer hat, der hat

Nachdem unser Werk in Backnang durch Gmeinder in Mosbach erweitert worden war, wollte Chef Carl nach langer Unterredung in Mosbach auch in einem Gasthaus in Mosbach vespern. Während er auf der Toilette war, hatte sein Fahrer Ernst bereits seine Bestellung aufgegeben. So ergab es sich, daß der Chef ein Stück Schwartenmagen und der Fahrer Ernst ein Wiener Schnitzel mit Bratkartoffeln und gemischtem Salat bekam, was natürlich den Chef zu der Bemerkung veranlaßte: „Mr sieht halt, wo's Geld liegt. I verdean höchstens no dreiondzwanzig Pfennig an'r Walze."

75. Geburtstag von Carl Kaelble

Als unser Chef Carl seinen 75. Geburtstag im „Lamm" in Großaspach feierte, wollte ihm der Gesangverein ein Ständchen darbringen, und als alle, hochgestellte Persönlichkeiten und viele Gäste, vor dem „Lamm" Aufstellung genommen hatten, sollte nach dem ersten Lied der Vorstand des Vereins, zitternd vor Angst, vor dem erlauchten Publikum eine Rede halten. Aber da trat Carl vor und verkündete laut: „Ach, halt dei Goscha, senget liaber!" und gab gleichzeitig sein „Lieblingslied" bekannt. Er nannte das Lied: „Wie die Blümlein draußen zittern ..." (nachzulesen in dem Liederbuch „Deutsche Weisen").

Chef Carls Wunschbild

Da sich Carl Kaelble des öfteren durch den Lärm der vor seinem Anwesen vorbeibrausenden Motorräder und „Quicklys" gestört gefühlt hatte, erteilte er unserem „Hofmaler" Herrn Kern den Auftrag, diesbezüglich ein Bild zu malen.

Das fertige Werk zeigte im oberen Teil eine glückliche Familie vor ihrem Eigenheim – die junge Frau trägt ein Kind auf dem Arm und begrüßt ihren von der Arbeit heimkehrenden Mann am Gartentor – und darunter einen Motorradfahrer mit seiner Begleiterin, wie er gerade in den Straßengraben gefahren war und sich überschlagen hatte. Darüber standen die Worte: Besser so als so.

Das Bild wurde am schwarzen Brett angeheftet. Außerdem ließ Chef Carl eine Kopie an die Bausparkasse Wüstenrot schicken, wo das Gemälde offenbar so gut ankam, daß es in der Betriebszeitung veröffentlicht wurde.

Nachdem Herr Kern ein Honorar für das gelungene Werk bekommen hatte, trafen mehrere Schreiben von Motorradclubs und -herstellern ein, die sich durch die Darstellung verunglimpft fühlten. Jetzt bestellte Chef Carl Herrn Kern wiederum zu sich und zeigte ihm die Protestbriefe mit den Worten: „Weisch du, daß du g'henkt wirsch?"

Theurers Standfestigkeit

Als Finanzchef war viele Jahre lang Herr Direktor Theurer zuständig. Er wurde sogar vom Chef Carl voll und ganz anerkannt. Die Angestellten hatten sich öfters daran erinnert, daß, wenn der Chef eine neue Entwicklung im Technischen Büro durchführen wollte, ihm Herr Theurer kategorisch entgegnete: „Dofür bekommsch du von mir koi Geld!" und Carl betreten von dannen zog.

Theurers Sorgen

Als bekannt wurde, daß vom Finanzamt eine Steuerrückzahlung angemeldet war, fragte Herr Theurer vorsorglich: „Wer bekommt jetzt des Geld? Du odder i?"

Hinterkipper als Kunstobjekt, dargestellt vom „Hofmaler" Richard Kern.

Stadtrat Hermann Kaelble

Wir standen am Fenster und schauten hinab in den Hof. Dort standen in aufgeregter Diskussion der Chef Carl und sein Bruder Hermann. Das Gespräch ging hin und her. Dann rief Carl überlaut: „Leck mi am Arsch, Herr Stadtrat" und beendete die Diskussion.

Carl hatte es fertiggebracht, daß sein Bruder in den Stadtrat gewählt worden war, er selbst wollte damit nichts zu tun haben.

Des Gärtners Logik

Chef Carl wollte von seinem Gärtner, der die notwendigen Tätigkeiten in seinem Garten erledigen mußte, wissen, ob er ihm nicht zuviel dafür bezahle. Die Antwort lautete: „I ben a alte Kuah ond ka koi Kälble meh verhalta!"

Die Sache mit der Religion

Unser Betriebsleiter war eine Zeitlang Herr Köhnle. Wir wußten zwar, daß er ein Mitglied der Neuapostolischen Kirche war, aber Chef Carl wollte es genau wissen und fragte ihn deshalb: „Bisch du an Apostel?"

Adel verpflichtet!

Eine besondere Rolle hatte Herr von Nordenskjöld in unserer Firma gespielt.

Er wurde einst von einer norddeutschen Konkurrenzfirma abgeworben, im wesentlichen deshalb, weil unser Chef, Herr Direktor Ekert, als leidenschaftlicher Jäger einen Jagdadjutanten benötigte, und in diesem Fall bekam er sogar einen Adeligen.

Um Herrn von Nordenskjöld auch eine plausible Tätigkeit innerhalb der Firma zu verleihen, wurde er zuständig für die Vorführungen von Schaufelladern im gesamten europäischen Raum. Diese Aufgabe benutzte er häufig auch dazu, überall aus dem Adelskalender entnommene hochadelige Damen aufzusuchen, um mit ihnen Gemeinschaft zu pflegen und Whisky zu trinken. Die Folge war, daß er sehr oft nicht mehr ganz nüchtern war, wenn ihn mal die Polizei ins „Röhrchen" pusten ließ. Doch hatte er sich stets soweit im Griff, daß ihm äußerlich niemand etwas Nachteiliges ansah.

Der Aufstieg eines Konstrukteurs

Die Firma Kaelble hatte berühmte Leute als Konstrukteure angestellt. Der später zum Landrat gewählte Herr Limbeck war einige Jahre lang dabei und avancierte dann zu diesem hohen Amt.

Die Wirtschaftswunderzeit

Ingenieurleistungen standen für Carl Kaelble auch nach dem Zweiten Weltkrieg im Vordergrund. Dazu gehörte 1947 der Bau des ersten Kranfahrgestells, der Bau von 95- bis 120-PS-Straßenzugmaschinen sowie 150-PS-Dieselmotoren mit 6 Zylindern und die Herstellung von besonders schweren Dreiachsfahrzeugen für Spezialaufbauten.

Es folgte 1951 der Bau des V8-Zylinder-Vorkammerdieselmotors mit 200 PS sowie des Zementsilo-Kfz.

Eine Entwicklung von besonderer Art stellte eine auf einem Dreiachs-Fahrgestell aufgebaute Feuerwehrleiter mit einer Steighöhe von 62 Metern dar, die zu dieser Zeit als die größte der Welt galt und die nach Peking in Rotchina ausgeliefert wurde.

1952 gehörte Kaelble zu den ersten deutschen Herstellern von zwei- und dreiachsigen Muldenkippern, mit und ohne Vorderradantrieb und in mehreren Größen, die dann zur Grundlage vieler Spezialfahrzeuge wurden, welche im Laufe der kommenden Jahre in der ganzen Welt zum Einsatz kamen. Unter anderem entstand so ein Salztransportfahrzeug für das ehemalige Deutsch-Südwestafrika.

Die Kaelble-Straßenwalzen erfreuten sich sehr großer Beliebtheit im In- und Ausland, so daß es nicht verwunderlich war, daß der Kunde bei seiner Bestellung nur sagte: „Ich möchte eine Kaelble kaufen", und jeder wußte, daß damit nur eine Kaelble-Straßenwalze gemeint sein konnte.

Kaelble-95-PS-Zugmaschine Typ K 415 Z sorgt für den Transport von würzigem Gerstenbräu.

KD 832 S beim Meersalztransport in Südwestafrika.

Ein schwerer Spezial-Dreiachser Typ KDV 680 ZF Allrad mit Sonderaufbauten für Ölfeldarbeiten auf Auslieferungsfahrt nach Österreich im Jahr 1953.

Zwei K 612 / 145 K mit Sattelauflieger.

Wieder ein anderes Fahrzeuggesicht: KD 630 ZF mit O&K-Kranaufbau.

K 631 S mit 18 000-Liter-Tankauflieger für ESSO.

K 631 LF mit Isolieraufbau.

Der Transport eines solch schweren Brockens mit einer K 631 ZR und dem Culemeyer-Straßenroller war hochinteressant für jung und alt.

Ein besonders langes Gespann mit Dreiachs-Anhänger, gezogen von einem K 631 LF in Frontlenkerausführung.

Die KDV 650 EIZ-T, eine Zugmaschine mit Turbolader, aufgebaut auf einem Muldenkipperfahrgestell, wurde nach Indien ausgeliefert.

Ein K 680 L mit Ladepritsche.

Eine 150 PS starke K 631 mit Spezialaufbau für Ölfeldbohrungen.

Eine besondere Attraktion im tropischen Wald von Ceylon stellte offenbar diese K 612 Z dar.

Eine Zugmaschine vom Typ K 632 ZB fährt mit Culemeyer-Straßenroller und Transformator auf der Autobahn.

Das „kühle Naß" gelangt sicher und schnell zum Endverbraucher mit dem K 650 LF, einem der letzten Lastwagentypen von Kaelble.

Die K 680-L-Fahrgestelle stehen bereit zum Bahnversand in die Türkei.

Mosbacher Vorführzug mit KDV 833 E/S. Die Frontscheiben waren zur besseren Belüftung des Fahrerhauses ausstellbar.

Die KDV 833 E/Z für die Stuttgarter Firma Scholpp.

Eine KD 833 E/Z-SW.

Ein schwergewichtiger Typ: KDV 836 E/S-SW.

Der Typ KDV 833 E/S mit Sattelkupplung, schwerer Seilwinde und Seilumlenkeinrichtung wurde 1955 gebaut.

Ebenfalls im Jahr 1955 befindet sich diese doppelt gesattelte Zugmaschine vom Typ KDV 832 S mit einem 70-t-Aufsattelanhänger auf Probefahrt.

Hinterkipper K 680 SE

180 PS   Nutzlast 10,5 to   Fassungsvermögen bis 8 m³

Motor

Hersteller-Typ	Kaelble GO 130 s
Verbrennungsverfahren	Vorkammer
Leistung	180 PS bei 1600 U/min.
Max. Drehmoment	85 mkg b. 1200 U/min.
Zylinderzahl	6 in Reihe
Zylinderbohrung/Hub	130/180 mm
Hubraum	14,33 Ltr.
Arbeitsverfahren	4-Takt
Schmierung	Zahnradpumpe
Schmierölfilter	Spaltfilter
Schmieröldruck	0,5 bis 7 atü
Kühlung	Wasserpumpe und Ventilator
Kühler	Lamellenkühler
Kühlwasserinhalt	64 Ltr.
Ölkühler	Längerer & Reich, Röhrenkühler
Kraftstoffzuführung	Bosch Einspritzp. m. Förderp.
Einspritzdruck	ca. 125 atü
Kraftstoffverbrauch	185 g/PSh
Luftfilter	Ölbad-Luftfilter

Getriebe

Schaltgetriebe	mech. Stufengetriebe
Hersteller	ZF Friedrichshafen
Typ	AK 6–75
Stufengetriebe	2-Stufen-Zahnradgetr.
Typ	ZA 703
Anzahl der Gänge	12 V – 2 R
Übersetzungen:	
Schaltgetr.	6,44/4,1/2,61/1,62/1,0/0,72; 5,92
Stufengetriebe	1,825/0,829
Schalthebelanordnung	neben Fahrersitz

Kupplung

Bauart	Mehrscheiben-Reibungskuppl.
Hersteller	Fichtel & Sachs
Typ	LA 2/50 HG 6
Durchmesser	350/195 mm
Übertragbares Drehmoment	100 mkg
Gesamte Kupplungsfläche	2654 cm²
Ausrückkraft in der Kupplung	165 kg
Betätigungsart	mechanisch
Betätigungskraft am Pedal	27 kg

Achsen

Anzahl der Achsen	2
Angetriebene Achsen	1
Vorderachse	Faustachse
Hinterachse:	Banjo-Achse mit Hinterachsgetriebe
Übersetzung:	1:8

Bremsen

Fußbremse	Druckluft, auf alle Räder wirkend
Bremsdruck	5 atü
Luftflasche, Inhalt	150 Ltr.
Bremszylinder hinten	an Achsbrücke
Größe	A 125 DIN 74282
Kolbendurchmesser	125 mm
Kolbenkraft	460 kg
Hub	140 mm
Bremszylinder vorn	an Achsschenkel
Größe	A 100 DIN 74282
Kolbendurchmesser	100 mm
Kolbenkraft	290 kg
Hub	140 mm
Handbremse	mech. Bremse auf Hinterachse wirkend
Betätigung	mit Handhebel
Verstärkung	1 Federspeicher
Federspeichertyp	SV/DZB 150/180 A 10
Federkraft	max. 500 kg
Hub	max. 180 mm
Bremstrommeldurchmesser	
vorn	440 mm
hinten	480 mm
Belagbreite	
vorn	100 mm
hinten	160 mm
Bremsfläche	
vorn	1215 cm²
hinten	2200 cm²

Lenkung

Art	mech. mit hydr. Lenkhilfe
Typ	ZF-Gemmer-Hydrolenkung 90
Übersetzung:	24,7:1
Hydr. Drehmoment der Lenkwelle	610 mkg
Pumpendruck	70 kg/cm²
Ölpumpe	ZF-Pumpe
Förderleistung	17 Ltr./min.

Elektr. Ausrüstung

Anzahl der Batterien	2
Kapazität	2×180 Ah
Einbaulage: unter Fahrersitz im Führerhaus	
Typ	Bleibatterie 12 B 180
Spannung	12 V
Anlasser	Bosch
Typ	BPD 6/24 ARS 150 Z 11
Einbaulage	rechts
Spannung	24 V
Lichtmaschine	Bosch
Typ	LJ/GQ 300/12/950 AR 1
Spannung	12 V
Leistung	300 W
Lichtanlage, Scheibenwischer und sonstige Geräte	12 V

Führerhaus

Ausführung	Ganzstahl
Sitzplätze	3
Lagerung	3-Punkt
Bauart	symmetrisch

Einer der kleineren, straßentauglichen Hinterkipper.

Eine größere Muldenkipper-Ausführung: KDV 832 E mit 200 PS.

KV 21 E 8 und KDV 833 E im Einsatz bei der Firma STRABAG.

In Anerkennung seiner Verdienste erhielt Carl Kaelble 1952 das Große Verdienstkreuz der Bundesrepublik Deutschland und die Ehrenbürgerschaft der Stadt Backnang.

Das Jahr 1953 war überschattet vom Tod seines Bruders Hermann.

Seinen Platz als kaufmännischer Direktor nahm Paul Theurer ein.

1954 begann die Entwicklung einer Baureihe von luftgekühlten Dieselmotoren mit 1 bis 8 Zylindern.

1955 wurde eine Zugmaschine mit Seilwinde und Sattelkupplung sowie eine doppelt gesattelte Zugmaschine gebaut; außerdem wurden Antriebsaggregate für Amphibienfahrzeuge entwickelt.

In dieser Zeit lief auch die Fertigung der Walzen auf Hochtouren. Sie wurden sogar ohne Auftrag, das heißt „auf Halde" produziert und fanden stets zufriedene Abnehmer. Die robusten Dreiradwalzen waren auch im Ausland gefragte Arbeitsmaschinen.

Luftgekühlte Dieselmotoren mit 1, 2, 3, 4 und 6 Zylindern für extreme Einsatzgebiete.

Kaelble unter Palmen: Walze in Italien.

Klein und groß beim Fototermin.

Walze in Barcelona.

Walze in Holland.

Im Auftrag der französischen Armee wurden in Zusammenarbeit mit den Eisenwerken Kaiserslautern und der Schottelwerft verschiedene Fahrzeuge entwickelt, die bei Flußüberquerungen zum Einsatz kommen und mit einer hydraulisch betätigten Brücke ausgerüstet sein sollten.

Der Prototyp wurde am 28. und 29. Oktober 1955 in Koblenz-Metternich an der Mosel etwa 20 höheren französischen Offizieren vorgeführt.

Es wurde von Kaiserslautern nach Koblenz gefahren, wobei als Höchstgeschwindigkeit auf der Autobahn 60 km/h erreicht wurde.

In Metternich mußten die beiden Stabilisationsschläuche seitlich angebracht und aufgepumpt werden. Die Montage dieser Schläuche war bis jetzt noch ein umständliches Verfahren und hatte nahezu eine Stunde in Anspruch genommen. Das Fahrzeug wurde dann über ein ziemlich flaches Ufer ins Wasser gefahren. Die Strömung der Mosel ist an dieser Stelle sehr gering, da sich etwa 2 km entfernt ein Staudamm befindet. Mit etwa 60 bis 70 cm Tiefgang lag das Ponton äußerst stabil und sicher im Strom. Das Manövrieren mit der Schiffsschraube funktionierte tadellos, es war sogar möglich, auf der Stelle zu wenden. Schwierigkeiten bereitete das „An-Land-fahren". Der Ufergrund bestand aus dickem Schlamm, auf dem nur eine dünne Sandschicht lag, und außerdem war bei der Wasserfahrt ein Druckschlauch von der Hebehydraulik gerissen. Somit konnte das Fahrzeug mit ausgefahrener Hinterachse nicht genügend nahe an das Ufer kommen, um mit eigener Kraft aus dem Wasser zu fahren. Nach mehreren vergeblichen Versuchen mußte ein Lkw vorgespannt werden, der dann das Amphibienfahrzeug an Land zog. Nachmittags sollte das Fahrzeug mit Last

gefahren werden. Zu diesem Zweck wurden von den Franzosen zwei leichte Schützenpanzer zur Verfügung gestellt.

Am nächsten Tag wurden dann einige Flußüberquerungen vorgenommen, wobei festzustellen war, daß eine Überquerung etwa 4 bis 5 Minuten benötigt, was durch Training noch verringert werden konnte. Mit Panzern und französischen Offizieren an Bord wurde dann noch eine Strecke von etwa 5 km auf der Mosel mit maximaler Drehzahl gefahren, um die Höchstgeschwindigkeit mit Last festzustellen. Dies ergab etwa 9 km/h gegen den Strom, der mit 0,5 km/h talwärts geht.

Beim Herausfahren des Amphibienfahrzeuges aus dem Wasser sollte eine mit Steinen belegte Böschung von 30° Schräge überwunden werden. Es hat sich gezeigt, daß für eine solche Uferbeschaffenheit die eingebaute Seilwinde notwendig ist.

Die an dem Fahrzeug festgestellten Mängel waren relativ gering, und das hat die französischen Offiziere dazu gebracht, im Anschluß daran einen weiteren Auftrag an die Firma Kaelble abzuliefern, der noch eine große Anzahl von Varianten beinhaltete.

Es wurde noch bekannt, daß auch die neu entstandene deutsche Armee ein Amphibienfahrzeug von einer anderen deutschen Firma entwickeln ließ, das aber bei weitem nicht die Einsatzmöglichkeiten des Kaelble-Fahrzeugs erreichen konnte.

Im Lauf der Jahre hatten wir eine Bestellung der französischen Armee von mehr als 200 Fahrzeugen in den verschiedensten Variationen erhalten.

Im Auftrag der Deutschen Bundesrepublik wurden als „Wiedergutmachung" für Israel spezielle Wassertransportfahrzeuge hergestellt und ausgeliefert.

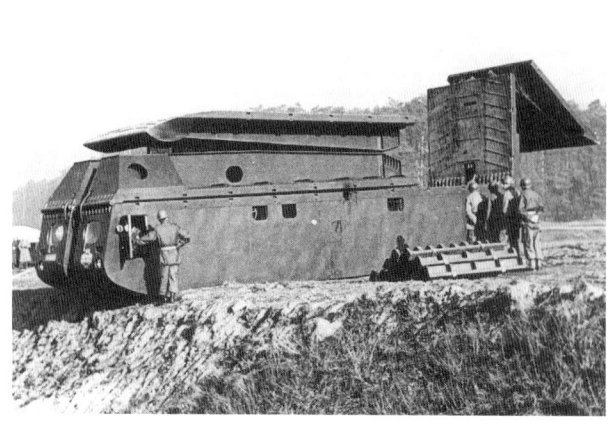

Amphibienfahrzeug mit eingefahrener Brücke.

Die Brücke wird ausgefahren.

Belastungstest des Brückenlegers vor hochrangigem Publikum.

Das Amphibienfahrzeug befindet sich hier in luftiger Höhe auf zwei Brückenteilen.

Zusammengekoppelte Kaelble-Amphibienfahrzeuge mit Panzern und Lastwagen an Bord.

Im Jahr 1957 wurde auf Wunsch der Hüttenwerke Oberhausen ein Spezialfahrzeug entwickelt, das für den dortigen Schlackentransport am Hochofenwerk eingesetzt wurde.

Das erste Fahrzeug dieser Art basierte auf einem herkömmlichen dreiachsigen Muldenkipper-Fahrgestell. Die Kipp- und Absetzhydraulik für den Schlackenkübel wurde in Zusammenarbeit mit der Münchener Firma Meiller konzipiert.

Damit war ein neuer Fertigungszweig begonnen worden, und im Laufe der kommenden Jahre kamen noch mehr als hundert entsprechende und besonders ausgerüstete Schlackentransportfahrzeuge dazu. Besonders groß war die Nachfrage von Stahlwerken aus dem Ausland, die mit diesen Fahrzeugen die Mög-

lichkeit bekamen, ihren innerbetrieblichen Transport ohne Schienennetz neu zu gestalten. Unter anderem lieferte Kaelble diese Geräte nach Österreich, Italien, Belgien, Luxemburg, Frankreich, Großbritannien, Schweden, in die Schweiz und die Tschechoslowakei. Es gab dabei Stahlwerke, die allein 12 Schlackentransporter im Einsatz hatten.

Da die Stahlwerke sowohl in der Größe als auch bezüglich der technischen Anlagen sehr unterschiedliche Gegebenheiten aufwiesen, war es eine besondere Leistung unserer Technik, allem gerecht zu werden.

Als Krönung dieser Entwicklungsserie konnte 1975 der größte Schlackentransporter der Welt mit einer Nutzlast von 110 t das Werk verlassen.

Ein Schlackentransporter der ersten Generation: der KDV 835 Sh mit 65 Tonnen Nutzlast am Siemens-Martin-Ofen beim Hüttenwerk Oberhausen.

Die nächste Generation zeigt bereits ein stark verändertes Äußeres. Hier ein KV 10 Sh in kurzer Bauweise, der leicht manövrierbar ist, unterstützt durch den um 180 Grad schwenkbaren Fahrersitz für Vor- und Rückwärtsfahrt.

Dieser für ein Stahlwerk in Italien entwickelte KDV 25 Sh wird in seiner besonders niedrigen Bauform mit abgesenktem Fahrerhaus wieder anderen Anforderungen gerecht.

Ein KDV 35 Sh beim Abkippen der flüssigen, über 1000° C heißen Schlacke.

Zahlreiche Sicherheitseinrichtungen an diesem KDV 55 Sh gewährleisten ein möglichst gefahrloses Transportieren und Abkippen der heißen Fracht.

Noch größer, noch schwerer, noch mehr Achsen: der K4V 80 Sh. Die Fahrzeugbreite beträgt immerhin knapp 5 m.

Der „Koloß auf 28 Rädern": ein K4V 110 Sh, der seinerzeit größte Schlackentransporter der Welt mit 110 t Nutzlast. Unter seinem Vorderradgehäuse findet ein Kleinwagen bequem Platz.

Einblick in das Fahrwerk: Die zwei nicht angetriebenen Hinterachsen bestehen aus jeweils 12 an Hydraulikzylindern pendelnd aufgehängten Einzelrädern mit spezieller Elastikbereifung, die schwere Lasten gut aufnehmen und Boden- unebenheiten optimal ausgleichen können.

Rückansicht eines älteren Modells mit ausgefahrenen Stützfüßen und Kettenvorhang zum Schutz der Reifen.

Fahrerkabine mit drehbarem Sitz und doppelter Bedie- nungseinrichtung für präzises Vor- und Rückwärtsfahren.

Viele der Fahrzeuge erreichten ihr Ziel auf dem Wasserweg. Hier wird ein für ein belgisches Stahlwerk bestimmter Schlackentransporter im Stuttgarter Neckarhafen verladen.

Der für ein schwedisches Stahlwerk bestimmte Tiefbett-Transporter K5V 115 T, mit dem z. B. rotglühende Stahlblöcke befördert werden konnten, auf dem Weg zur Verladestelle. Die Fahrt von Backnang zum Hafen konnte aufgrund der überbreiten Abmessungen natürlich nur nachts und in Begleitung einer Polizeistaffel erfolgen.

Ein technisch imposanter Anblick war der Kaelble-Gmeinder-Vorführzug mit KDV 22 Z 8 T-Zugmaschine und Planierraupe PR 800 HT.

Carl Kaelble zeigte sich in seinem Lebenswerk als schöpferischer Vorkämpfer technischen Fortschritts, dabei aber als solider Geschäftsmann und guter Organisator.

Am 22. November 1957 wurde er mitten aus seinem arbeitsreichen Leben abberufen.

Seinen Platz nahm Dipl.-Ing. Hermann Ekert ein, der mit einer Tochter von Hermann Kaelble verheiratet war.

Hermann Ekert wurde am 1. Dezember 1904 in Backnang geboren. Nach dem Abitur praktizierte er in verschiedenen Maschinenfabriken, u.a. in Esslingen und Weingarten. An der Technischen Hochschule in Stuttgart studierte er allgemeinen Maschinenbau und schrieb 1928 seine Diplomarbeit über Raupenfahrzeuge. Dieses Fachgebiet war richtungsweisend für sein ferneres Berufsleben.

Die Firma hatte inzwischen 900 Beschäftigte.

In den folgenden Jahren wurde eine Serie von Planierraupen gestartet mit 150 bis 200 PS, die sich bis zu einer Leistung von 270 PS steigerten. Sie kamen bei den verschiedensten Erdarbeiten im Steinbruch unter sehr harten Bedingungen, mit einem Spezial-Tiefaufreißer oder mit drei Aufreißern oder auch als Laderaupe zum Einsatz.

Die Laderaupe LR 410 S.

Die PR 661 mit Aufreißer.

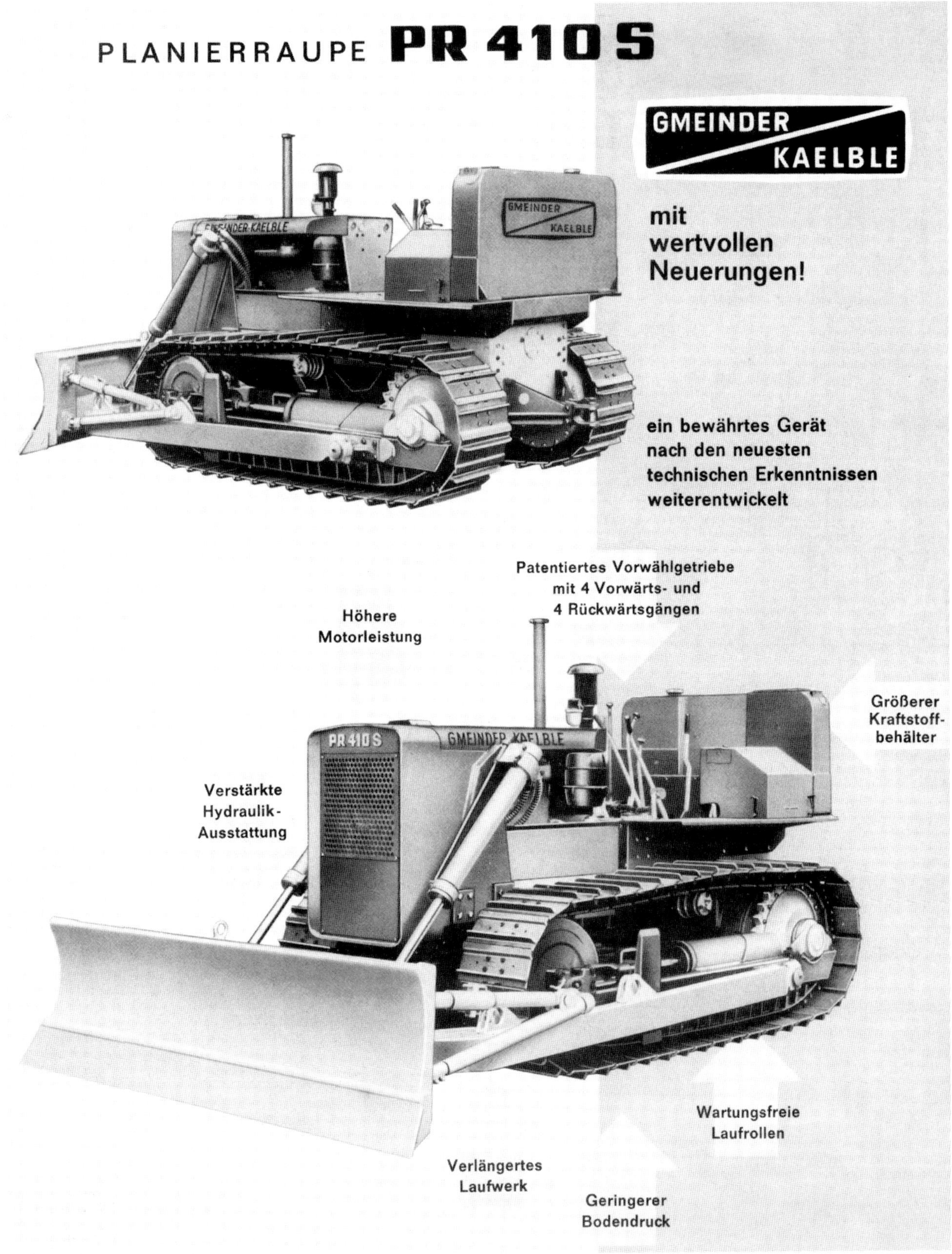
PLANIERRAUPE PR 410 S
GMEINDER KAELBLE
mit wertvollen Neuerungen!
ein bewährtes Gerät nach den neuesten technischen Erkenntnissen weiterentwickelt
Patentiertes Vorwählgetriebe mit 4 Vorwärts- und 4 Rückwärtsgängen
Höhere Motorleistung
Größerer Kraftstoff-behälter
Verstärkte Hydraulik-Ausstattung
PR 410 S
GMEINDER KAELBLE
Wartungsfreie Laufrollen
Verlängertes Laufwerk
Geringerer Bodendruck

Planierraupe mit „wertvollen Neuerungen“ – zum Teil für Kaelble patentiert, wie zum Beispiel das Vorwählgetriebe.

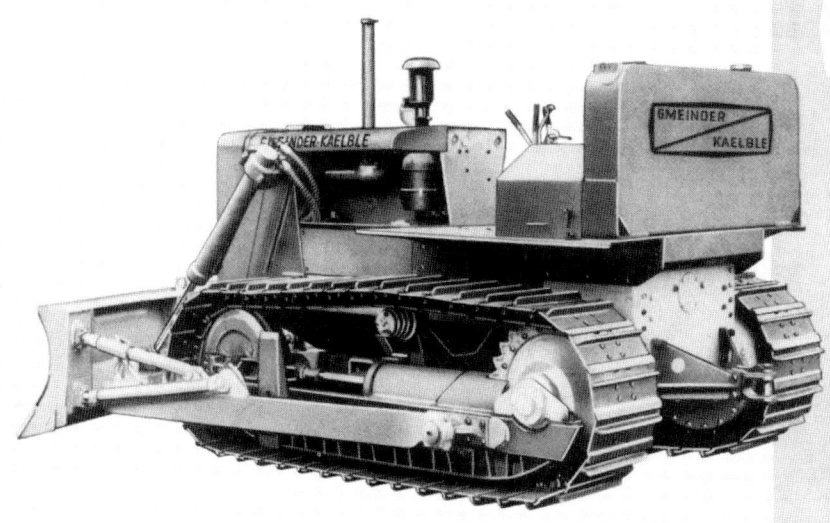

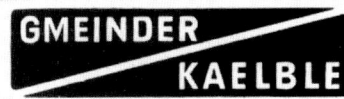

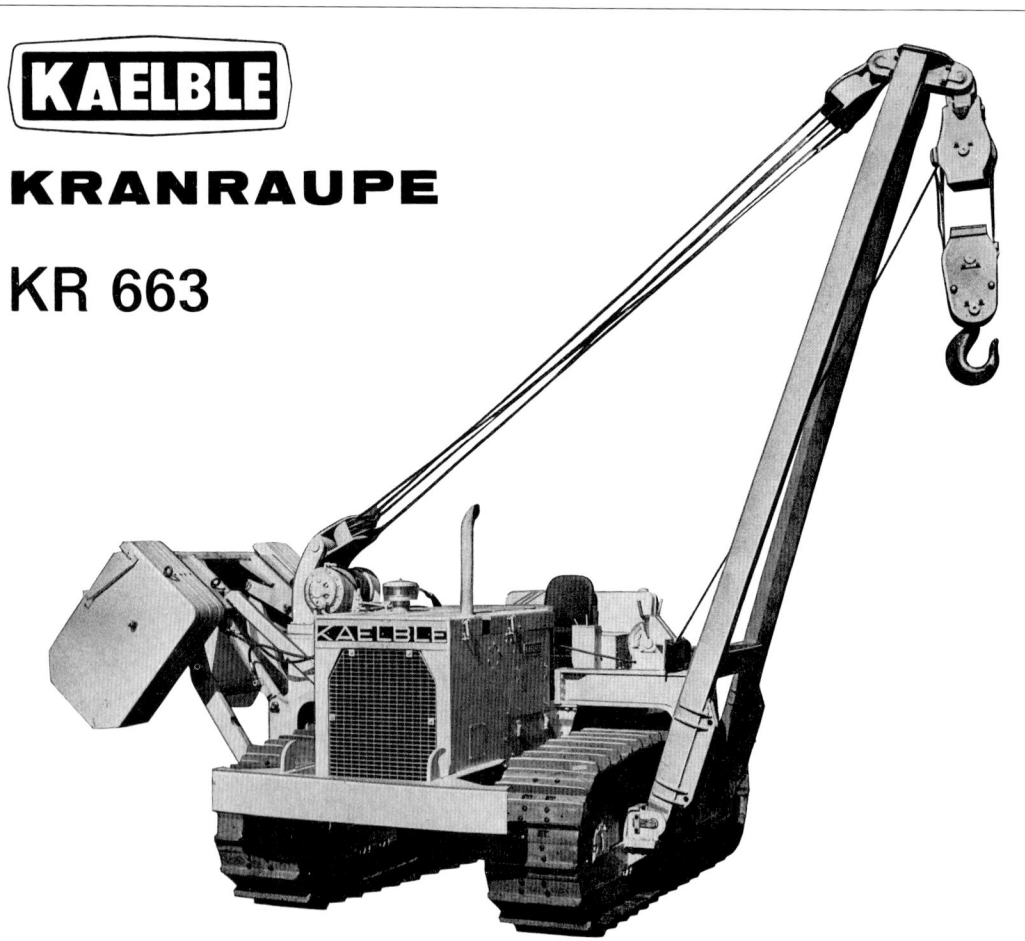

KAELBLE

KRANRAUPE

KR 663

Motor:

Type	OM 355
Verbrennungsverfahren	Direkteinspritzung, 4-Takt
Dauerleistung	210 DIN-PS
	bei 2200 U/min.
Fahrzeugleistung	240 DIN-PS
	bei 2200 U/min.
Anzahl der Zylinder	6
Bohrung/Hub	128/150 mm
Hubraum	11580 cm³
Schmierung	Druckumlaufschmierung
Luftfilter	Trockenluftfilter
Kühlung	wassergekühlt

Kraftübertragung:

Vom Motor über angeflanschten Drehmomentwandler und Lastschaltgetriebe, Doppelgelenk, Kegel-Ritzelantrieb (am Hauptgetriebe angeflanscht), hydr. betätigte Lenkkupplungen zum Seitenantrieb.

Anzahl der Gänge:

3 Vorwärts, 3 Rückwärts,
Geschwindigkeit vorwärts max. .... 12 km/h
Geschwindigkeit rückwärts max. .... 12 km/h

Lenkung:

Jedes Raupenband ist unabhängig vom anderen lenkbar über jeweils im Ölbad laufende Lamellenkupplungen und Scheibenbremsen.

Füllmengen:

Kühlsystem, Wasser	ca. 70 Ltr.
Motor, Motorenöl	ca. 23 Ltr.
Wandler + Lastschaltgetriebe + Nach-schaltgetriebe	ca. 35 Ltr.
Ritzel- und Kegelradantrieb und Lenkhydr. ..	85 Ltr.
Seitenantrieb je	ca. 20 Ltr.
Auslegerhydraulik	ca. 220 Ltr.
Kraftstoff-Behälter	ca. 415 Ltr.

Die Kranraupe mit einer Tragkraft bis 72 t wurde zum Rücken von Bandstraßen, zum Verlegen von Rohren und zum Heben schwerer Lasten eingesetzt.

Des öfteren wurde die Planierraupe auch als Rohrlegeraupe ausgebildet und mit Kranaufbau zum Rücken der Förderbänder in den Braunkohlegruben verwendet.

Unter anderem wurde eine Spezialplanierraupe mit breiten Bodenplatten und sehr geringem Bodendruck gebaut, die besonders für den Einsatz im Moor, d.h. für morastige und nachgiebige Böden geeignet war.

Ein äußerst spektakulärer Einsatz einer Kaelble-Planierraupe wurde aus den Anden in Chile gemeldet, wo eine Planierraupe in etwa 5000 m Höhe im Gebirge einige durch den hohen Schnee von der Umwelt abgeschnittene Dörfer freigeschaufelt hatte.

Eine große Verschiebeleistung erbrachte diese PR 663 mit knapp 4 m breitem Schild, hier im Kohlekraftwerk.

Die PR 14 M mit breiten Ketten für besonders geringen spezifischen Bodendruck.

Die Laderaupe LR 12.

Die PR 662 war im Pioniereinsatz der Bundeswehr beliebt.

Dieselbe Raupe mit Fahrerkabine und Aufreißer.

Chilener Wein

Vom Backnanger Bahnhof erhielten wir einen Anruf, wir möchten einen Herrn mittleren Alters abholen, er sei Südamerikaner und habe die Absicht, zu uns in die Firma zu kommen. Wir hatten zwar niemanden erwartet, aber wir wollten dennoch diesen „fremden" Gast abholen.

Zehn Minuten später stand er vor uns mit einem großen Koffer. Es war kurz vor 12 Uhr, und wir luden ihn gleich zum Mittagessen ins „Lamm" nach Groß-aspach ein. Schon auf dem Hinweg erzählte er uns seine lange Geschichte.

Er war vor zehn Tagen in Santiago de Chile mit einem Flugzeug der einheimischen Fluglinie als Passagier gestartet. Der erste Teil seines Fluges ging nach Recife, wo er in eine Maschine nach Europa umsteigen wollte. Der Start hatte anfänglich noch stattgefunden, aber nach kurzer Zeit, noch während des Aufstiegs, hatte das rechte Düsentriebwerk Feuer gefangen, und die Maschine mußte sofort den Flug abbrechen und wieder halsbrecherisch auf dem soeben verlassenen Flughafen notlanden. Fluchtartig hatten die Passagiere und die Besatzung das inzwischen brennende Flugzeug verlassen.

Die Flughafendirektion war bemüht, so schnell wie möglich eine Ersatzmaschine bereitzustellen, doch nahm dies eine volle Stunde in Anspruch. Nach dieser Episode folgte ein neuer Start, und die Maschine flog übers Meer hinaus in Richtung Europa. Die Passagiere hatten es sich bequem in den Sitzen der Boeing 727 gemacht, als der Flugkapitän mit aufgeregter Stimme einen gravierenden Schaden an seiner Maschine meldete und zugleich seine Umkehr zum Flughafen Recife anmeldete. Die Maschine verlor sehr rasch an Höhe und setzte nur mit Mühe direkt vor der Stadt Recife auf dem Wasser des Atlantik auf. Vorsichtshalber wurden an alle Passagiere Schwimmwesten verteilt, und in der Nähe standen einige Schiffe bereit, die ängstlichen Menschen aufzunehmen.

Damit war der Flug nach Europa schon zum zweiten Mal unterbrochen.

Nach einer längeren Pause ging unser Südamerikaner zur nächsten Reederei. Sein Bedarf am „Fliegen" war gedeckt. Er fand bald einen Frachtdampfer, der bereit war, ihn nach Genua in Italien mitzunehmen. Der Dampfer hatte eine Kabine für solche Fälle zur Verfügung. Diese Reise dauerte allerdings fünf Tage, und unser Freund hatte Muße, sich von seinen Erlebnissen zu erholen.

In Genua begab er sich zum Bahnhof, denn einen Weiterflug nach Deutschland hatte er auf Grund des Erlebten außerhalb seiner Überlegungen gestellt.

Durch die sonnige Lombardei und das Tiroler Etschtal, vorbei am schneebedeckten Ortler und über die Alpen erreichte er die süddeutschen Gefilde, und so hatte er heute vormittag sein Endziel Backnang in Deutschland erreicht.

Damit war also seine Odyssee beendet und auch die blumenreiche Schilderung seiner Erlebnisse.

Inzwischen hatten wir reichlich zu Mittag gegessen und auch den Nachmittagskaffee eingenommen. Das Lokal „Zum Lamm" war leer geworden. Unser Gast öffnete seinen Koffer, den er ständig bei sich behielt und holte zwei Flaschen Wein heraus, um uns eine Kostprobe des Inhalts anzubieten. Wir baten die Bedienung, uns vier feingeschliffene Gläser zu bringen, und er goß uns einen dunkelroten bis fast schwarzen Wein ein, den er von den Weinbergen bei Valparaiso, wie er uns versicherte, selbst geerntet hatte. Dieser hatte ein ausgezeichnetes Bukett. Wir konnten uns nicht erinnern, jemals einen besseren Wein getrunken zu haben, und so war es Nacht geworden, als wir den Heimweg antraten.

Erst am anderen Tag konnten wir uns über sein Begehren unterhalten. Er wollte uns bitten zuzustimmen, daß er für unsere Firma die Vertretung in Chile übernehmen dürfe. Als Referenz gab er unseren Starmonteur Willy Mögle an, der vor etwa sechs Monaten eine Kaelble-Planierraupe in den Anden betreut habe. Diese Raupe habe Furore in ganz Südamerika gemacht, weil mit ihrer Hilfe die durch riesige Schneemassen von der Außenwelt abgeschnittenen Siedlungen in den Gebirgstälern wieder freigelegt werden konnten, was sonst zu mehr Menschenverlusten geführt hätte.

Aus seiner Aktentasche zog er mehrere Tageszeitungen heraus, auf denen unsere Raupe abgebildet war, und die Unterschrift lautete: „Die deutsche Planierraupe rettet an der Grenze zu Argentinien im tiefsten Schnee vielen Menschen das Leben".

Auf dieses Resümee wollte unser Freund seine Tätigkeit als unser Vertreter aufbauen. Er ist dann nach einer Firmenbesichtigung am anderen Morgen wieder abgereist, auf die umgekehrte Art und Weise. Fliegen wollte er nicht mehr.

Ich habe noch dreimal Post von ihm erhalten. Die Chile-Vertretung wurde ihm nicht erteilt.

Undank ist der Welt Lohn.

Eine weitere Steigerung des Bedienungskomforts brachte diese PR 30, die entsprechend den neuesten Sicherheits- und Umweltschutzanforderungen gebaut wurde.

Klassische Dreiradwalze.

1961 hatte Kaelble 2500 Mitarbeiter in drei Werken, nämlich 1150 im Stammhaus in Backnang, 650 bei der Firma Gmeinder in Mosbach und 700 im Bereich der Firma Metz in Karlsruhe.

Die zuletzt genannte Firma, die zu den führenden Feuerwehrgeräteherstellern der Welt zählte, wurde 1956 mehrheitlich von Kaelble übernommen.

1963 fertigte Kaelble den 8-Zylinder-Dieselmotor mit Turboaufladung und 450 PS als Weiterentwicklung des 1957 gebauten 300-PS- 8-Zylinder-Dieselmotors.

In den 60er Jahren wurde die Anfangsproduktion der Walzen sehr erweitert, nachdem die ganze europäische Walzenfertigung im Laufe der Jahre sich umgestellt hatte auf verschiedene Walzentypen, die den Forderungen der Straßenbauer auf breiter Linie gefolgt waren. So ging auch die Firma Kaelble von der normalen Dreiradwalze über auf Tandem-Walzen, die so eingerichtet waren, daß an Hausfronten, Mauern und Randzonen entlang gewalzt werden konnte, wobei diese Walzen zusätzlich noch mit einer Vibration ausgerüstet wurden, die zur besseren Verdichtung der Straßenoberfläche beitrug. Solche Einsätze waren besonders bei der Bearbeitung von Sportplätzen gefordert. Es entstand eine neue Walzengeneration, wobei man auf eine Kombi-Ausführung überging, die eine Vibrations- und Gummirad- und Tandemausführung beinhaltete.

Die Gehwegwalze 3 WTL.

Eine Walze mit Antriebseinheit im hinteren Walzenkörper.

Die Tandem-Vibrationswalze gibt der Asphaltdecke das Finish.

Die 7 WTL bringt ein Grundgewicht von 7 t auf die Straße.

Die 7 WTLV mit Schutzdach und Vibrationseinheit.

KAELBLE 16 WP Gummiradwalze

Gewichte

Grundgewicht	8 000 kg
belastbar bis	18 000 kg
dabei	
Achslast vorn	7 700 kg
Achslast hinten	10 300 kg
Ballastraum	3 m³
Einzelradlast	2 570 kg

Fahrgeschwindigkeiten

bei einer Motordrehzahl von 2500 UpM
vor- und rückwärts etwa gleich

1. Gang	8,8 km/h
2. Gang	19,5 km/h

Steigfähigkeit

max. belastet   22 % bei V = 3 km/h

Kraftübertragung

Hydraulischer Drehmomentwandler, einstufig.
2-Gang-Schalt-Wendegetriebe, lastschaltbar,
ZF-Achseinsatz mit Kegelradtrieb und
Selbstsperrdifferential,
Antrieb der Hinterräder über Zahnräder.

Motor

Fabrikat	Deutz-Dieselmotor F 6 L 912
Motorleistung B nach DIN 6270	
bei 2500 UpM	96 PS
Luftkühlung	
Hubraum	5,65 Liter
Zylinderzahl	6
Bohrung x Hub	100 x 120 mm
Ölinhalt	12 Liter

Bremsen

Betriebsbremse:	Druckluftbremse mit hydraulischer Kraftübertragung
Hilfs- und Feststellbremse:	Scheibenbremse am Achseinsatz

Lenkung

ZF-Ross-Hydrostatische Lenkanlage durch Lenkrad
betätigt, feinfühlige Hydrauliklenkung. Auch bei
Stillstand des Motors verwendbar.

Lenkeinschlag	40°
Pendelausschlag an Vorderachse	10°

Alle Vorderräder pendelnd.

Typenbezeichnung:

16 WP

Die Gummiradwalze erreichte nicht die Einsatzmöglichkeiten der klassischen Dreiradwalze.

Die 7 WTML mit Allwetterkabine von der Backnanger Firma Knapp wurde an die Stadt München verkauft.

Die Kombiwalze 5 WTV-K vereinigt zwei Verdichtungssysteme: Vibration in der Vorderwalze und Gummibereifung hinten.

Neues und altes Modell gemeinsam bei der Arbeit vor dem Backnanger Hallenbad, vorn die 20 WP, hinten eine 8 W.

Die Schaufelladerentwicklung schritt immer weiter voran. Sie begann mit massivem Einsatz im Jahre 1956 und wurde über das Jahr 1967 hinaus fortgesetzt.

Die Kaelble-Schaufellader zeichneten sich durch eine besonders leistungsstarke Hydraulik, durch hohe Reißkräfte sowie durch kurze Hub- und Kippzeiten aus. Für die unterschiedlichsten Ladegüter und Einsatzverhältnisse konnten die jeweils passenden Schaufelformen und -größen gewählt werden.

Im Lauf der Jahre entstand eine Vielzahl von Radladern mit Schnellwechselvorrichtungen wie:

- Gabelstapelvorrichtung
- verschiedene Holzgreifer
- Hackschnitzel-Schubschaufel
- Schaufelträger-Verlängerung und Schaufel mit Abstreifvorrichtung
- drehbare Rohrklammer
- Tropendach
- Bandreinigungsgerät

Sie fanden Verwendung in der Holzindustrie und im Steinkohlebetrieb.

1965 entstand der größte europäische Radlader, es folgte die Ausführung von Radladern mit Knicklenkung sowie der Bau von Dieselmotoren mit Direkteinspritzung.

Der SL 600 war 1956 der größte europäische Schaufellader. Stolz zeigt ihn der Fahrer Bernhard Ehinger vor der Fertigmacherei.

Ein nagelneuer SL 1451 verläßt das Werk.

Zwei SL 2651 in der Sandgrube.

Der SL 2651 mit Kohleschaufel bei einer Vorführung im Kraftwerk der EVS Marbach am Neckar im Jahr 1963.

Der SL 2652 mit Felsschaufel hat sich im Steinbrucheinsatz bewährt.

Das erste Radplaniergerät RPG 2650 im Bundeswehreinsatz ...

... und sein späterer Nachfolger RP 18-C.

Radlader SL10
mit Knicklenkung

KAELBLE

Dauerleistung 84,6 kW (115 PS) · Fahrnutzlast 3,2 t · Standardschaufel 1,6 m³

MOTOR

Fabrikat	Mercedes-Benz-Dieselmotor
Typ	OM 352 Direkteinspritzung
Dauerleistung	84,6 kW (115 PS) 2400 U/min.
Fahrzeugleistung	92,7 kW (126 PS) 2800 U/min.
Max. Drehmoment	360 Nm bei 1600 U/min.
Zylinderzahl	6
Bohrung x Hub	97 x 128 mm
Hubraum	5680 cm³
Kraftstoff	Dieselkraftstoff
Luftfilter	Trockenluftfilter

KRAFTÜBERTRAGUNG

Drehmomentwandler einstufig, Anfahrwandlung
i = 2,91

Getriebe	Lastschalt-Wendegetriebe
Radantrieb	über Differentiale und Planetengetriebe in den Radnaben aller Räder

GESCHWINDIGKEITEN

vorwärts und rückwärts etwa gleich

1. Gang 0 — 6,2 km/h
2. Gang — 13,2 km/h
3. Gang — 23,0 km/h
4. Gang — 42,0 km/h

Allradantrieb in allen Gängen zu- und abschaltbar

REIFEN

4fach	17,5—25 EM PR 12
	20—24 EM PR 12

ACHSEN

Vorn und hinten Starrachsen mit Planetenrad-
untersetzung in den Radnaben. Die Hinterachse
ist pendelnd aufgehängt. Beide Achsen mit
Lamellen-Selbstsperrdifferential

BREMSEN

Betriebsbremse	Zweikreis-Druckluftbremse mit hydraulischer Kraft-übertragung
Hilfs- und Feststellbremse	auf Vorderachse wirkend, pneumatisch betätigt
Dauerbremse	Wandler als Strömungsbremse im 3. Gang des Lastschalt-Wendegetriebes

LENKUNG

Knicklenkung mit 40°
Einschlag nach jeder Seite
ZF-Hydrostatische Lenkung
betätigt 2 hydraulische Lenkzylinder, Hochdruck-Flügel-
zellen-Doppelpumpe
mit Lenkungsregelventil

Beginn einer neuen Schaufelladergeneration: der SL 10 mit Rundsichtkabine.

Der SL 12 mit 150 PS. Die Knicklenkung führte zu einer größeren Beweglichkeit auf engem Raum.

Der SL 12 mit einer neuen Variante in der Ausstattung der Fahrerkabine im Steinbruch Sämann in Knittlingen.

Zwei SL 18-B beim Beladen eines KD 12 E 6.

Der SL 20 mit 230 PS und einer für 4 m³ Inhalt ausgelegten Erdschaufel.

Der SL 26, hier mit Reifenschutzketten, wurde seinerzeit als „Flaggschiff der Kaelble-Radladerflotte" bezeichnet.

Der SL 35 beim Beladen eines KV 25 B. Dieser Schaufellader mit neu ausgelegter Kinematik und besonders stabilem Rahmen war auch stärksten Beanspruchungen gewachsen.

Viele Extras gab es für die Radlader der 18er und 20er Reihe. Hier ein SL 18-B mit Steinschlagschutzgitter ...

... und ein SL 18-C mit Kehrvorrichtung und Dachkältean-lage.

Das Bandreinigungsgerät wurde im Braunkohlentagebau eingesetzt.

Der SL 25 mit einer Sondervorrichtung für das Umsetzen von Gurtförderergerüstteilen.

Der SL 18-B mit Holzgreifer.

Einen sehr bedeutenden Produktionszweig stellten die Hinterkipper dar. Kaelble konnte sich damit einen beachtlichen Marktanteil in Europa sichern und lieferte darüber hinaus auch nach Südamerika, Japan und Ägypten.

Auch innerhalb Deutschlands gab es Anfang der 60er Jahre eine Großbaustelle, auf der Kaelble-Hinterkipper in größerer Stückzahl zum Einsatz kamen. Im Biggetal im südlichen Sauerland wurde ein riesiger Stausee als Wasserspeicher für das Ruhrgebiet und zur Energiegewinnung angelegt. Für den talseitigen Abschluß des Sees mußte ein 640 m langer, an der Sohle 220 m breiter und 52 m hoher Damm aufgeschüttet werden: der Biggedamm. Das Projekt wurde 1965 fertiggestellt.

Die anfänglich mit starrem Rahmen ausgerüsteten Hinterkipper wurden später in Knicklenkung ausgeführt. Bei allen Hinterkippern wurde eine Muldenheizung zur besseren Entleerung der Mulden vorgesehen, wobei die Dieselabgase durch den Muldenboden und die Seitenwände abgeführt werden konnten und somit eine ausgezeichnete Entleerung der aufgeheizten Mulde gewährleistet war.

Diese Methode hat Kaelble als Gebrauchsmusterschutz angemeldet.

Ein sehr erfolgreiches Modell: der KV 24 E 8.

Ab 1964 erhalten die Fahrzeuge statt gefälliger Rundungen ein kantiges Äußeres. Hier fährt ein neuer KDV 32 einem älteren Typ voraus. Die Frontscheibe des neuen Modells ist einteilig, und ein zusätzliches Fenster im Fußraum bietet eine bessere Übersicht für den Fahrer.

Für den leistungsstarken KDV 32 E 8 T mit 300 PS ist kein Gelände zu schwierig.

Um große Materialmengen wirtschaftlich transportieren zu können, wurde der Sattelzug KV 50 S für eine Nutzlast bis 50 t entwickelt. Er konnte sowohl als Seitenkipper als auch als Rückwärtskipper ausgebildet werden. Das Fassungsvermögen der Mulde beträgt 28 m³.

„Starmonteur" Willy Mögle inmitten von Einheimischen am Tinajones-Staudamm in Peru, dahinter ein Kontingent des KV 24 E 8.

In Venezuela stellten Kaelble-Dreiachshinterkipper ihre Überlegenheit aufgrund des serienmäßig eingebauten Allradantriebs – über den sämtliche Konkurrenten nicht verfügten – eindrucksvoll unter Beweis. Sie waren auch im aufgeweichten Boden nach einer Regenperiode einsatzfähig, im Gegensatz zu den ausländischen Geräten, die nur Hinterachsantrieb besaßen.

Maracaibobrücke und Hipodromo Caracas

Maracaibo ist eine Stadt in Venezuela, sie liegt am Golf von Venezuela, der vom Karibischen Meer gebildet wird und sich als Maracaibo-See sehr weit ins Landesinnere ausbreitet.

In Venezuela hatte die Firma Kaelble eine rührige Vertretung, die zudem den Vorteil besaß, mit der Gattin des venezulanischen Präsidenten liiert zu sein und somit finanziell an der Quelle zu sitzen.

Nun war damals der Plan entstanden, den Golf von Venezuela mit einer gigantischen Brücke zu überqueren, und da es sich in dieser Gegend um ebe- *nes Land handelt, waren lange und hohe Aufschüttungen notwendig, um die nötige Durchfahrtshöhe zu erreichen, damit auch seegängige Schiffe passieren konnten. Die Frima Bilfinger & Berger, mit der man schon viele Geschäfte abgewickelt hatte, arbeitete an diesem Projekt mit. So wurden spezielle Schwimmbagger, die ursprünglich 1914 auf der deutschen Howaldtswerft gebaut wurden, den Anforderungen entsprechend umgebaut und eingesetzt. Für die Stromversorgung der Bagger und die Beleuchtung der Brückenbaustelle konnte Kaelble in den Jahren 1957 bis 1959 fünfzehn Stromaggregate, ausgerüstet mit dem bewährten Kaelble-8-Zylinder-Dieselmotor, nach Venezuela liefern.*

Ein weiteres Projekt in diesem Land war Ende der 50er Jahre der Bau des Hipodromo Nacional, einer Pferderennbahn in der Hauptstadt Caracas. Für dieses Bauwerk war viel Erdmaterial zu bewegen. Unsere Vertretung hatte den Auftrag, mehrere Hinterkipper zu beschaffen, und in Backnang hatte man bald die Gelegenheit, eine Anzahl dieser Geräte nach dort per Schiff auf den Weg zu bringen. Da man diese Fahrzeuge auch betreuen und eventuell reparieren mußte, wurde zugleich unser Starmonteur Willy Mögle in Marsch gesetzt. Er hatte ja ohnehin schon einige Südamerika-Erfahrungen; auch sprach er die Landessprache, nämlich spanisch. Als Willy Mögle schon eine gewisse Zeit in Caracas weilte und er einige Lageberichte nach Backnang durchgegeben hatte – stets an Direktor Schad gerichtet, weil dieser ein Faible für dieses Land hatte –, war die Zeit gekommen, eine Einladung auszusprechen, und diese ging natürlich an Direktor Schad.

In Venezuela hatte es mehrere Tage ununterbrochen geregnet. Die komplette Baustelle war total verschlammt. Der Zufall wollte es, daß gerade zu der Zeit, als Direktor Schad in Begleitung unseres Vertreters, Herrn De Sousa, an der Baustelle eintraf, die Sonne ihre ersten Strahlen über das Land sandte und Monteur Mögle den ankommenden Gästen in fast militärischer Haltung melden konnte: „Alle Kaelble-Hinterkipper vollzählig im Einsatz", während daneben das fast klägliche Bild der im Schlamm stehenden Konkurrenzfahrzeuge zu sehen war.

Einen hervorragenderen Eindruck unseres Fahrzeugparks hätte Direktor Schad in diesem Augenblick nicht erwarten können.

Nach einem Programm der peruanischen Regierung sollten 1 Million Hektar Wüstenland bewässert und damit fruchtbar gemacht werden, wofür einige Dutzend Speicherbecken gebaut werden mußten.

Das größte Projekt war ein Staudamm bei Tinajones im Norden von Peru, der ursprünglich nur mit Hilfe von amerikanischen Geräten erstellt werden sollte, zu dessen Bau dann aber zehn Kaelble-Muldenkipper KV 24 E 8 bereitgestellt werden mußten, die unter härtesten Bedingungen eingesetzt wurden und sich aufgrund der geringen Reparaturanfälligkeit gegenüber den amerikanischen Geräten auf das Beste bewährten.

Ebenfalls Schwerarbeit leisteten Kaelble-Fahrzeuge auf geschichtsträchtigem Boden in Ägypten: Zwei bedeutende Felsentempel von Ramses II. (1290–1224 v.Chr.) am westlichen Nilufer, 18 km nördlich der sudanesischen Grenze, wurden 1964 bis 1968 auf Kosten der UNESCO in Blöcke zersägt, abtransportiert und 65 m höher wieder aufgebaut, um sie vor den Fluten des Nils zu retten, der in Assuan aufgestaut wurde. Die Kolossalstatuen waren 20 m hoch. Die zuerst zersägten Blöcke wurden von Kaelble-Spezialzugmaschinen auf Spezialtiefladern transportiert und am neuen Standort wieder aufgebaut.

Konstrukteur und Fahrer im Zwiegespräch. Der Großraummuldenkipper KVW 38 arbeitet hier im Heidelberger Zementwerk in Schelklingen.

Der K 18 und sein „größerer Bruder" K 20 waren für Baustellen und Steinbruchbetriebe wendige Zweiachser.

Der knickgelenkte KK 35 mit Felsmulde. Der maximal mögliche Lenkeinschlag beträgt 45° nach jeder Seite. Gut erkennbar ist die durch die Lenkungsart bedingte Aufteilung des Fahrzeugs in den Vorder- und den Hinterwagen, die durch ein Knickgelenk verbunden sind.

Der ebenfalls knickgelenkte KK 40 mit Kohlenmulde und geöffneter Heckklappe.

Der in herkömmlicher Art achsschenkelgelenkte KV 33 mit 355 PS.

Der größte der knickgelenkten Muldenkipper: KK 50 mit 525 PS für 50 t Nutzlast.

Im modernen Ersatzteil- und Servicewerk in Backnang wurden bis zu 50 000 verschiedene Ersatzteile bereitgehalten. Als Lastwagen im Einsatz: KV 652 K.

Infolge der Vielzahl von Sondermaschinen war es dringend notwendig, ein entsprechend großes Ersatzteillager zu unterhalten. Für dieses Lager wurde auch eine größere Verwaltungsstelle notwendig, und dieser waren mehrere gesondert ausgebildete Monteure angeschlossen.

Für dieses Ersatzteillager und die Kundendienstmonteure wurde ein modernes Gebäude an der B 14 erstellt. Das gesamte Unternehmen konnte damit seinen Weltruf erheblich ausweiten.

Eine gut ausgebildete Versandabteilung war in der Lage, binnen kürzester Zeit die angeforderten Ersatzteile in die ganze Welt zu schicken.

Sowohl in Deutschland als auch in mehreren anderen Ländern sind Ersatzteil- und Kundendienststellen errichtet worden, die mit dem zentralen Ersatzteillager in Backnang aufs engste zusammengearbeitet haben, um den Kundenwünschen gerecht werden zu können.

Da für sämtliche im Lauf der Jahrzehnte hergestellten Maschinen stets die erforderlichen Ersatzteile zur Verfügung stehen mußten, war das in Backnang stationierte Ersatzteillager allmählich sehr umfangreich geworden.

Die Firma Kaelble unterhielt in der Bundesrepublik ein eigenes Vertriebs- und Service-Netz mit Stützpunkten in Bremen, Hamburg, Hannover, Kassel, Köln, Rheinberg, Andernach, Backnang und München. Außerdem befanden sich in Österreich, Italien und Tripolis Niederlassungen. Im übrigen Ausland wurde die Firma durch Handelsunternehmungen vertreten, die durch den zentralen Kundendienst unterstützt wurden.

Kaelble Wien

Schon vor dem Zweiten Weltkrieg hatten wir in Wien eine Vertretung. Österreich war zu dieser Zeit „angeschlossen" an das Deutsche Reich und nannte sich „die Ostmark".

Unser Vertreter hieß Kohlschein. Er verkaufte hauptsächlich Straßenwalzen und Zugmaschinen. Die österreichische Mineralölverwaltung war sein größter Kunde.

Schon bald nach dem Krieg bemühte sich ein weiterer Vertreter um die Firma Kaelble. Er hieß Anders. Er war ein ehemaliger Studienrat, der nach der grundlegenden politischen Wandlung eine neue Existenz suchte. Seine Tätigkeit erstreckte sich nicht nur auf Kaelble beziehungsweise Gmeinder, sondern auch auf den Vertrieb von Kleinteilen anderer deutscher Firmen, so daß es ein wirklicher „Warenladen" geworden war. Er etablierte sich in mehreren österreichischen Bundesländern und erstellte dort einzelne Niederlassungen, zum Beispiel in Hall bei Innsbruck.

Seine Besuche bei den neu aufstrebenden österreichischen Firmen der Baubranche blieben meist erfolglos, obwohl durch den Bau einer Reihe von Donaustaustufen genügend Arbeit vorhanden gewesen wäre. Ein Angestellter und ich hatten zwar von Innsbruck aus einen Besuch auf der im Aufbau befindlichen Arge Kops unternommen, aber zu dieser Zeit ohne Erfolg. So war es nicht verwunderlich, daß sich Kaelble umsehen mußte, um den Vertrieb im neuen Österreich in Gang zu bringen.

Man war der Meinung, daß dies über einen Deutschen aus München besser gehen würde. Er hieß

Scharrer und hatte einen rührigen Verkäufer, mit dem auch ich verschiedene Besuche bei österreichischen Firmen und auf Baustellen unternehmen konnte. Es war Herr Hölzle, der sich intensiv einsetzte, und zwar über das gesamte Land. Auf diese Weise kamen wir überall in Österreich auf markante Baustellen. Herr Scharrer aber hatte sich sehr früh an eine besondere Sekte angeschlossen und dadurch utopische Vorstellungen entwickelt, die den technischen und kaufmännischen Vorgaben nicht mehr entsprachen. Hölzle hatte sich redlich bemüht, diese Utopien zu kompensieren und dies bei jeder Gelegenheit zum Ausdruck gebracht, aber alle Bemühungen waren vergeblich.

So kam es, daß Kaelble seine eigene Initiative in Gang setzte. Es wurden einige Interessenten für eine Kaelble-Vertretung nach Backnang eingeladen, denen die Probleme vorgetragen wurden. Davon blieb dann einer übrig – und das war Herr Bayer, der dann die Niederlassung in Wien zusammen mit einigen Untervertretern fast 25 Jahre lang betrieb.

Kaelble Milano

In Mailand gab es schon seit mehreren Jahren eine Vertretung, die für den gesamten Bereich Italien zuständig war. Der Vertreter hieß Dottore Ingegnere Mario Gobbi, und seine Hauptaufgabe war der Straßenwalzenverkauf, denn auf diesem Gebiet hatte er zu dieser Zeit keine inländische Konkurrenz. Er hatte sich verschiedene Untervertreter bis hinunter nach Sizilien engagiert, und so lief das Geschäft ganz ordentlich, insbesondere auch durch den Einsatz seiner attraktiven Frau, die perfekt deutsch sprach.

Da nun Kaelble auch andere Geräte produzierte und das immer mehr, wurde es mit der Zeit notwendig, zusätzliche Vertreter für diesen Teil unserer Produktion einzustellen. So entstand nach dem Zweiten Weltkrieg eine Niederlassung in der Südtiroler Stadt Bozen.

Der Leiter dieses Unternehmens war ein Herr Rafelsberger. Er war Deutscher, hatte aber sehr gute Beziehungen zu den Norditalienern. Dabei hatte er sich von vornherein vorgenommen, Mario Gobbi nicht ins Handwerk zu pfuschen und sich deshalb nur auf Kaelble-Sonderfahrzeuge einzuschießen. Er konnte so den ersten Schlackentransporter in ein Stahlwerk in der Nähe von Mailand verkaufen und noch weitere Verkaufsmöglichkeiten anbahnen.

Aufgefallen war er stets durch sein betont militärisches Auftreten, und sein Büropersonal in Bozen war entsprechend gedrillt. Das hatte natürlich nicht überall funktionieren können, insbesondere nachdem sich die politischen Gegebenheiten gewandelt hatten. Daher hatte man sich bei Kaelble entschlossen, eine eigene Niederlassung in Mailand für ganz Italien zu bilden.

Zugute kam Kaelble, daß sich dafür zwei Leute anboten, die die Landessprache beherrschten und bereits vorher bei der Maschinenfabrik Esslingen in ähnlicher Form tätig waren. Dies waren Herr Bürkle und Herr Simonis. Sie hatten versucht, ein Käufernetz über das gesamte Land aufzubauen.

Es hatte sich bald gezeigt, daß der Bedarf an Geräten im gesamten Italien sehr groß war, was natürlich auch dazu führte, daß sich eine starke Konkurrenz im eigenen Land entwickelte, gegen die es immer schwerer wurde, sich zu behaupten.

Durch verschiedene Sonderfahrzeugprojekte hatte ich die Gelegenheit, Italiens unterschiedliche Regionen kennenzulernen. Herr Simonis hatte mich dabei stets begleitet, mich auf viele Einzelheiten hingewiesen und dabei auch wertvolle Dienste geleistet. Leider ist der Erfolg in keiner Relation zu dem Einsatz geblieben. Die landeseigene Fertigung ist immer mehr, aus begreiflichen Gründen, in den Vordergrund getreten.

Werbung der italienischen Vertretung.

Turbulente Zeiten

Am 31. Juli 1971 starb Hermann Kaelble jun.

Seine Nachfolge trat Artur Weimann-Kaelble an, der seit 1965 mit einer Tochter von Hermann Kaelble verheiratet war. Er war zuständig für den Bereich Vertrieb, hatte sich aber auch in die Technik öfters eingeschaltet, insbesondere bei den speziellen Aufgaben im Zusammenhang mit den neu eingestiegenen arabischen Kunden.

Mitten aus seiner verantwortungsvollen Arbeit heraus verstarb am 27. Juli 1973 im 69. Lebensjahr Dipl.-Ing. Hermann Ekert, Geschäftsführer und persönlich haftender Gesellschafter.

Nach dem Tode von Carl Kaelble hatte er die gesamte Technische Leitung der Unternehmungen übernommen. Hierbei kamen ihm seine großen Kenntnisse und sein schöpferisches Gedankengut auf dem Gebiet des Maschinen- und Motorenbaus zugute. Sein großes Bestreben war, für die Kaelble-Gruppe einen konjunkturunabhängigen Fertigungszweig, nämlich die Entwicklung und den Bau von Spezialfahrzeugen zu schaffen, die weltweite Anerkennung gefunden haben.

Bei aller Initiative als Unternehmer verlor er nie den Blick für die sozialen Belange seiner Belegschaft und hatte stets ein offenes Ohr für die Sorgen und Nöte seiner Mitarbeiter.

Sein Nachfolger war Paul Strohhäcker.

Im Jahre 1971 wurde von Österreich eine großangelegte Baustelle eröffnet, die für eine geplante Autobahn Bergdurchstiche an mehreren Orten erforderlich machte, und dies ergab besondere Anforderungen an die notwendigen Fahrzeuge und Baumaschinen. Ein spezielles Baulos war die Autobahn zwischen Bregenz und dem Arlberg. Für den geplanten Einsatz hatte die Firma Kaelble im Lauf der kommenden Jahre verschiedene Fahrzeuge und Maschinen konstruiert und geliefert.

Die Firma Kaelble verstärkte ab 1974 ihre Aktivitäten im Mittleren Osten. Der gestiegene Investitionsbedarf in den ölfördernden Ländern hatte das Haus Kaelble bewogen, zusammen mit einem marktkundigen einheimischen Partner ein gemeinsames Unternehmen zu gründen. Mit einem libanesischen Baumaschinen-Hersteller und der zur Kaelble-Gruppe gehörenden Firma Gmeinder wurde die Kaelble-Middle-East mit Sitz in Beirut/Libanon gegründet.

Die aus Jordanien stammende Unternehmerfamilie Khoury war tonangebend bei den Aktivitäten von Kaelble-Middle-East. Insbesondere die Brüder Samir, Suhail und Zuhair Khoury stiegen als Gesellschafter bei Kaelble ein.

Die Gebrüder Khoury, von links nach rechts: Zuhair, Nadim, Usama, Samir, Suhail, Basem und Hana Musa Khoury.

Zehn Muldenkipper KV 25 stehen bereit zum Versand in den Irak.

Kaelble-Middle-East sollte im Mittleren Osten die Kaelble-Gmeinder-Produkte, d. h. Straßenwalzen, Radlader, Muldenkipper sowie Lade- und Planier-raupen, verkaufen und serienmäßig betreuen. Des weiteren wurde mit dem libanesischen Partner ein Lizenzvertrag über die Fertigung von Maschinen aus dem Kaelble-Programm abgeschlossen.

Erste positive Resultate dieser verstärkten Ver-triebsaktivitäten waren Großaufträge über Mulden-kipper des Typs KV 25 sowie über Radlader ver-schiedener Größe.

Im Zusammenhang mit Kaelble-Middle-East war auch eine Verbindung zu Libyen entstanden, wobei sich ergab, daß ein Vetter des regierenden Staats-chefs Gaddafi, Hassan Ischkal, uns nachhaltig ver-treten konnte. Dieser hat uns mehrere Jahre lang bei dem Verkauf von Zugmaschinen und anderen Ge-räten wirksam unterstützt, so daß im Lauf der Zeit eine große Anzahl von Muldenkippern in der liby-schen Wüste im Einsatz war.

Ferner kam ein Großauftrag von mehr als 250 Zugmaschinen hinzu, die in der Sahara getestet und gefahren wurden.

Die Zugmaschine KDVW 400 S beim Härtetest in der Wüste Sahara.

Chefs unter sich, von links nach rechts: Walter Kreher, Artur Weimann-Kaelble, Paul Strohhäcker, Friedrich Mezger, Dietrich Kratzenberg, Egmont Ehrenfeuchter, Erwin Fink, Walter Sommer, Fritz Pflüger.

Bis 1975 baute Kaelble eigene Motoren. Danach wurden aus Kostengründen Motoren anderer Hersteller eingebaut.

1976 traten weitere Veränderungen in der Kaelble-Gruppe ein: Die Gesellschaftergruppe Schad übernahm die Firma Metz in Karlsruhe im Tausch gegen die Geschäftsanteile der Backnanger und Mosbacher Fabriken.

Rudolf Zornow wurde Geschäftsführer und Aufsichtsratsvorsitzender. Mit dem Tod von Artur Weimann-Kaelble im Jahr 1978 endete die familiäre Firmenleitung. Schon drei Jahre zuvor war Friedrich Mezger als kaufmännischer Geschäftsführer eingestiegen.

Die folgenden Jahre waren von einem raschen Wechsel in der Geschäftsleitung gekennzeichnet.

1981 wurde der Geschäftsführer Zornow durch Hubert Essiger abgelöst.

1982 übernahm Erwin Fink die Technische Geschäftsleitung. Das Unternehmen hatte in dieser Zeit 760 Beschäftigte in Backnang und 350 in Mosbach.

Entsprechend dem gestiegenen Einfluß der arabischen Anteilseigner saßen in den 80er Jahren auch zwei Araber, Ali Ben Ramadan und Yussef A. Abdelmaula, in der Geschäftsleitung.

Um die zunehmend schwieriger werdende finanzielle Situation des Unternehmens besser in den Griff zu bekommen, wurde 1985 das alte Kaelble-Werk in der Wilhelmstraße an die Firma ANT verkauft.

Die ehemalige „Fertigmacherei" und die Lackierhalle wurden an die Stadt Backnang veräußert.

Dafür wurde das Werk an der B14 ausgebaut.

Kaelble auf arabisch: das geplante Firmenschild.

Geschäftsführer Yussef A. Abdelmaula.

Da das Unternehmen weiter in die Krise schlitterte, war ein Sanierungskonzept notwendig geworden. Als Sanierer empfahl sich der Schwede Olof N.E. Enmark.

Ende 1985 erfolgte die völlige Verschmelzung von Kaelble und Gmeinder zum Unternehmen Kaelble-Gmeinder GmbH (CKG).

Die Gesundschrumpfung der Firma erreichte ihren Tiefststand bei 267 Mitarbeitern in Backnang und 260 Beschäftigten in Mosbach im Jahr 1991, als Enmark das Unternehmen verließ.

Anfang 1995 stand Kaelble kurz vor dem Aus. Eine Landesbürgschaft war notwendig, um den Konkurs abzuwenden.

1996 mußte trotz aller Anstrengungen der Konkurs angemeldet werden.

Dem unternehmerischen Mut des bisherigen Kundendienstleiters Werner Zick ist es zu verdanken, daß es heute wieder eine Kaelble Baumaschinen GmbH in Backnang gibt, denn er konnte zusammen mit einigen ehemaligen Mitarbeitern dem Konkursverwalter ein Übernahmeangebot unterbreiten.

Das Werk in Mosbach wurde nach Abschluß des Konkursverfahrens von einem Investor übernommen und ab 1. September 1997 als „Gmeinder Lokomotiven- und Maschinenfabrik" weitergeführt.

Geschäftsleitung

Technische Seite		Kaufmännische Seite
	Gottfried Kaelble 1894 - 1908	
Carl Kaelble 1908 - 1957		Hermann Kaelble 1908 - 1953
	Hermann Kaelble jun. 1957 - 1971	Erich Schad 1955 - 1974
Hermann Ekert 1971 - 1973		
	Artur Weimann-Kaelble 1973 - 1978	Dr. Werner Schad 1974 - 1975
	Rudolf Zornow 1977 - 1981	Friedrich Mezger 1975 - 1985
Hubert Essiger 1981 - 1982		
Erwin Fink 1982 - 1984	Ali B. Ramadan 1983 - 1984	Yussef A. Abdelmaula 1983 - 1985
Walter Kreher 1984 - 1986	Olof N. E. Enmark 1985 - 1991	
	Heinz Christian Mutz 1991 - 1996	
	Werner Zick seit 1997	

Sonderentwicklungen

Während die Walzen, Radlader, Hinterkipper und Zugmaschinen all die Jahre zum Grundstock der Fertigung zählten und weiterhin gebaut und weiterentwickelt wurden, entstand ferner im Zusammenwirken mit neuen Antriebstechniken und Steuerungen eine breite Palette von Sonderfahrzeugen wie:

1. Feuerlöschfahrzeuge
2. Schneefräsen
3. Notstromaggregate
4. Sonderfahrzeuge für den über- und untertägigen Bergbau
5. Kohleabhaldegeräte
6. Hydrofahrwerke
7. Bootsmotoren
8. Grubenlokomotiven
9. Spezialzugmaschinen
10. Landminenschnellräummittel
11. Mülldeponiefahrzeuge
12. Amphibienfahrzeuge
13. Personenkraftwagen
14. Stahl- und Hüttenwerksfahrzeuge, Coiltransporter
15. Holzentrindungsmaschinen
16. Kranfahrgestelle
17. Tiefenlockerungsgeräte
18. Umbau: Code L

1. Feuerlöschfahrzeuge

Auf Anfrage des Flughafens Stuttgart hat sich Kaelble mit der Entwicklung von Feuerlöschfahrzeugen befaßt. Als erstes entstand ein Fahrzeug mit einer Motorleistung von 600 PS und einem Feuerlöschaufbau der Firma Kronenburg aus Holland. Die Pumpenleistung ergab sich durch einen separaten Motor mit 320 PS. Davon wurden Ende des Jahres 1968 zwei Fahrzeuge an den Flughafen Stuttgart geliefert, wovon eines auch als Pistenbeschaumungsgerät eingesetzt werden konnte, mit einem dafür vorgesehenen Spezialanhänger.

Als Weiterentwicklung folgte zwei Jahre später ein neues Gerät, wobei die Reichweite der Schaumkanone bzw. Pulverkanone um 20 m erhöht wurde. Dieses Gerät mußte bereits im ersten Monat seines Einsatzes eine Bewährungsprobe ableisten, denn in diesem Winter war wegen schlechter Witterung der Flughafen in Frankfurt ausgefallen, so daß alle Starts und Landungen nach Stuttgart umgelegt wurden. Die dadurch angefallenen Lande- und Startgebühren ermöglichten es bereits in diesem Winter, die Kosten des Gesamtfahrzeuges zu decken.

Auf Wunsch des Stuttgarter Flughafens wurde die Entwicklung des großen Feuerlöschfahrzeuges bis 900 PS vorangetrieben und das Fahrzeug mit großem Erfolg auf dem Flughafen Stuttgart eingesetzt.

Das erste Kaelble-Feuerlöschfahrzeug für den Stuttgarter Flughafen: KVW 600 im Jahr 1968.

Brandbekämpfung mit KVW 600 F.

Der Flughafen-Renner

Wir hatten gute Kontakte zu den Technikern des Flughafens Stuttgart. Besonders der damalige Fahrzeug-Einsatzleiter hatte den Wunsch, etwas Außergewöhnliches zu bekommen. Daher versuchte er, für die besonderen Bedingungen einer Flughafen-Feuerwehr entsprechende Fahrzeuge zu erhalten. Nach mehreren Konkurrenzuntersuchungen der internationalen Anbieter bekamen wir aufgrund unserer besseren Technik den Zuschlag, diese Geräte zu entwickeln.

Grundlage für die Entwicklung waren die neuen Richtlinien der Internationalen Zivilluftfahrtorganisation ICAO. Darin wird unter anderem gefordert, daß spätestens zwei Minuten nach dem Auslösen eines Alarms auch am entferntesten Flughafenpunkt mit einem wirkungsvollen Löschangriff begonnen werden kann.

Das waren die Bedingungen im einzelnen:
ein schnellstmöglicher Start aus dem Stand,
eine rasche Beschleunigung auf eine hohe
Geschwindigkeit,
ein kurzer Bremsweg,
ein niedriger Schwerpunkt,
eine gute Geländegängigkeit,
ein geringes Gewicht,
eine gleichmäßige Gewichtsverteilung
und eine hohe Reichweite des Löschmittels.

Wir hatten der internationalen Presse entnommen, daß es kein Gerät gab, das alle diese Bedingungen erfüllte. So blieb uns nichts anderes übrig, als von Grund auf neu zu entwickeln und uns die Bedingungen täglich vor Augen zu halten.

Zudem verlangte der Auftraggeber, daß das Fahrzeug den extremen Vorschriften des TÜV entsprechen sollte.

Wir machten uns ans Werk und konnten nach mehreren Versuchen die hochgesteckten Ziele erreichen.

Durch das angenommene Gesamtgewicht und die extremen Fahrleistungen bot sich eine zweiachsige Ausführung an. Der Heckantrieb ergab sich aus der Forderung nach einer gleichmäßigen Gewichtsverteilung und einer möglichst kurzen Rohrleitung zwischen Pulverbehälter und Löschkanone.

In der Firma Kronenburg in Holland hatten wir ein Unternehmen gefunden, das die extremen Bedingungen bezüglich des Feuerlöschaufbaus wenigstens zu 95% zu erfüllen versprach, doch gab es während der gesamten Entwicklungszeit noch viele Verhandlungen, bis die Anlage endlich stand.

Das 22 Tonnen schwere Fahrzeug wird durch einen 910 PS starken, wassergekühlten MTU-Dieselmotor mit Turbolader angetrieben. Dabei kann der Koloß von nur einer Person gefahren und bedient werden. Er beschleunigt in 16 Sekunden von 0 auf 80 km/h und erreicht eine Höchstgeschwindigkeit von 144 km/h.

Die Neuentwicklung KVW 900 F noch im Rohzustand.

Ebenfalls zum Einsatz kam eine neu entwickelte Luftfederung, die es ermöglicht, sowohl auf der Piste als auch im Gelände bei relativ hohen Geschwindigkeiten enge Kurven zu fahren.

Nach der Fertigstellung des Fahrzeugs wurde uns die Prüfstelle der Bundeswehr zur Verfügung gestellt. Alles in allem lief der Versuch zu unserer Zufriedenheit, und der erste Einsatz gelang unter der Teilnahme von Presse, Rundfunk und Fernsehen hervorragend.

Dies hat uns als „Problemlöser" gewaltig vorangebracht, auch auf dem uns bis dahin noch fremden Gebiet des Löschwesens überhaupt.

Wir wurden von international anerkannten Feuerwehrpäpsten eingeladen, unsere Leistung darzustellen.

Eine ausgiebige Dokumentation auf Einladung des Stuttgarter Flughafens, anläßlich derer ich einen Vortrag halten konnte, schloß den Vorgang ab.

Der fertige „Flughafen-Renner", Baujahr 1979.

In einem Arbeitsgang konnte mit diesem Fahrzeug eine Bahn von über drei Metern Breite freigeräumt werden.

2. Schneefräsen

1970 wurden 4-Rad-Fahrgestelle mit Allradantrieb und Allradlenkung für die größten Schneefräsen der Welt gebaut.

Die Schneefräse selbst war eine Entwicklung der Firma Schmidt in St. Blasien, während die Firma Kaelble für das Gesamtfahrzeug, die Motoren, die Doppellenkung und sämtliche Antriebsaggregate zuständig war.

Anläßlich verschiedener Vorführungen am Großglockner, am Gotthardt und an der Timmelsjoch-Hochstraße wurde die Funktion dieser Schneefräse vor vielen Fachleuten einwandfrei demonstriert. Am Gotthardt betrug die Schneehöhe 4,50 m, die in einem Durchgang geräumt werden konnte, wobei der kompakte Schnee 20 bis 25 m auf die Seite geschleudert wurde.

Schwarzwälder Schneeräumer

Die Firma Schmidt in St. Blasien im Schwarzwald hatte schon seit mehreren Jahren Schneeräumgeräte für verschiedene Zwecke hergestellt und diese auch an europäische Flughäfen geliefert. Nun war geplant, solche in einer größeren Dimension mit einer besonderen Technik auf den Markt zu bringen. Um ein entsprechendes Fahrgestell mit den dafür notwendigen

Motorleistungen zu entwickeln, hatte sich Schmidt an Kaelble gewandt, weil eine derartige Ausführung bisher noch nicht auf dem Markt war. Nach verschiedenen Gesprächen in St. Blasien, an denen Herr Sommer von kaufmännischer Seite und ich von technischer Seite teilnahmen, und nach einer Vorführung im Winter in Zell am See, wo wir bei einer Proberäumung am Großglockner entsprechende Eindrücke von den bisher größten Räumgeräten gewinnen konnten, erhielten wir den Auftrag, ein noch größeres Fahrgestell für die größte Schneefräse der Welt zu entwickeln.

Der Koloß frißt sich durch den Schnee.

Nach einer Entwicklungsdauer von ca. sechs Monaten und dem Bau eines Prototyps in weiteren vier Monaten gelang es uns, das erste Gerät dieser Bauart bis zum Jahresende 1983 zur Verfügung zu stellen. Der Erfolg gelang uns auf Anhieb meisterhaft. Der erste Einsatz lief auf der Piste von Zeltweg in Österreich.

Der zweite spektakuläre Einsatz war am Gotthardt in der Schweiz, wo eine fünf Meter hohe Schneewand bis zur Paßhöhe geräumt wurde.

Trotz seiner Länge von zehn Metern war das Gefährt fast ebenso wendig wie ein Pkw. Die Tiroler Landeszeitung bezeichnete es als „wendig wie eine Bergziege". Je nach Bedarf kann mit einem elektrischen Schalter eine von drei Lenkungsarten gewählt werden: Vorderradlenkung, Allradlenkung oder die sogenannte Hundeganglenkung, bei der sich Vorder- und Hinterachse in die gleiche Richtung bewegen, das Fahrzeug also schräg zur Seite fährt.

Ein verkleinerter Motor des Leopard-Panzers – statt zehn nur acht Zylinder – sorgt mit 700 PS und 27 Liter Hubraum für den nötigen Antrieb der Fräse.

Die erste Schneefräse wurde an den Flughafen Stuttgart verkauft, wo bereits im folgenden Winter die Start- und Landepisten nach einem starken Schneefall völlig schneefrei gehalten werden konnten, so daß einige Landungen vom internationalen Frankfurter Flughafen umdisponiert wurden und der Flughafen Stuttgart schon nach dem ersten Winter durch die Landegebühren die Kosten der Schneefräse gedeckt hatte.

3. Notstromaggregate

Eine besondere Entwicklung der Firma Kaelble war der Bau von Diesel-Elektro-Aggregaten, die in der Größenordnung bis 250 kVA hergestellt wurden, wobei der elektrische Teil von verschiedenen Spezialfirmen übernommen wurde. Sie waren besonders für moderne Krankenhäuser, Sanatorien, Kaufhäuser und andere lebenswichtige Betriebe bestimmt.

4. Sonderfahrzeuge für den über- und untertägigen Bergbau

Mit dem Bau von Untertagefahrzeugen beschritt die Firma Kaelble neue Wege, um auch bei geringen Höhen möglichst hohe Nutzlasten zu erreichen. Kaelble war es gelungen, einen hydrostatisch angetriebenen Lader zu bauen, der in dieser Zeit eine Novität darstellte und bei dem Kunden Kali & Salz überaus großen Anklang fand. Man benötigte in den Schächten dieses Unternehmens äußerst niedrige

Stationäres oder fahrbares Stromaggregat mit einer Leistung von 10 bis 250 kVA.

Lade- und Transportgeräte. Dabei sollte die Gesamtbauhöhe den Reifendurchmesser nicht überschreiten. Dennoch mußten die Fahrzeuge überaus beweglich und gut lenkbar sein. Nach mehreren Konstruktionsentwürfen haben wir eine brauchbare Lösung gefunden.

Insbesondere wurde dem Unternehmen Bergbau Haard eine ganze Serie von Bergbau-Fahrzeugen an die Hand gegeben, unter anderem Lade- und Transportfahrzeuge für den Erzbergbau, Untertagetransportlader, Fahrzeuge für Tunnel- und U-Bahnbau sowie Fahrzeuge zum Untertage-Personentransport.

Ein besonderes Beispiel für den Einsatz von Untertagefahrzeugen war der S- bzw. U-Bahnbau in Stuttgart. In diesen Bauabschnitten waren ausschließlich Kaelble-Untertagetransporter eingesetzt, wobei sämtliches Material aus der Tiefe geborgen und abtransportiert wurde.

Der Untertagelader SL 25 U im Salzbergwerk Heilbronn.

Der Bergdumper SK 16 mit Knicklenkung und hydrostatischem Allradantrieb war speziell für das Befahren großer Steigungen (bis 43 %) unter Last ausgelegt. Der Prototyp wurde im Auftrag der Bergbaugesellschaft Sachtleben entwickelt.

Im untertägigen Erzbergbau erreichte das Fahrzeug durch seine Wendigkeit und seine hohe Transportkapazität bei kleinsten Abmessungen enorme betriebswirtschaftliche Vorteile.

Der Abrollkipper KVW 20 AR war aufgrund seiner besonderen Kipptechnik auch bei geringen Schachthöhen einsetzbar.

Der Niederhubkipper KV 20 N war das ideale Transportfahrzeug beim S- und U-Bahnbau in Stuttgart.

Ein Untertage-Betonmischer KV 20 M.

KVW 20 N mit rundsichtverglastem Fahrerhaus und Steinschutzgitter.

Der Untertage-Fahrlader UFL 15 in besonders gedrungener Bauweise mit seitlich angeordnetem Fahrerstand. Durch ein Winkelspiegelsystem bleibt die Übersicht für den Fahrer gewahrt.

Kombifahrzeug UTF 10

Das Kaelble-Kombifahrzeug besteht aus einem Zugkopf und zwei ankuppelbaren Transporteinheiten für Personen- und Materialtransport mit Kranaufbau.

Es ist allradgetrieben, mit einem Spornrad und mit einem Knickgelenk versehen. Der Lenkeinschlag nach beiden Seiten beträgt 45°, der Pendelwinkel ist plus-minus 12°. Das Knickpendelgelenk ist für Reparaturarbeiten verriegelbar.

Die Hinterachse ist mit einer Achsschenkellenkung ausgerüstet, deren maximaler Lenkeinschlag 34° beträgt. Über zwei Stufen ist das Kombinationsfahrzeug von 0 bis 9,3 km/h bei Doppellenkung sowie von 0 bis 20 km/h bei Einzellenkung fahrbar.

Der Antriebsmotor ist der RAG-Einheitsmotor MWM-6 mit einer Leistung von 69 kW bei 2300 U/min und wassergekühlter Auspuffanlage.

Ein Flammendurchschlag vom Dieselmotor wird durch je ein Plattenschutzpaket in der Ansaugleitung verhindert.

Das Gerät ist für einen Einsatz auf der Anlage Bergwerk Haard konzipiert worden und hat mehrere technisch neue Aspekte aufzuweisen, die eine wesentliche Neuerung im Bergwerkstransportwesen darstellen.

Das Kombifahrzeug UTF 10 mit Materialtransporter.

UTF 10 mit Personentransporter.

5. Kohleabhaldegeräte

Für den Kohlebergbau im Saargebiet wurde ein spezielles Kohleabhaldegerät entwickelt, das die Aufgabe hatte, mittels spezieller Zusatzgeräte die auf Halde gelagerte Feinkohle so zu verschieben, daß kein innerer Kohlebrand entstehen konnte.

Hierzu waren ausgefeilte Sonderkonstruktionen notwendig.

Die Funktionsweise des Kohleabhaldegeräts KAG 600 läßt sich wie folgt beschreiben:

Die gelagerte, verdichtete und somit feste Feinkohle wird mit einem Rechen gelöst. Der Rechen besteht aus zwei Teilen, die für den Transport innerhalb des Kraftwerks zusammengeklappt werden müssen, damit das Gerät die Betriebsstraßen passieren kann. Ausgeklappt liegt der Rechen an der Haldenschräge an. Die Anliegeschräge läßt sich mittels hydrostatisch angetriebener Seilwinden zwischen 35° und 50° variieren. Jedes Rechenteil besteht aus einem Rahmen. In diesem Rahmen wird ein zweiter Rahmen mittels Kurbeltrieb hin- und herbewegt. Die an dem beweglichen Rahmen angebrachten Kratzer lösen die festliegende Feinkohle.

Die herabgerieselte Kohle wird von einem Schaufelrad aufgenommen. Das Schaufelrad ist durch einen Hydraulikzylinder in engen Grenzen höhenverstellbar, um Bodenunebenheiten auszugleichen. Am Schaufelrad ist seitlich ein allseitig be-

wegliches Stützrad angebracht. Dieses soll das Einziehen des Schaufelrades in den Untergrund verhindern.

Die Förderkapazität des Schaufelrades ist auf 600 m³/h ausgelegt. Das Fördergut gelangt durch einen Übergabetrichter auf das Förderband. Die Oberfläche des Förderbandes ist so ausgebildet, daß die gelöste Feinkohle auch bei Steigungen von ca. 35° ohne Verrutschen hochgefördert werden kann. Die Feinkohle gelangt nun in den Bunker.

Der Abtransport der Feinkohle erfolgt mit knickgelenkten Muldenkippern KK 35 und KK 50. Ein Fahrzeug fährt nach Freigabe der Einfahrt in Längsrichtung unter den Bunker und löst ferngesteuert die Bunkerklappen aus. Diese werden nach erfolgter Füllung wieder ferngesteuert geschlossen. Danach wird erst die Ausfahrt für den Muldenkipper freigegeben.

Der Antrieb des Kohlenabhaldegeräts erfolgt mittels sogenannter Hydroräder. Die vier hydrostatisch angetriebenen Räder sind luftbereift. Die Tragfähigkeit je Rad beträgt 45 t. Die an den vier Gestellstützen angebrachten Hydroräder sind mittels Lenkzylinder einzeln lenkbar. Dadurch sind Vorderradlenkung, Hinterradlenkung, Allradlenkung und auch der sogenannte Hundegang, seitwärts, möglich. Als Fahrzeuggeschwindigkeit für das Umsetzen des Kohleabhaldegeräts sind 500 m/h vorgesehen. Die Arbeitsgeschwindigkeit liegt bei 250 m/h.

Der Hauptrahmen, der die vier Antriebsstützen verbindet, umschließt weiterhin den Hilfsrahmen für den Bunker, das Gegengewicht, den Antrieb und eine begehbare Plattform mit dem Kommandostand.

Auf dem Hilfsrahmen sind ferner alle Antriebsaggregate wie Dieselmotor mit Verteilergetriebe, Hydraulikpumpen, Kühler, Schalldämpfer und Kraftstoffbehälter angebracht.

Der Kommandostand besteht aus einem Fahrerhaus mit Fahrersitzen und den notwendigen Steuerpulten.

Zur Reduzierung der Staubentwicklung ist eine Berieselungsanlage installiert.

6. Hydrofahrwerke

Im Lauf der Jahre sollte sich ein weiterer besonderer Entwicklungszweig bei Kaelble etablieren. Es handelt sich um Hydrofahrwerke. Sie galten in dieser Zeit als eine zukunftsträchtige Neuerung und bargen sehr viele Vorteile in sich. Die bisher bekannte mechanische Kraftübertragung bei Schwermaschinen wurde verlassen, um sich einem anderen System zuzuwenden, was wesentlich neue Gedankengänge verursachte, so daß erst durch intensive Arbeit ein hervorragendes Ergebnis erzielt werden konnte.

Ein Hydrofahrwerk mit hydrostatisch angetriebenen Rädern dient zur Fortbewegung und zum Umsetzen von Großanlagen, wie Steinbrecher, Band- oder Siebanlagen.

Hydrofahrwerk im Einsatz in Togo.

Diese in der Schweiz arbeitende Anlage wird auf acht Hydrorädern bewegt. Die Zahl und die Größe der Räder wird je nach Last, Boden- und Neigungsverhältnissen bestimmt.

Diese Fahrwerke wurden für sehr große Anlagen der Firma Krupp in Essen geliefert und zusammen mit der gesamten Antriebstechnik an Ort und Stelle in der Schweiz, in Spanien, in Frankreich, in Afrika und noch in anderen Ländern eingebaut und in Betrieb genommen.

Die Größe war bedingt durch die Anzahl der notwendigen Räder, der Einzeltragfähigkeit und der hydraulischen Aufhängung dieser Räder.

Die ganze Anlage wurde von einem einzelnen Steuerstand aus betätigt, der zentral an dem gesamten Steinbrecher angebracht war.

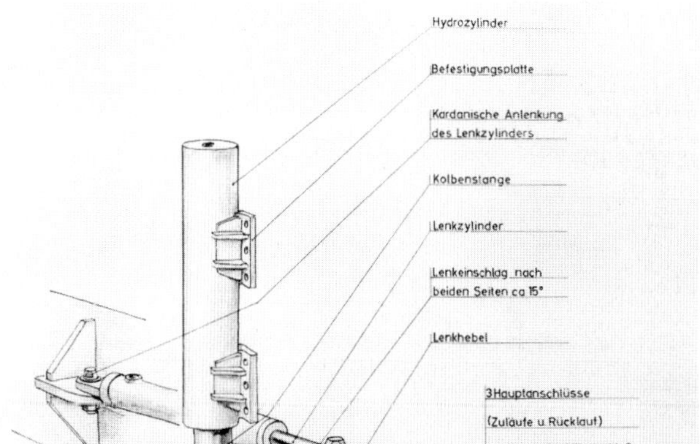

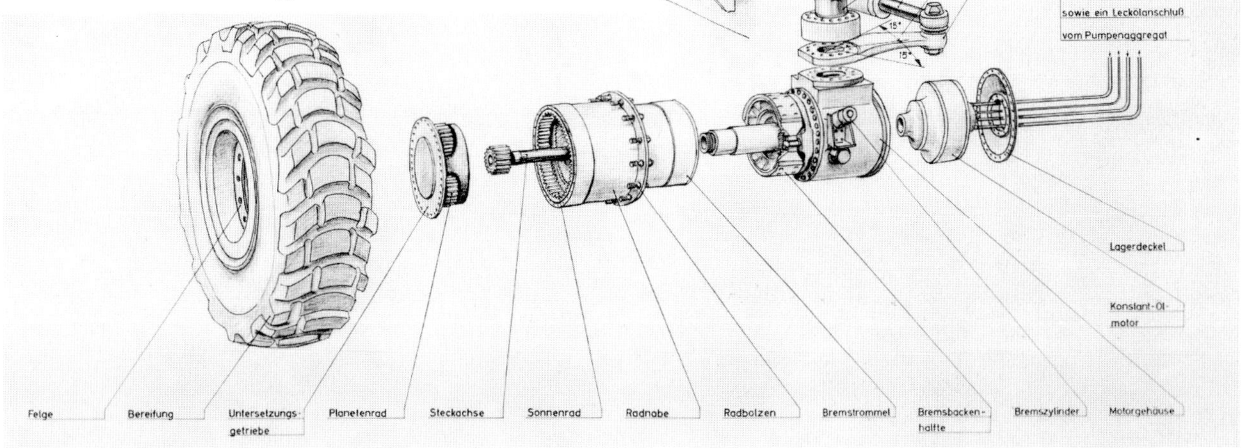

Hydrozylinder

Befestigungsplatte

Kardanische Anlenkung des Lenkzylinders

Kolbenstange

Lenkzylinder

Lenkeinschlag nach beiden Seiten ca 15°

Lenkhebel

3 Hauptanschlüsse (Zulaufe u. Rücklauf) sowie ein Leckölanschluß vom Pumpenaggregat

Lagerdeckel

Konstant-Öl-motor

Felge · Bereifung · Untersetzungsgetriebe · Planetenrad · Steckachse · Sonnenrad · Radnabe · Radbolzen · Bremstrommel · Bremsbackenhälfte · Bremszylinder · Motorgehäuse

Bauelemente eines Hydrorades. Die Tragfähigkeit der luftbereiften Räder beträgt bis zu 60 t je Rad.

Der Schlepper „Schwabenland" mit 180-PS-Dieselmotor unter Kaelble-Flagge.

7. Bootsmotoren

Der Bau von Bootsmotoren für kleinere und mittlere Schiffe war ein altes Anliegen der Firma Kaelble. Es wurde zwar kein großes Geschäft daraus. Insgesamt wurden etwa 25 Stück geliefert, dennoch hat es uns stets gefreut, wenn wir wieder gehört hatten, daß auf irgendeinem Fluß ein Schiff mit einem Kaelble-Bootsmotor eingesetzt wurde.

8. Grubenlokomotiven

Unsere Schwesterfirma Gmeinder in Mosbach hatte sich schon immer mit der besonderen Problematik befaßt, Grubenloks für verschiedene Bergbauunternehmen zu bauen und zu liefern. Diese Grubenloks waren mit Akkumotoren ausgerüstet und hatten einen Schlagwetter- und Explosionsschutz.

Schlagwettergeschützte Batterielokomotive.

KDV 32 S 8 T mit Sattelauflieger und Nachläufer von der Firma Scheuerle in Pfedelbach.

9. Spezial-Zugmaschinen

Am Anfang der 60er Jahre waren bei Kaelble weitreichende Entscheidungen gefällt worden.

Man verabschiedete sich von nun an vom reinen Lastwagenbau und beabsichtigte, das Entwicklungspotential künftig auf Baumaschinen und Spezialfahrzeuge zu konzentrieren.

Um dem ständig wachsenden Kostendruck entgegenzuwirken, wurde das bisher übliche gerundete Design der Fahrzeuge durch einfacher herstellbare kubische Formen ersetzt.

In Zusammenarbeit mit der Firma Scheuerle entstanden die unterschiedlichsten Zugmaschinen und Transportsysteme, abgestimmt auf die jeweiligen Einsatzzwecke und Kundenwünsche.

KDV 24 Z 8 T mit Scheuerle-Straßenroller auf Probefahrt vor der Auslieferung nach Teheran.

Ein „Kurzhauber": KDV 400 Z.

Und ein „Langhauber": KDV 24 Z-430 W. Die Frontscheibe des zweireihigen Fahrerhauses ist nun wieder zweigeteilt.

Aufgrund der Forderungen nach immer größeren und stärkeren Maschinen baute Kaelble geländegängige Zugmaschinen mit einer Leistung von 400 und 500 PS, die weltweit in Ländern eingesetzt wurden, in denen einerseits große Hitze, andererseits überaus niedrige Temperaturen herrschen und deshalb die Motoren entsprechend ausgerüstet sein mußten.

Auch innerhalb der Fahrerhäuser mußte diesen extremen Bedingungen Rechnung getragen werden.

Für Einsätze in Kältezonen, bis minus 40° C, wurde eine Zugmaschine entwickelt, wofür besondere Tests der elektrischen Anlagen wie Batterien, Anlasser, Zündanlagen usw. in Kältekammern notwendig waren. Diese Maschinen wurden nördlich des Baikalsees eingesetzt.

Die zwei Zugmaschinen des Typs KDV 24 Z-450 W waren für die sibirische Kälte ausgerüstet. Sie wurden nach dieser Testfahrt im Jahr 1977 nach Irkutsk ausgeliefert.

Die für heiße Zonen konzipierte Zugmaschine KDVW 400 S. Insgesamt 151 Exemplare wurden nach Libyen geliefert.

Für noch größere Nutzlasten ausgelegt: die K4VW 500 S mit 500 PS in einer Projektstudie.

Die Tiefladerbrücke wird von zwei Zugmaschinen des Typs KV 320 GZ bewegt.

Als Sonderanfertigung für die Rheinischen Braunkohlenwerke wurde ein Palettentransporter entwickelt. Die Besonderheit lag darin, daß eine Tiefladerbrücke von zwei fast gleichen Zugmaschinen beidseitig aufgenommen wurde und somit ein überaus beweglicher Transport, also auch Gegenläufigkeit und sehr enge Kurven, möglich war.

Über mehrere technische Absprachen wurde dieses Sonderfahrzeug konzipiert und nach einer Extraabnahme durch den TÜV Düsseldorf in den offiziellen Verkehr gegeben.

Diese Lösung hatte seinerzeit eine neue Fahr- und Transporttechnik ermöglicht, die im In- und Ausland große Beachtung fand und später weitere Nachahmungen in Bewegung setzte.

So war über Jahre hinweg eine intensive Zusammenarbeit mit Rheinbraun entstanden, zu beidseitigem Nutzen. Auch Bandrückgeräte auf der Basis von Planierraupen sowie Muldenkipper und Schaufellader wurden von uns geliefert.

Im Jahr 1984 verließen die stärksten je bei Kaelble gebauten Zugmaschinen das Werk. Es handelte sich um Vierachs-Zugmaschinen mit 615 PS Leistung. Sie wurden zusammen mit Scheuerle-Tiefladern zum Transport von Transformatoren in der Türkei eingesetzt.

Eine Zugmaschine besonderer Art: SL 12 IZ, abgeleitet aus dem Schaufellader SL 12.

Noch einmal hat Kaelble im Jahr 1980 eine Zugmaschine für die Bundesbahn hergestellt: den Typ KDVW 421 ZB.

Die stärkste je von Kaelble gebaute Zugmaschine ist die K4VW 615 Z, hier beim Fototermin vor der Kleinaspacher Kelter. Jeweils vier Fahrzeuge dieser Art wurden im Gespannbetrieb, d. h. zusammengekoppelt, eingesetzt.

Das Landminenschnellräummittel, angebaut an einen Panzer, zum Beseitigen von offen oder verdeckt verlegten Minensperren.

10. Landminenschnellräummittel „LSM"

Ein besonderes Produkt stellte das Landminenschnellräummittel dar, das für die Deutsche Bundeswehr gebaut wurde. Die bei Kaelble zusammen mit MAK entwickelte Räumeinrichtung war an einem Panzerfahrgestell M-48 angebaut.

Die taktische Forderung an das Gerät war, eine für Panzer befahrbare Gasse von 120 m Länge, 4,70 m Breite und 0,25 m Tiefe in 15 Minuten von Panzerabwehrminen zu befreien.

Bis 1985 wurden für die Bundeswehr zwei Prototypen zur Erprobung gebaut. Es war geplant, ab 1992 mehrere Fahrzeuge beim Heer einzuführen.

11. Mülldeponiefahrzeuge

Aufgrund der stetig wachsenden Umweltprobleme sah sich Kaelble veranlaßt, auch auf dem Gebiet der Umweltschutztechnik Innovationen einzubringen. So wurden in den 70er Jahren für diverse Mülldeponien verschiedenartige Geräte entwickelt, z. B. Radlader mit speziellen Schaufeln, Müllverdichter in vier Varianten, Abrollkipper, Großraummuldenkipper, Pressmüll-Containerfahrzeuge und Müll-Verbringesysteme.

Für die enormen Beanspruchungen, denen die Fahrzeuge beim Befahren von Deponien ausgesetzt waren, mußten entsprechende Vorkehrungen getroffen werden. Als Weiterentwicklung des Radladers entstand so der Müllverdichter mit einem völlig neu konstruierten Fahrgestell und Rädern mit „Stampffüßen" oder „Messerwalzen".

Aus dem Bestreben heraus, den Fahrzeugverkehr auf der Deponie möglichst gering zu halten, erwuchs auch der Wunsch nach Großraummuldenkippern, die die Ladung von mehreren Müllsammelfahrzeugen an einer Umschlagstation übernehmen konnten. Die Lösung dieses Problems lieferte Kaelble mit dem Kipper KDV 25 K, von der Presse als „Riesenmüllwagen" oder „Mülljumbo" tituliert. Mit seinen 15 m Länge, 6,30 m Breite, 4,30 m Höhe, 1,80 m Reifendurchmesser und drei Wechselmulden mit je 100 m^3 Fassungsvermögen stellte das Fahrzeug eine echte Novität auf diesem Gebiet dar. Der angelieferte Müll konnte nun an einer Entladerampe in eine der Mulden gekippt und diese mit dem Spezialfahrzeug zur Einbaustelle auf die Deponie gebracht werden. Für die Anlieferer bedeutete dies eine schnelle Abfertigung, kein zusätzliches Unfallrisiko und keine Verschmutzung der Reifen auf der Deponie.

Die Deponiebetreiber von Horrheim, Mailand und Venedig waren die ersten Abnehmer des Mülljumbos.

Der Müllverdichter VG 18-B mit „Stampffußrädern" vorn und „Messerwalzen" hinten. Der Verdichtungsdruck erreichte einen Wert von 500 kg/cm².

Radlader mit Müllgreiferschaufel für 16 m³ Inhalt. Für den Deponiebetrieb mußten die Reifen ausgeschäumt, die Fahrzeugunterseite komplett geschlossen und spezielle Klimaanlagen auf dem Dach montiert werden.

Moderner Deponiebetrieb: Die Straßenfahrzeuge kippen ihre Ladung in eine von drei Wechselmulden. Diese sind jeweils auf vier Hydraulikstempeln gelagert. Der Fahrer des Sonderfahrzeugs kann zum Aufnehmen der Mulde die Stempel ferngesteuert absenken.

Muldenentleerung an der Einbaustelle. Das Gesamtgewicht des beladenen Fahrzeugs konnte über 80 t betragen.

12. Amphibienfahrzeuge

In Zusammenarbeit mit der Firma Buckau-Wolf konstruierte Kaelble den „Amphitruck AT 400". Dies war ein neuartiges Transportfahrzeug, das sowohl zu Wasser wie zu Lande gefahren werden konnte und das hauptsächlich für Entwicklungsländer gedacht war, denen es oft an ausgebauten Straßen, Bahnen, Flugplätzen und vor allem an Hafenanlagen fehlt und die deshalb wirtschaftlich nur mühsam vorankommen.

1980 konnte der Prototyp Amphitruck AT 400 auf der Hannover-Messe vorgestellt werden.

Es handelt sich um ein Fahrzeug zum Be- und Entladen von Schiffen, das im seichten Wasser längsseits am Schiff anlegt und seine Last, beispielsweise einen 20-Fuß-Container oder ähnlich voluminöses Ladegut, auch in unwegsamem Gelände bis zu mehreren Dutzend Kilometern befördern kann.

Dieses Fahrzeug ist auch rein juristisch ein interessantes Zwitterding: Es entspricht als Straßengefährt den Vorschriften der Straßenverkehrszulassungsordnung und als „Schiff" den Bestimmungen des Deutschen Lloyd.

Das Fahrzeug ist 12,7 m lang, 3,5 m breit, knapp 4 m hoch, hat eine Tragfähigkeit von 20 t und ein Gesamtgewicht von 43 t. Es wird von einem 12-Zylinder-Motor mit 408 PS angetrieben. Die Kraftübertragung erfolgt auf hydraulischem Weg. Erst dadurch wird das Fahrzeug vielseitig und gleichzeitig leicht lenk- und handhabbar.

So treiben also vier Hydraulikmotoren die Räder an und ein weiterer den rundum schwenkbaren „Schottel-Propeller". Im Wasser fährt das Vehikel „rückwärts", bezeichnet man die Haupt-Fahrtrichtung an Land als „vorwärts", wobei in einem Fall maximal zehn, im anderen bis zu 40 km pro Stunde zurückgelegt werden. An Land sitzt der Fahrer in einer typischen Lkw-Kabine, im Wasser und beim Anladen steigt er ein paar Stufen höher auf einen „Ruderstand".

Beim Anlanden treibt zunächst allein der Propeller das Schiff, dann helfen die Hinterräder (die nun ja zunächst vorn sind) beim Erklimmen des Ufers, und schließlich wird vom Propeller auf Antrieb der (noch hintenliegenden) Vorderräder umgeschaltet: Landgang im Krebsgang.

Die Entwicklungskosten für den Amphitruck betrugen ca. 3,5 Mio. DM, und der Herstellungspreis wurde auf 800 000 DM beziffert.

Der schwimmende Lastwagen übernimmt einen Container von einem auf Reede liegenden Schiff.

Der Amphitruck fährt ins Wasser.

AT 400

Treibende Kraft war der damalige Direktor von Buckau-Wolf, Herr Jochum.

Er hatte verfügt, daß es eine Gemeinschaftsentwicklung werden sollte. Wir hatten also eine Entwicklungsmannschaft zu stellen, diese war dann zu mehreren technischen Aufgaben in den Büros von Buckau-Wolf abgestellt.

Über unsere Leistungen war Professor Kowalski von Buckau-Wolf voll des Lobes.

Nach einer Entwicklungsdauer von etwa 9 Monaten wurden die ersten beiden Geräte dem TÜV Rheinland und dem Schiffahrtsprüfungsamt vorgeführt und außerdem einer Vielzahl von technischen und navigatorischen Prüfungen unterzogen.

Mir persönlich kamen dabei meine Erfahrungen bei der Marine zugute.

Es wurden Landfahrten in der Umgebung von Backnang, Seefahrten in der Nähe von Emden und in der Kieler Förde, Be- und Entladungen von Hochseeschiffen und Demonstrationen vor der internationalen Presse in Kiel durchgeführt. Es war einfach eine ausgezeichnete Vorstellung unseres Könnens. Wir wurden international bekannt. Ich selbst als alter Seebär war in meinem Element!

Viele Anfragen aus der ganzen Welt trafen darauf bei Kaelble ein, aber außer den zwei gebauten Prototypen konnten keine weiteren Aufträge plaziert werden.

RORO-Amphicar

Die Josef L. Meyerwerft in Papenburg hatte schon seit mehreren Jahren gute Kontakte zur Sowjetunion. Im Lauf der Zeit hatte sich ein Projekt besonders herausgeschält.

Im Norden des riesigen Landes waren die spärlich vorhandenen Häfen in der kalten Jahreszeit meist vereist und dadurch für Seeschiffe nicht anlandbar. Die Bevölkerung mußte aber über die See her versorgt werden können, was nur mit riesigen Eisbrechern und da noch mit erheblichen Schwierigkeiten geschehen konnte.

Die Meyerwerft hatte uns deshalb gebeten, mit ihr zusammen ein Gerät zu entwickeln und zu bauen, das sowohl im Wasser als auch auf Eis und Land fahren könne.

Wir hatten uns diesem Projekt verschrieben und nach mehreren Plänen, die wir ausgearbeitet hatten, kam es zu einem Vertrag zwischen beiden Firmen.

Das Ergebnis wurde den Russen vorgelegt und zunächst auch für gut empfunden, allerdings wurde die Realisierung aus politischen Gründen auf später vertagt.

Das zu entwickelnde Fahrzeug wurde als Roro-Amphicar (abgeleitet von: roll on – roll off) bezeichnet und war so konzipiert, daß Kaelble den kompletten Fahrzeugteil mit dem nötigen Antrieb und den Achsen bzw. den einzeln aufgehängten Rädern mit den erforderlichen Zubehörteilen baut, während die

Meyerwerft den kompletten Schiffsteil und die dazugehörigen Aggregate fertigen sollte.

Im Vorfeld hatten wir gemeinsame Untersuchungen über das bis dahin noch ungekannte Problem des Übergangs von der Wasserfahrt auf das anfänglich schollenartig vorhandene Eis angestellt sowie die Umladung von Gütern vom Seeschiff auf das Kombi-Fahrzeug untersucht.

13. Personenkraftwagen

Auf besonderen Wunsch der libyschen Kunden entwickelte und fertigte Kaelble einen Personenkraftwagen, der innerhalb von nur vier Wochen bereits probegefahren werden konnte und sofort zur Auslieferung kam.

Eine neue Herausforderung: Kaelbles erster Pkw

Die Entwicklung eines Pkw wurde uns aufoktroyiert. Ich mußte dafür einige Male nach Libyen reisen und wurde dabei jedesmal von mehreren libyschen Offizieren in einem geheimgehaltenen Gebäude des Verteidigungsbüros empfangen. Zuhair Khoury war dort der Spiritus Rector.

Das Gerät sollte die Aufgabe haben, Personen im unwegsamen Gelände zu transportieren, als Kom-

mandofahrzeug dienen, Krankentransporte durchführen, möglichst schnell sein und hilfsweise Munition transportieren können.

Da wir kein Pkw-Hersteller waren, habe ich einen Bekannten von der Firma Porsche gebeten, diese Aufgabe zu übernehmen. Der zuständige Entwicklungschef der Firma Porsche war zunächst von diesem Auftrag sehr begeistert. Es war vereinbart, daß er bei einem von uns vermittelten Besuch in Tripolis die genaueren Daten dafür einholen sollte. Er kam nach zwei Tagen schon wieder zurück – und war sprachlos. Er brauchte zuerst zwei Wochen Urlaub, so hatte ihn diese Reise mitgenommen. Erst danach erhielt ich einen ausführlichen mündlichen Bericht.

In Tripolis hatte er denselben Gesprächskreis wie einige Tage zuvor ich in demselben Büro. Er ließ sich das Problem vortragen, samt den Wünschen der Libyer. Die Terminvorstellungen waren völlig utopisch. Man sollte einen solchen Pkw innerhalb von drei Wochen konstruieren, und für den Bau von ca. 1000 Exemplaren hatte man weitere sechs Wochen Zeit! Versuchs- und Probefahrten waren eingeschlossen. Dagegen spielten Preise und Kosten zunächst keine Rolle.

Der Porsche-Mann konnte zuerst keine Angaben machen und hatte um eine Nacht Bedenkzeit gebeten. Dabei wurde ihm klargemacht, daß an den utopischen Zeiten nicht zu knappern wäre.

Sein Telefonanruf in derselben Nacht bei Porsche in Zuffenhausen hatte nur das Ergebnis, er möchte

Ein Pkw von Kaelble mit dem Beinamen DAHES.

die tatsächliche Entwicklungszeit eines solchen wüstengängigen Spezial-Pkw mit einer Dauer von mindestens vier Jahren und einer weiteren Erprobungszeit von zwei bis drei Jahren angeben. Die Libyer sahen sich genarrt und schickten den Herrn mit dem nächsten Flugzeug am selben Tag wieder nach Hause.

In Libyen wollte man daraufhin von der Weltfirma Porsche nichts mehr wissen.

So blieb die Sache an uns hängen.

Ich selbst war nun am Zuge. Die meisten Kriterien, die den Wunsch der Libyer einschlossen, trafen auf einen Spezialkrankentransporter einer Firma aus dem Remstal zu, die im Auftrag von Daimler-Benz seit einigen Jahren tätig war. Ich erreichte dann durch einen guten Bekannten bei dieser Firma, daß ich zwei Fahrgestelle beziehen konnte. Den dafür notwendigen Preis hatte ich um 250% erhöht und Libyen um Vorauszahlung gebeten, was auch prompt erfolgte, zum Erstaunen unserer Buchhaltung.

Eines dieser Fahrzeuge haben wir abseits unseres Hauses bei der Firma Knapp total umfrisiert, ihm ein ganz anderes „Gesicht" gegeben, stärkere Achsen eingebaut und eine Ladepritsche sowie eine Fahrerkabine entsprechend militärischer Grundzüge installiert.

In Untertürkheim hatte man in der Zwischenzeit in Erfahrung gebracht, daß sich in Backnang etwas tut, und man schickte mir fünf Direktoren auf den Hals,

um den zu dieser Zeit fast fertigen Spezial-Pkw zu kontrollieren.

Als die „Freunde" aus Untertürkheim das Ergebnis sahen, waren sie angenehm überrascht. Sie hätten kaum geglaubt, daß man aus einem europäischen Krankentransporter ein solch eindrucksvolles Wüstenfahrzeug machen konnte.

Die Herren reisten begeistert nach Untertürkheim zurück. Zwei Stunden später riefen sie mich an, daß ihre Geschäftsleitung mit Nachdruck entschieden habe, das Fahrzeug nie ausliefern zu lassen.

Am selben Abend und in der folgenden Nacht haben wir das Fahrzeug in wüstenmäßiger Weise neu lackiert, und am sehr frühen Morgen war es mit zwei Fahrern nach Venedig zum Schiffsversand unterwegs. Als es die italienische Grenze am Brenner überquert hatte, wurde ich informiert. Inzwischen war der Betrag von mehr als zweihunderttausend Deutsche Mark auf unserem Konto eingegangen. Gekostet hat es uns 54 000 DM. Unsere tatsächlichen Bemühungen waren gering.

Einer der DB-Direktoren hatte mich am selben Tag in Backnang aufgesucht und eine große Kiste mit Weinflaschen der edelsten Sorten gebracht, denn ich sollte, wie er sich ausdrückte, ein Trostpflaster haben für die strapazierten Nerven, die ich mir bei diesem Geschäft doch sicherlich eingehandelt hätte.

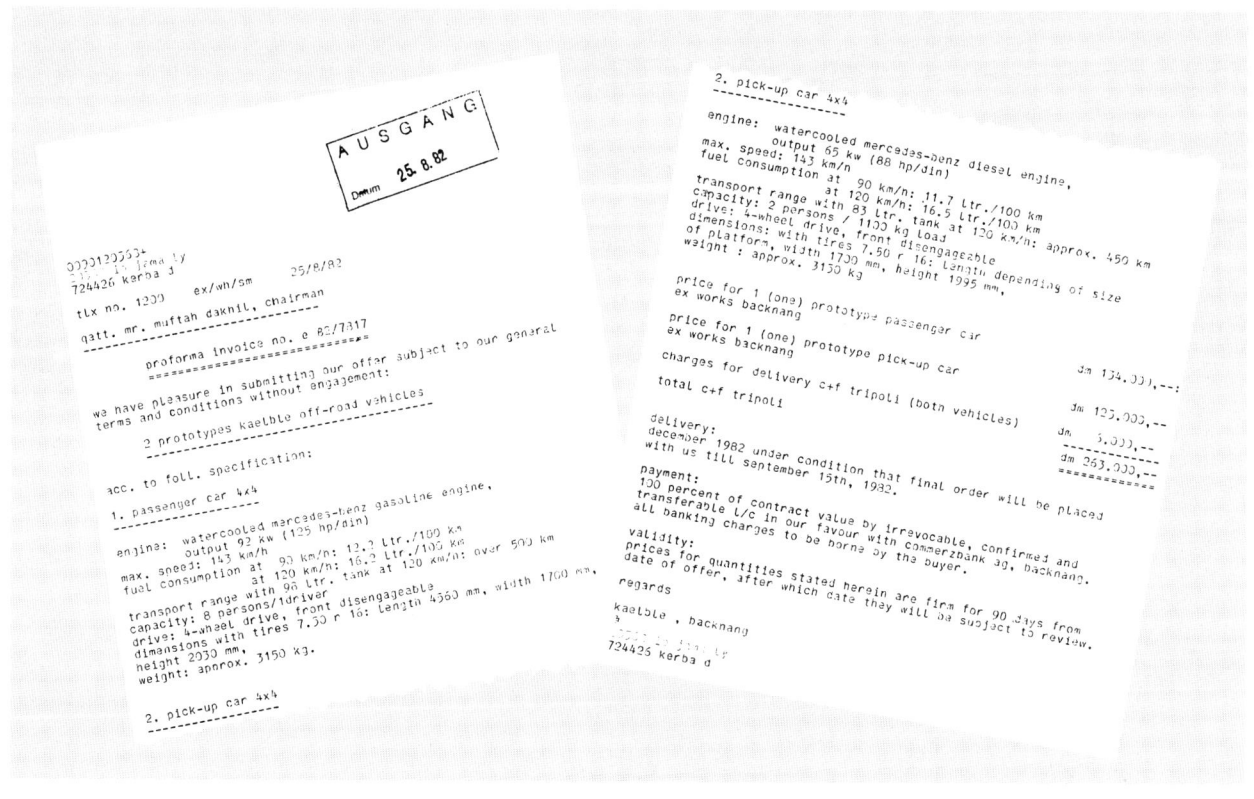

Ein bulliger Typ: der Coiltransporter SL 25 C.

14. Stahl- und Hüttenwerksfahrzeuge

Ergebnisse langjähriger Entwicklungsarbeit waren die verschiedenen Hüttenwerksfahrzeuge, die unter härtesten Bedingungen eingesetzt wurden, z. B. Coiltransporter, Tiefbett-Transporter, Gießgespannschlepper, Muldenkipper sowie spezielle Radlader im Schlackenumschlag.

Die Industriezugmaschine IZ 320 ist für den innerbetrieblichen Transport in Stahlwerken bestimmt. Sie kann Anhängelasten von mehreren hundert Tonnen mühelos ziehen. Das abgebildete Fahrzeug wurde an ein Stahlwerk in Frankreich ausgeliefert.

Das komplette Fahrzeug EHAG 600 auf einem MAN-Fahrgestell.

15. Holzentrindungsmaschinen

Ein besonderes Fahrzeug, dessen Entwicklung die Firma Kaelble im Auftrag der Firma Hauer übernommen hatte, war eine Holzentrindungsmaschine, die Holzstämme aufnehmen, entrinden und wieder auswerfen konnte. Das gesamte Gerät setzt sich zusammen aus einem vierachsigen Fahrgestell, einem Rotor, in dem mit rotierenden Messern die Entrindung erfolgt, und zwei Hydraulikkranen, die zur Aufnahme und Ablage der Stämme dienen.

Die Firma Hauer hatte zunächst eine Maschine bei der Firma Scheuerle aufbauen lassen, die dann aber nicht vom TÜV abgenommen wurde, da die tatsächlichen Achsgewichte nicht der Vorschrift entsprachen. Nun sollten auf einem MAN-Fahrgestell riskante Abänderungen – wie Anschweißen von gegossenen Achsteilen und Achsmittelstücken – vorgenommen werden. Nach dem erfolgreichen Bau von vier Maschinen, die auch vom TÜV abgenommen wurden, gaben wir jedoch die Fertigung an einen Fachbetrieb ab.

Das Gerät bei der Arbeit im Wald.

16. Kranfahrgestelle

Auf Kundenanfragen hin sind Kran- und Sonderfahrgestelle hergestellt worden, die in verschiedenen Formen und Größen gebaut werden mußten, und zwar mit drei-, vier-, fünf-, sechs- und siebenachsigen Fahrgestellen. In besonderen Fällen wurde eine Feuerwehrleiter aufgesetzt, die bis 62 m Länge ausgefahren werden konnte. Die Aufbauten hierzu stammten von der Firma Metz in Karlsruhe. Der 1968 in zweifacher Ausfertigung gebaute Typ KDV 400 verfügte damit – wie schon das Vorgängermodell von 1957 – über die höchste Drehleiter der Welt.

In der Folgezeit wurde mit namhaften, auch japanischen Kranaufbaufirmen wegen gemeinsamer Lieferungen verhandelt. Diese Verhandlungen waren schon sehr weit gediehen, mußten dann aber wieder eingestellt werden, nachdem Mitte der 70er Jahre das Krangeschäft in Europa total zusammengebrochen war. Daraufhin sah man auch bei Kaelble von der weiteren Entwicklung und Fertigung von Kranfahrzeugen ab.

KDV 400 mit einer auf 62 Meter Länge ausziehbaren Leiter für die Moskauer Feuerwehr.

Ein Prototyp des neuen Kranfahrzeugs leistete im Jahr 1983 gute Dienste beim Umbau der Großbottwarer Kelter.

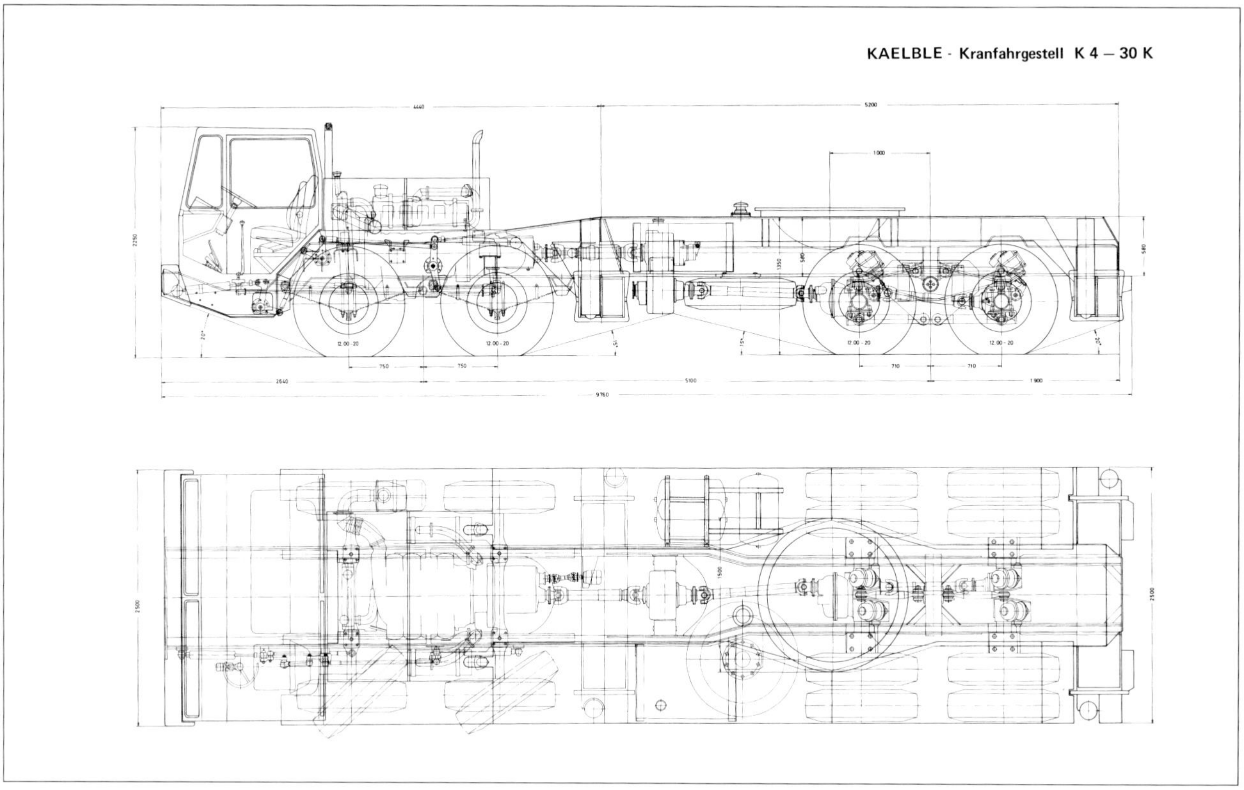

KAELBLE · Kranfahrgestell K 4 – 30 K

Maßzeichnung für das neu konzipierte Kranfahrgestell.

Das Ergebnis der Konstruktion: das Fahrgestell K4-30 K.

Ein als „Meliorationseinheit" bezeichnetes Gespann aus Planierraupe, Lockerungsgerät und Bodenfräse.

17. Tiefenlockerungsgeräte

Das Tiefenlockerungsgerät mit der Typenbezeichnung TLG12 wurde Mitte der 70er Jahre eigens für die Lockerung verdichteter Böden entwickelt. Der Lockerungseffekt wird durch angetriebene Stech-Hub-Schare erreicht, die etwa einen Meter tief in den Boden eindringen können. In Verbindung mit einer Planierraupe ist hierdurch eine optimale Flächenbearbeitung möglich.

Außer zur Bodenbearbeitung für Bauvorhaben war das Gerät hauptsächlich für den Einsatz in der Landwirtschaft konzipiert.

Landwirtschaftlich genutzte Böden, die aufgrund starker Verdichtung Staunässe, Trocken- und Erosionsschäden aufwiesen, konnten nach der Bearbeitung wieder bebaut werden, und Böden, die bisher nicht urbar gemacht waren, konnten einer erfolgreichen landwirtschaftlichen Nutzung zugeführt werden.

1983 waren Kaelble-Gmeinder-Tiefenlockerungsgeräte bereits in 12 Ländern im Einsatz: in Deutschland, Österreich, Italien, Schweiz, England, Bulgarien, Ungarn, Jugoslawien, Nigeria, Indonesien, USA und Libyen. Speziell nach Libyen wurden 44 „Meliorationseinheiten" (TLG12 mit Planierraupe und Bodenfräse) zur Urbarmachung und Rekultivierung von Wüstenflächen verkauft.

18. Umbau: „Code L"

Ein sowjetischer Schützenpanzer BTR-60, der an die Libyer geliefert wurde, sollte von Kaelble nach deutschem Muster umgebaut und anschließend in der Wüste erprobt werden. Dies geschah auf einer viertägigen Fahrt in Nord-Süd-Richtung quer durch die Sahara und einer anschließenden Wasserfahrt an der Mittelmeerküste.

Das an einen Traktor angebaute Tiefenlockerungsgerät.

Episoden aus vier Jahrzehnten Kaelble-Kultur

Der Schmied

Wir hatten einen schönen Auftrag erhalten. Ein ganz außergewöhnliches, großes Fahrzeug sollte konstruiert und gebaut werden, und ich hatte die Ehre, als junger Konstrukteur dabei mitzuwirken.

Ich war erst knapp ein halbes Jahr bei der Firma, auf einschlägige Erfahrungen konnte ich also nicht zurückgreifen; daher meinte wohl der Chef, „dr Vadder", wie er manchmal liebevoll oder hochachtungsvoll genannt wurde, er müßte mich besonders gut betreuen. Täglich drei- bis viermal kam er zu mir ans Reißbrett, um den Fortgang der Arbeit zu kontrollieren, wie ich meinte.

Endlich schien das Werk gelungen zu sein, er hatte, als er den fertigen Entwurf geprüft hatte, keine Einwendungen mehr.

Wie das aber oft so ist, der Teufel steckt im Detail. Das Kernstück des Auftrags wurde zu einem sehr komplizierten Stahl-Gußteil, noch dazu war aus Gründen der zu erwartenden hohen Beanspruchung ein hochwertig legierter Stahlguß erforderlich.

Ich hatte ja meine Lehre in einer Maschinenfabrik absolviert, der eine ausgezeichnete Stahlgießerei angeschlossen war, in der ich grundlegende praktische Kenntnisse sammeln konnte. Es war also für mich nicht allzu schwer, mir das Gußmodell vorzustellen.

Da traf mich das Veto unseres Chefs:

„So ebbes macht mei Schmied!"

Ich wollte ihm schon entgegnen, daß ich kaum glauben würde, daß ein solch kompliziertes Stück ein Schmied herstellen könnte, noch dazu im Freiformverfahren, als der Chef sich umwandte und meinen Kollegen am Nachbarreißbrett beauftragte:

„Holl dr Schmied ruff!"

Dieser lief zum Telefon, und es dauerte nicht lange, da stand der Schmied neben mir. Es war ein Mann mit grauen Haaren, vielleicht sechzig Jahre alt, groß und schlank gewachsen. Er sah aber gar nicht so aus, wie man sich einen Schmied sonst vorstellt, und wenn er nicht eine braune Lederschürze angehabt hätte, wäre er mir eher wie ein Intellektueller vorgekommen.

Ohne Umschweife sprach ihn der Chef an, und man merkte, daß diese beiden Männer schon öfters miteinander solche oder ähnliche Probleme gelöst hatten:

„Guck' dr dees a! Kannsch du dees macha, oder net?"

Der Schmied sah die am Reißbrett hängende Zeichnung an.

Es dauerte eine Weile.

Wir anderen schwiegen.

Dann blickte der Schmied mich an und dann den Chef. Ich war schon gewärtig, daß er die Unmöglichkeit der Freiformschmiedeweise bestätigen würde, aber er sagte nur ein Wort:

„Ja!"

„Dann nemmsch die Zeichnung mit ond fangsch glei a!"

Bei diesen Worten griff der Chef selbst ans Reißbrett und begann die Reißnägel zu lösen. Ich konnte kaum so schnell nachkommen.

Beide liefen hinter mir her, als ich mit der Originalzeichnung in die Lichtpauserei ging, und ich mußte die erste Kopie sofort dem Schmied aushändigen.

Als ich an mein Reißbrett zurückkam, standen vier meiner Kollegen beisammen und besprachen den Vorgang:

„Dees isch emmer widder 's gleiche. Jetzt hatt'r widder sei eigene Organisation übern Haufa g'schmissa. Dr Schmied muass jetzt älles liega ond standa lassa ond blos no dia zwei Achsschenkel schmieda! Do gibt'r koi Ruah, dr Vadder! Koi Wonder isch onsre Arbeitsvorbereitung ond Fertigungssteuerung dauernd uff dr Palme!"

Ich war noch zu neu hier, um den Hintergrund dieser Bemerkungen voll zu erfassen.

Zwei Tage lang kam der Chef nicht mehr zu mir ans Brett. Am dritten Tag erschien er kurz vor elf Uhr. Schon beim Näherkommen rief er:

„Dia zwei Achsschenkel sen fertig. Geh'n Se amol glei nonder en d' Schmiede ond guget Se se a! Nemmet Se aber glei an Meterstab ond a Kaliber mit, daß Se's glei nochmessa ond kontrolliera kenna, ob älles stemmt!"

Also tat ich wie befohlen.

Die Schmiede war am Ende der Werkstraße. Erwartungsvoll öffnete ich die Türe. Ich sah den Schmied vor seinem Amboß stehen, mit dem Gesicht von mir abgewandt. Er sah mich nicht eintreten. Auf dem Amboß lag eines der beiden gleichen Werkstücke. Es war sicher noch heiß, denn die aufsteigende Luft flimmerte leicht. Auf der Seite des Raumes standen der Schmiedegeselle und der Stift und legten neue Kohle in die Esse.

Was ich aber dann beim Nähertreten gesehen habe, werde ich in meinem ganzen Leben nicht mehr vergessen können.

Der alte Schmied strich mit seiner schwieligen Hand über das Werkstück. Er streichelte es, dieses sein Kunstwerk, das ihm so gut gelungen war. Wohlgefällig ruhten seine Augen darauf.

Er hörte erst zu streicheln auf, als ich an den Amboß trat. Wir sahen einander an. Er erwiderte kaum meinen Gruß, aber in seinen Augen las ich eine große Freude, eine Genugtuung, etwas geschaffen zu haben, das nicht alltäglich ist. Es war deutlich zu spüren, daß dieser Mann ein inniges Verhältnis hatte zu seiner Arbeit. Er empfand seine Tätigkeit in der Fabrik nicht als reinen Gelderwerb, nicht als bloßen Job. Er stand vor dem Amboß wie ein großer Künstler vor seinem eben fertiggestellten Werk.

Wir betrachteten gemeinsam das Werkstück. Es wog immerhin fast fünfundzwanzig Kilogramm.

Ich hätte vorher nie glauben können, daß man auf einem einfachen Amboß ein solch kompliziertes Stück formschmieden könnte. Hier nun sah ich das Ergebnis, daß es machbar war, aber ich spürte auch zugleich, daß das nur einer konnte, der das Können dazu hatte und der es mit Liebe tun würde. In diesem Augenblick wäre ich mir sehr schäbig vorgekommen, wenn ich jetzt meine mitgebrachte Zeichnung hervorgeholt und mit Meterstab und Kaliber nachgemessen hätte „ob älles stemmt", wie der Chef gesagt hatte.

Es wäre wohl die größte Beleidigung gewesen von mir als jungem Konstrukteur gegenüber diesem Könner.

Die Zeichnung hielt ich, zusammengefaltet, auf dem Rücken, und die Meßwerkzeuge ließ ich in der Tasche. Ich war überwältigt davon, daß ich einem Menschen begegnet war, dem man vertrauen kann, daß er seine Arbeit nach bestem Wissen und Gewissen vollendet.

In meine Gedanken hinein hörte ich den Schmied sagen:

„Isch recht so?"

„Ganz sicher, ja", war meine Antwort.

Dann ging ich langsam weg.

An der Tür drehte ich mich nochmals um und bemerkte, daß er mir nachsah.

An diesem Abend ging ich nach Hause im Bewußtsein, viel, sehr viel gelernt zu haben, das mir sicher für mein späteres Leben guttun würde.

Zwei Tage später traf ich den Schmiedegesellen.

„Sia hen aber Glück g'heht, vorgestern!" rief er mir schon von weitem zu.

„Wieso?"

Dann erzählte er mir, daß, kaum hätte ich die Schmiede durch die vordere Tür verlassen gehabt, durch die hintere der Chef hereingekommen und direkten Weges auf den Schmiedemeister zugegangen sei.

„Isch'r do g'wä?" hätte er ihn gefragt.

„Ja, grad isch'r zur andera Türa naus", war die Antwort.

„Hat'r älles nochg'messa, ob's stemmt?"

„Noi. Er hat's au so glaubt!"

„No isch guat!"

So sei der Dialog verlaufen.

„Dia schwätzet jo net viel mitanander, abber verstanda deahnt se sich trotzdem", war sein Kommentar.

Zuerst hatte ich mich sehr geärgert. Diese Nachschnüffelei und Kontrolle hatten mir nicht gefallen. Ich fühlte mich beleidigt.

Aber bald merkte ich, daß mich der Chef anders behandelte wie vordem. Und ich erkannte, daß er, nachdem er mich vor meinem Eintritt in seine Firma nicht kannte, einen Prüfstein brauchte, auf dem er sein Vertrauen zu mir aufbauen konnte. Das war bei dieser Episode geschehen.

Später hatte ich Gelegenheit, den Schmiedemeister in der Kantine zu treffen. Er saß allein an einem Tisch und trank ein Viertele Wein.

„Do sitz her", rief er mir zu, und zu der eben vorbeigehenden Wirtin sagte er:

„Bring dem junge Mann au a Viertele", und zu mir gewandt ergänzte er seine Rede:

„I han domols guat gmerkt, daß d' dei Zeichnung hinterm Buckel g'halta hasch ond en deiner Kitteltascha dr Meterstab ond 's Kaliber rausguckt hat. Hätt'sch ruhig messa kenna!"

„Noi, i ben arg froh, daß e dees net g'macht han. Sonst däta mir jetzt koi Viertele mitanander trenka."

„Do hasch au wieder recht", meinte er auf seine bedächtige Art.

Wir tranken unser Viertele miteinander und sprachen nicht mehr. Ich aber war glücklich, in eine solche Gemeinschaft aufgenommen zu sein.

Die innere Entwicklung

Als kurz nach dem Zweiten Weltkrieg langsam die Industrie wieder in Gang kam, hatte man auch bei Kaelble Fuß gefaßt.

Man konnte zuerst nur wenige Teile einkaufen, um ein gesamtes Gerät oder ein Fahrzeug herzustellen. Unser Chef Carl war sowieso der Meinung, „des kennet mir selber alloi besser".

Das Ergebnis dieser Denkweise und auch der Notwendigkeit entsprechend war dann, daß wir bis zu

Im alten Konstruktionsbüro, das wegen seiner langgestreckten Form die Bezeichnung „Kegelbahn" trug, stand Reißbrett an Reißbrett. Am Schreibtisch sitzend: Ingenieur H. Schatz.

80% aller Teile selbst gefertigt haben. Diese mußten alle gezeichnet, numeriert, bearbeitet, gelagert und zur Montage bereitgestellt werden – und das mit wenig Personal.

Das fing schon bei den Zeichnungen an. Man hatte alle Zeichnungen in Tusche ausgebildet und die einzelnen Blätter mit einer Umrahmung versehen. Die Originale und die Rotpausen nahmen riesige Zeichenschränke auf. Die Stücklisten mußten die immer umfangreicher werdenden Unterlagen ergänzen. Die Normung nahm ein solches Ausmaß an, daß endlich ein Normungsingenieur damit beschäftigt werden mußte.

Diese Aufgaben setzten sich in der Werkstatt und in den Lagern fort und erforderten, um zukünftig präsent zu sein, folglich ein großes Ersatzteillager.

Man sah deutlich, daß dies auch erhebliche Rückschlüsse auf die Kosten verursachte. Die notwendige Verwaltung schwoll ins Uferlose an.

Aber – die Firma wurde autark. Sie wurde von keinem Streik abhängig. Sie blieb sich selbst überlassen.

Trotz all dieser Aufgaben sollte aber keine lange Lieferzeit entstehen. Auf dem Markt war für Kaelble die stetige Forderung, die kürzestmögliche Lieferzeit zu gewährleisten. Dadurch gab es schon aus diesem Grund keine Arbeitszeitverkürzung. Die Norm war 45 Stunden pro Woche, aber die meisten kamen auf 60 Stunden, und nur darüber hinaus wurden Überstundenzuschläge gewährt.

Und dazu muß man sagen, daß dies alle als richtig ansahen und nicht murrten, denn alle waren froh, daß der Krieg zu Ende war und daß jeder wieder Arbeit gefunden hatte.

Bei Kaelble hatte man die verschiedensten Getriebe, Schaltgetriebe, Verteilergetriebe, Zusatzgetriebe, Außengetriebe, Planetengetriebe entwickelt und gebaut. Achsen für Hinterachsen, angetriebene und nicht angetriebene Vorderachsen mit den verschiedenen Leistungen, Lasten und Bereifungen, Rahmen für zwei-, drei-, vier- und mehrachsige Fahrzeuge, Lenkungen, Fahrerhäuser, Bremsen, Kupplungen und noch Motoren verschiedener Größen, Leistungen und Ausführungen. Zu all diesen Entwicklungen gehörte natürlich auch eine große Anzahl zusätzlicher Dinge und Aggregate.

Schon frühzeitig hatten Kaelble und Gmeinder mit dem Bau und der Entwicklung von Sonderfahrzeugen begonnen. Im Lauf der Jahre war also eine Reihe von solchen Geräten entstanden, deren Konzeption nur am Rande des allgemeinen Fahrzeugbaus angesiedelt war.

Die Fertigungsbreite hatte sich dadurch immer mehr eingeengt. Zuerst hatte man aus Kostengründen den Motorenbau und teilweise auch die Fortführung des Getriebebaus eingeschränkt.

In der deutschen Industrie erwuchsen mehr und mehr Herstellerfirmen, die sich als Zulieferer betätigten. Die anfänglich weitgestreute Fertigungstiefe verringerte sich auf ca. 25%, jedoch gab dies die Möglichkeit, trotzdem die Kapazität zu halten oder noch zu erweitern. Andere Unternehmen haben die Eigenanteile inzwischen auf ca. 15% verringert.

Diese Entwicklung hat dazu geführt, daß mehrere Firmen zum Beispiel für ein und denselben Baumaschinentyp dasselbe Getriebe eingebaut haben oder minimale Übersetzungsunterschiede aufwiesen. Eine solche Entwicklung hatte natürlich die spezifischen Eigenheiten der verschiedenen Hersteller stark beeinträchtigt. Ein besonderes Beispiel dafür ist die Zahnradfabrik Friedrichshafen, die der Zulieferer für alle Getriebe sämtlicher Schaufelladerhersteller in Europa und darüber hinaus war. Der Kunde hatte dann vergeblich gesucht, worin der Unterschied seines Laders im Vergleich zu anderen lag, und zwar speziell für den Einsatz bei sich ändernden Umwelteinflüssen.

Für den Verkauf von Fahrzeugen und Geräten, die noch unter der geniösen Entwicklung der Techniker standen, waren deshalb auch meist die Techniker zuständig. Kaufleute hatten da kaum eine Chance, überhaupt wenn beim Kunden als Einkaufschef ein Techniker gegenübersaß.

Aber im Lauf der Jahre hatte sich, zunächst unmerklich, eine Wandlung ergeben. Man hat es schon dadurch erkennen können, daß, wo früher ein Techniker der Leiter und Chef einer Firma war, dies heute ein Kaufmann erledigen kann.

Wenn man in die Gründungsjahre der Baumaschinenbranche zurückschaut, dann sind die damaligen Firmenleiter fast systematisch in der Folge auf kaufmännische Leiter übergegangen, denen oftmals der technische Sachverstand abhanden gekommen ist.

Welchen Nimbus hat eine solche Firma dann noch?

Solche Leute haben das Rechnen mit dem „Einmaleins" mit dem Rechnen mit Logarithmen oder den Differentialen eingetauscht!

Wie arm ist die heutige Zeit. Man lebt nicht mehr in der Materie, sondern daneben.

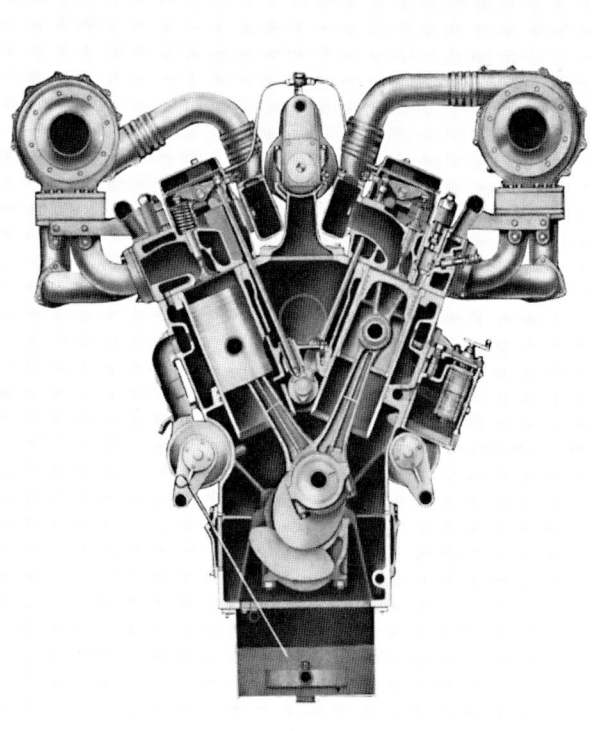

Der berühmte Kaelble-V8-Motor aus eigener Produktion mit acht Zylindern in V-förmiger Anordnung.

Marketing

Die Amerikaner wollten nach dem Zweiten Weltkrieg aus Deutschland eine Ziegenweide machen. Sie hatten dafür einen Plan ausgearbeitet. Als sich dies als nicht durchführbar zeigte, begannen sie mit der „reeducation", der Umerziehung, und brachten uns, bei anfänglichen Erfolgen, den „American way of life", die amerikanische Lebensweise, bei. Diese drang in alle Bereiche des Daseins ein, von der Musik über die Bildende Kunst, die Malerei, die Literatur, die Sprache, die Justiz, die Kleidung, die täglichen Gebräuche, Essen und Trinken bis zur Politik, kurzum in allen Dingen – und auch vor der Industrie machten sie nicht halt.

Die Organisationsformen unserer Unternehmen wurden nach amerikanischem Muster umgestaltet. Jede Firma, die etwas auf sich hielt und nicht als rückschrittlich gebrandmarkt sein wollte, lief dieser „reeducation" hinterher. Oftmals gedankenlos. So entstanden Abteilungen, deren Bezeichnungen sinnigerweise mitten im Schwabenland oder Bayernland oder Hessen oder auch sonstwo amerikanisch waren und sogar blieben. Und so wurde aus der deutschen Sprache eine Weltsprache – wenn ihr nur genügend englische Worte eingefügt wurden. Der einfache Deutsche, der in aller Welt verspottete Michel, kam nicht mehr klar, aber arbeiten sollte er und Steuern bezahlen natürlich auch.

Als in unserer Firma als erstes dieses Neugebilde, eine Marketingabteilung, etabliert wurde, fragten die Dreher und die Schlosser in der Werkstatt:

„Was isch jetzt dees?"

Die sich schlauer Dünkenden übersetzten es mit „Verkaufsunterstützung", was allerdings nicht alles aussagt.

„Seither", so meinte einer dieser Schlosser zu mir, „seither hen mir a Verkaufsabteilung ghett, dia hat sich selbst onderstütza kenna. Oder net?"

„Ja, so war dees", gab ich ihm zur Antwort, „abber jetzt wird elles anders."

Diese Antwort verursachte nur ein Kopfschütteln. Man ging ans Werk.

Es war wohl den Schweiß der Edelsten wert, daraus etwas Rechtes zu machen. Dies zeigte sich selbst in der Auswahl der Person. Der Mann, der diese Abteilung aufzubauen hatte, war vorher ein sehr guter Verkäufer und ein guter Kontaktmann. Er stieg daher die Stufenleiter hoch bis zum Verkaufsleiter Inland.

Dann erfaßte auch ihn das „reeducation-Fieber". Er wurde Leiter der Marketingabteilung, hatte von nun an Prospekttexte zu verfassen, Verkäufer zu motivieren, Statistiken zu schreiben und die Firma bei vielen Verbänden und auf Messen national und international zu vertreten.

Dies ist ihm alles glänzend gelungen. Nur mit dem ihm parallel geschalteten Verkaufsleiter für das Inland verstand er sich nicht gut. Kein Wunder! Sie mußten sich ja gegenseitig in die Suppe spucken. Da half es auch nicht viel, daß man ihn untermauerte, Prokura verlieh und zum Direktor ernannte. Es waren zu viele sich überschneidende Interessen. Zudem meinten die beiden Verkaufsleiter fürs Inland und Ausland, daß sie auch gerne so unverbindliche Reisen zu Messen und Verbandssitzungen unternehmen möchten, ohne daß man gleich bei der Rückkehr nach dem Erfolg gefragt würde.

Nun muß ich allerdings sagen, daß der Marketing-Chef ein sehr umgänglicher Mensch war und ich mich sehr gut mit ihm verstand. Er hatte Humor, und das erbringt mit Intelligenz gepaart eine gute und ersprießliche Atmosphäre.

Er konnte seinen Humor auch in selbstkritischer Weise einsetzen. Als ich ihn einmal fragte, was er selbst über seine Tätigkeit denke, da gab er zur Antwort:

„Marketing ist der Ersatz des Zufalls durch den Irrtum."

Controlling

„... und daß das klar ist, meine Herren, am ersten ,Tschulai' beginnt ein Controller seine Aufgabe in unserem Unternehmen wahrzunehmen. Es ist mir gelungen, eine außergewöhnliche Kapazität zu engagieren. Dieser Herr wird Sie, meine Herren, in Ihrer Tätigkeit und Ihrem Zusammenwirken prüfen – und, wenn Sie so wollen, natürlich auch mich selbst. Das ist ja klar, das liegt in der Natur der Sache.

Ich erwarte daher Offenheit gegenüber diesem Herrn, dem Herrn Controller.

Jedes anständige Unternehmen unserer Größe, und natürlich die großen Konzerne, insbesondere in den USA, haben solche Funktionsstellen schon längst mit außergewöhnlichem Erfolg eingeführt.

Ich darf noch hinzufügen, daß dieser Controller ausschließlich an mich berichtet."

Also sprach der Herr Vorsitzende und blickte mit strenger Miene in die Runde.

Schweigend saßen die Prokuristen und Abteilungsleiter um den langen Tisch. Einige schauten unentwegt zur Zimmerdecke, als könnten sie von dort die Erleuchtung erwarten, was das wohl wieder zu bedeuten habe. Andere hatten den Kopf gesenkt und besahen ihre Hände, die einige noch dazu in frommer Weise gefaltet hatten. Sie gingen in sich. Sie überlegten krampfhaft, wo sie vielleicht einen Fehler begangen haben könnten und nun dieser Controller diese bisher verborgenen Sünden zutage fördern würde. Sie sahen sich bereits im Büßerhemd dastehen, bloßgestellt vor der ganzen Firma. Wie schrecklich!

Ein paar der Anwesenden blickten jedoch stur geradeaus. Das waren die Überlegenen, die Selbstsicheren. Ihnen konnte keiner etwas anhaben, auch der „beste Controller" nicht. Ja, um ihre Lippen spielte ein leichtes Lächeln, um nicht zu sagen, ein Grinsen. Sie hatten entweder ein gutes Gewissen – oder gar keines.

Und nur einer der Herren schrieb eifrig mit, was der Herr Vorsitzende vorgetragen hatte. Es war der Zweite Geschäftsführer. Er hatte ohnehin nicht viel anderes zu tun, als immer das mitzuschreiben, was ihm andere Leute erzählten. Für wen oder für was er diese Aufschriebe verfaßte, war unerfindlich. Da er dauernd schrieb und sich um ihn herum ein Berg von Zetteln auftürmte, konnte er unmöglich selbst seine eigenen „Werke" lesen, dazu fehlten ihm sicher die Zeit und die Übersicht.

Der Herr Vorsitzende schaute indessen erwartungsvoll in die Runde, gewärtig der Reaktion auf diese seine Rede.

Als er seinen Geschäftsführerkollegen eifrig schreiben sah, tat er dies durch eine abfällige Handbewegung ab, denn er erinnerte sich daran, daß er am Tag zuvor diese Angelegenheit, den Controller betreffend, mit ihm durchgesprochen hatte und natürlich der Herr Kollege dort auch alles mitgeschrieben hatte, selbstverständlich auf Zettel, die dieser heute schon nicht mehr finden konnte.

Genüßlich weidete der Vorsitzende aber seine Augen an denen, die zur Zimmerdecke starrten und an denen, die mit gesenktem Haupt dasaßen. So hatte er es erwartet. Sein Reden war stets auf „shocking" programmiert. Offenbar hatte er dies bei dem amerikanischen Konzern gelernt, bei dem er ein paar Jahre „mitgewirkt" hatte – an maßgeblicher Stelle, versteht sich, wie er gerne hinzuzufügen pflegte. Daher benützte er auch häufig amerikanische Worte und Begriffe. Er sagte die Monatsnamen auf englisch-amerikanisch, Tschulai statt Juli, und bildete neue Gruppen und Abteilungen in der Firma, denen er mit Vorliebe amerikanische Namen verlieh.

Es wäre ja auch banal, wenn man eine neu zu bildende Prüfstelle nicht „Controllinggroup" nennen würde und vielleicht noch die Kapazität, die diesem erhabenen Geschäftsbereich vorstehen sollte, „Kontrolleur" heißen würde. Das käme einer gewaltigen Diffamierung gleich.

Man sah es dem Herrn Vorsitzenden an, daß ihn solche Gedankengänge bewegen mußten. Da aber wurde er derer gewahr, die mit grinsendem Gesicht am Konferenztisch saßen. Sofort sah er sich gefoppt. Wie konnten diese Leute es wagen, eine solche Reaktion zur Schau zu tragen? Insbesondere ärgerte er sich über den Entwicklungschef, denn dieser war Württemberger – er sagte niemals „Schwabe" –, die er sowieso nicht leiden mochte. Spontan trat bei ihm dann die übliche Gegenreaktion ein. Er lief rot an, wobei im Nacken das „Rot" in ein „Rotblau" überging. Das war dann die höchste Stufe der Erregung. Natürlich nur innerlich. Selten ließ er dies nach außen erkennen. Da konnte er sich beherrschen. Noblesse oblige!

Deshalb fuhr er in verhaltenem Ton fort:

„Meine Herren, ich sehe bei einigen von Ihnen, daß sich jetzt schon innerer Widerstand gegen meine Maßnahme bemerkbar macht. Ich möchte daher nochmals betonen, diese Position eines Controllers steht eindeutig im Einklang mit meinen Vorstellungen über die erfolgreiche Fortführung des Unternehmens, und ich werde nicht dulden, daß sich einer von Ihnen entgegenstellt. Ich hoffe, das ist klar!

Damit ist die Sitzung geschlossen."

Das ging dann alles so rasch, daß der Zweite Geschäftsführer kaum noch die letzten Worte „das ist klar" aufschreiben konnte. Sein Nachbar, der Produktionschef, hatte ihm die „Zettelwirtschaft" ohne-

hin durcheinandergebracht, was er ihm sehr übelnahm.

Nun, die Tage bis zum ersten Juli gingen dahin. Ein schönes Arbeitszimmer wurde für den Controller eingerichtet. Der Patentingenieur lief mit saurer Miene durch die Gegend, weil man ihm seine Stilmöbel entwenden und zur Ausstattung des Controllerraums nehmen wollte. Der Patentingenieur besaß rein zufällig solch schöne Möbel, da in seinem Büro vorher ein „hoher Herr" residierte und man nicht wußte, wohin man mit den Möbeln sollte, nachdem dieser Herr ausgezogen war. In einem feuchten Kellerraum sie aufzubewahren war zu schade. So saß eben der Patentmann in seiner feudalen Umgebung.

In letzter Minute hatte man aber andere, ebenso schöne Möbel entdeckt und das Controller-Zimmer auf das beste eingerichtet.

Alles war gespannt auf den Tag, an dem der neue Herr erscheinen würde. Es gingen Gerüchte um, daß es sogar ein naher Verwandter des Herrn Vorsitzenden sein sollte (was sich nachher als Irrtum herausstellte).

Am 30. Juni fand wieder eine Sitzung im Konferenzraum statt. Man hatte vernommen, daß sich der Controller einen Tag vor seinem Amtsantritt den verantwortlichen Herren des Hauses vorstellen würde.

Der Vorsitzende machte dann auch gleich zu Beginn der Sitzung eine diesbezügliche Bemerkung. Jeder schielte insgeheim zur Tür, durch die nun bald die Koryphäe eintreten würde. Endlich ging die Tür auf. Herein kam aber nicht der neue Herr, der Controller, sondern der Zweite Geschäftsführer, natürlich mit einem Zettel in der Hand, und ging auf den Vorsitzenden zu.

„Nanu?" sagte der Vorsitzende und blickte seinen Kollegen fragend an.

Dieser las von seinem Zettel ab:

„Er kommt nicht. Hat eben angerufen!"

„Das ist ja die Höhe – so kurz vorher abzusagen! Ja, kommt er überhaupt nicht? Oder bloß eben heute nicht?"

„Nein, er kommt überhaupt nicht. Hat ganz abgesagt!"

„Das versteh ich nicht. Das gibt's doch nicht!"

Der Vorsitzende lief wieder rot an. Auch der Nacken bekam seine blaurote Färbung. Dann war es an ihm, den Kopf zu senken und vor sich hinzublicken.

Wir hatten keinen Controller bekommen. Auch später nicht, wenn man davon absieht, daß eines Tages ein Mann seine Arbeit bei uns aufnahm, der als Controller angekündigt war, aber dann gleich als Geschäftsführer in die entsprechende Etage einzog, und dies war ein Araber. Dafür mußte aber vorher der „große Vorsitzende" weichen.

Brainstorming

„... und dann brauche ich gleich noch den Entwicklungschef. Dem muß ich wohl auf den Zahn fühlen!"

So sprach der Vorsitzende der Geschäftsführung zu seiner Sekretärin, die sich befleißigte, diesen Befehl auf dem schnellsten Wege auszuführen. Also stand ich fünf Minuten später vor dem mooreichenen Schreibtisch meines „großen Manitu", wie wir ihn alle nannten.

Über seine goldumrandete Brille sah er mich durchdringend an. In devoter Haltung mußte ich diesem Blick standhalten, das erforderte die Staats- bzw. Firmenraison, war ich mir doch bewußt, daß bei solchen unvermittelten Audienzen etwas Außergewöhnliches auf dem Spiel stand. Dann sprach er mit akzentuierten Worten:

„Verehrter Herr Kollege", so sprach er nur, wenn er sich bemühte, jovial zu erscheinen, außerdem hörte man ja den damit verbundenen ironischen Ton deutlich heraus, „verehrter Herr Kollege", wiederholte er sich, „betreiben wir hier auch ,Brainstorming'?"

Er war noch nicht lange in unserem Unternehmen, daher erschien ihm diese Frage wohl berechtigt, ich aber empfand sie als provozierend, sogar unberechtigt, wie ich zugebe, denn ich hatte bis zu diesem Zeitpunkt diesen Begriff noch nicht gehört.

„Bitte nehmen Sie Platz", sagte er dann, und ich konnte beim umständlichen Stuhlrücken Zeit gewinnen und überlegen, was man darauf antworten kann oder muß.

Nun gibt man ja als Techniker nicht gerne zu, daß man die modernen Verfahrenstechniken – oder was immer auch dieser Begriff beinhalten sollte – nicht kennt und sucht dann eben irgendwelche Ausflüchte. Ich habe mir aber blitzartig vorzustellen versucht, was dieses mir an den Kopf geworfene Wort bedeuten könnte.

Eindeutig war zu erkennen, daß es englischen Ursprungs ist, also aus Amerika kommt, wie alles Heil in dieser Zeit! Gedanklich analysierte ich dieses Wort von hinten her: „storming" war wohl auf „stürmen" bezogen und „brain", das wußte ich noch von meinem Schulenglisch, heißt „Hirn", also kommt zusammen „Hirnstürmung" heraus. Aber was sollte nun dieses mit unserer Technik zu tun haben?

Mitten hinein in meine Gedankenkombinationen hörte ich die Stimme meines großen Manitu:

„In der nächsten Woche findet darüber in Stuttgart ein Seminar statt. Dazu habe ich Sie und den Produktionsleiter anmelden lassen. Passen Sie dabei gut auf, denn ich bin, wie Sie wissen, für modernes Management. Wir müssen uns auf allen Ebenen den amerikanischen Methoden anpassen und, wenn möglich, sie übertreffen."

Damit war ich für jetzt entlassen.

In meinem Büro angekommen, zog ich meine Sekretärin zu Rate, denn sie absolvierte zur Zeit einen Englischkurs bei der Volkshochschule, aber sie konnte auch nicht mehr dazu beitragen als ich schon selbst wußte. Alle Lexika, die ich am Abend zu Hause studierte, waren ebenso ratlos, es mußte sich also um etwas ganz Neues handeln und, nachdem es der Vorsitzende für so wichtig hielt, geradezu eine Revolution auf dem Gebiet der Technik in Gang setzen.

Vier Tage danach reisten wir, der Produktionsleiter und ich, nach Stuttgart. Auf dem Einladungsbrief stand, daß zu diesem Seminar Geschäftsführer, Technische Direktoren, Konstruktions-, Entwicklungs- und Produktionsleiter angesprochen sind. Wir waren also auf eine illustre Gesellschaft gefaßt.

Als wir den Saal betraten, in dem die Veranstaltung stattfinden sollte, waren schon einige Herren anwesend, von denen ich ein paar von früheren gemeinschaftlichen Unternehmungen kannte. Eifrig diskutierend standen sie in kleinen Gesprächskreisen beieinander. Da ich bis dahin immer noch nicht wußte, wie man den Begriff „brainstorming" definieren konnte, versuchte ich mich zwanglos einem solchen Kreis anzuschließen, fand aber schnell heraus, daß dort die Erkenntnis auch nicht weiter gediehen war als die meinige.

Nach einer üblichen Begrüßung begannen drei Herren mit ihren Vorträgen. Sie lösten sich gegenseitig ab. Alle drei hatten ihre Referate mit vielen englisch-amerikanischen Worten gespickt, nicht zuletzt wohl, um die Zuhörer entsprechend zu beeindrucken.

Neben mir saß der Konstruktionsleiter einer alteingesessenen schwäbischen Firma, die schon viele gute Geräte entwickelt und auf den Markt gebracht hatte. Er wurde immer ungeduldiger.

„Wo senn mr denn, wo senn mr denn?" wiederholte er und warf seinen Kugelschreiber auf den Tisch.

„Dia erfenda für a blödsinnigs G'schwätz en schöna Nama. Dees isch älles!"

Und da hatte er nicht ganz unrecht.

Ich mußte ihm gut zureden, daß er nicht demonstrativ den Saal vorzeitig verließ.

Als dann die drei Vortragenden zusammen mit vier weiteren Auserwählten an einem praktischen Beispiel „brainstorming" vorführten, war das Maß voll, jedenfalls für meinen Nachbarn. Er kapitulierte und ging:

„I han heut no wichtigeres vor", war sein Schlußkommentar.

„Wenn dr Gottlieb Daimler ond dr Carl Benz ond dr Robert Bosch on no a paar andere au so verfahra wära, no gäbs heut no koi Auto!"

Wir anderen aber wußten am späten Nachmittag endlich, was „brainstorming" ist.

Wenn man zum Beispiel ein schwieriges technisches Problem zu lösen hat, läßt man nicht einen einzelnen darüber grübeln, sondern holt eine Gruppe von Leuten zusammen, setzt sie um einen runden Tisch – rund muß er sein, damit keiner sich zurückgesetzt fühlen muß – und es müssen auch Leute verschiedener Qualifikation beziehungsweise aus verschiedenen Abteilungen einer Firma sein – die dann über dieses fast unlösbare Problem sprechen und es damit mit fast schlafwandlerischer Sicherheit zum Erfolg führen. Derjenige, der die Gesprächsleitung hat, darf dabei aber mit seiner Meinung nicht in Erscheinung treten. Der Grundtenor ist, daß auf möglichst ungezwungene, unvoreingenommene und unbeeinflußbare Weise ein Höchstmaß an Erkenntnis herauskommen soll. Dem „Gehirnsturm" muß freier Lauf gelassen werden.

Die meisten Teilnehmer dieses „Gehirntrusts" stellten am Schluß dann auch fest, daß sie in Konstruktionsbesprechungen ähnliches tun, jedoch dazu Fachleute zusammenholen, die die Gewähr für die nötigen Grundkenntnisse bieten. Außerdem müsse man darauf hinweisen, daß wir alle doch in unseren Firmen ingenieuse Leute hätten, die vielfach die anstehenden Probleme im Alleingang zu lösen imstande wären.

Ein Diplompsychologe, der an dieser Tagung teilnahm, hatte aufgrund statistischer Untersuchungen diese Meinung bestätigt, allerdings schränkte er ein, daß die Statistik auch nicht der Weisheit letzter Schluß sei, denn sonst könnten nicht Schlüsse dabei herauskommen, wie der, daß nach langjährigen Überprüfungen festzustellen ist, daß genauso viele Männer wie Frauen heiraten und daß, wenn ein Jäger an einem Hasen einmal vorne und einmal hinten vorbeischießt, das arithmetische Mittel beweist, daß er ihn dann einmal getroffen hat. Womit wir wieder auf dem Boden der Wirklichkeit waren.

Die Konferenz zu dritt

„…ich hab' noch einen Koffer in Berlin" war in dieser Zeit ein Schlager, den die Knef unermüdlich im Rundfunk und im Fernsehen gesungen hatte.

Das ist mir jedesmal eingefallen, wenn wir eine solch auserlesene Konferenz abgehalten hatten.

Ganz insgeheim hatte unser Chef Herr Zornow dazu eingeladen, nämlich Kratzenberg und mich. Und eine solche Konferenz hatte stets damit begonnen, daß er uns ausführlich erklärt hatte, daß er auch einen vollen Koffer mit ganz lebenswichtigen Unterlagen und Dokumenten auf Veranlassung seiner früheren Firma, des Weltkonzerns Singer, „irgendwo" gelagert habe, an den er leider nicht mehr herangehen

könne und damit bislang der Firma Kaelble etwas Grundlegendes entgehen würde.

Kratzenberg hatte ihm jedesmal mit gutgemeinten Vorschlägen Hinweise geben wollen, wie und auf welche Weise er zu dem besagten Koffer kommen könne. Ich allerdings war der Meinung, daß es diesen Koffer mitsamt seinen Unterlagen überhaupt nicht gab. Er bestand nur in der Phantasie des Chefs – und daher war und blieb er unauffindbar. Genauso, wie es bei der Hildegard Knef auch war.

Aber sooft wie die Knef von ihrem Koffer in Berlin sang, sooft erzählte unser Chef von seinem verschollenen Koffer. Unentwegt. Und immer wieder dieselbe Platte. Und so haben wir noch manche Konferenz zu dritt erleben dürfen und immer wieder die Kratzenbergischen Vorschläge und meine berechtigten Zweifel – und diese mußten erlaubt sein, wenn solche hochkarätigen Leute beisammensitzen!

Die Vertretertagung

Als unser Herr Zornow sich anschickte, in Backnang seßhaft zu werden, hatte er eine große Vertretertagung einberufen.

Er fühlte sich als der große Herrscher über mehrere „Länder" und wollte dies auch unter Beweis stellen. So hatte er eine große Organisation aufgeboten

Geschäftsführer Zornow mit Gattin.

und als Tagungsort das renommierte Lokal „Sonne-Post" in Murrhardt gewählt. Aufgrund seiner intensiven Einladungen kamen Damen und Herren aus fast der gesamten zivilisierten Welt, selbst eine Delegation aus Ghana, vertreten durch eine schwarze Afrikanerin mit ihrem Sekretär.

Ich hatte die Ehre, einen ganzen Tag lang mittels Filmen, Dias, Bildern und anderem Anschauungsmaterial die versammelten Leute mit Hilfe von Dolmetschern zu unterhalten. Diese Vorführungen fanden regen Anklang bei allen Vertretungen und brachten einen totalen Überblick über das reichhaltige Kaelble-Gmeinder-Programm.

Es war einfach eine Wucht!

Zornow hat sich bei mir „as alround man people" überschwenglich bedankt.

Andächtig lauschten die Leute meinen Ausführungen, und unser Chef Herr Zornow schwelgte in seinem Element. Es war ein teures „Unternehmen", selbst unsere Negermami hat aus London, wohin sie mit ihrem Sekretär entfleucht war, eine überaus dicke Rechnung eines erstklassigen Hotels zur Begleichung geschickt.

Man hatte den Eindruck bekommen, daß die Anwesenden der Meinung sein mußten, wir hätten unendlich viel Geld, oder wie man auf schwäbisch sagen würde: „einen Geldscheißer".

What an old man can do!

Unser Einkaufschef, ein wichtiges CDU-Mitglied, hatte uns eine ausführliche Besprechung mit den Direktoren bei Daimler-Benz wegen des Einsatzes von Spezialmotoren vermittelt. Sie fand im Hochhaus der Firma statt. Von unserer Seite nahmen Mr. Ramadan, Herr Otterbach, Herr Herbe und ich daran teil.

Ramadan wohnte in dieser Zeit in Grunbach im Remstal in einem dreistöckigen Haus mit Swimmingpool, das wir für ihn und seine Familie gemietet hatten. Unser Chauffeur brachte uns am frühen Morgen dorthin. Wir waren also gespannt, bei dieser Gele-

Die Delegation aus Ghana bei der Vertretertagung. Besonderes Interesse zeigten die Chefin und ihr Sekretär an den ausgestellten Modellen.

genheit Frau Ramadan und die drei Kinder kennen-zulernen. Dem war aber nicht so, denn die Araber verbergen ihre Frauen vor den Europäern.

So fuhren wir in „männlicher" Haltung allein nach Untertürkheim. Ramadan, der einen nervösen Eindruck machte, hatte mich unterwegs darauf aufmerksam gemacht, daß ich jetzt „an old man" wäre – ich war fast 61 Jahre alt – und nun eigentlich mit der Arbeit aufhören müßte. Ich war sprachlos über eine solche Argumentation, besonders von einem Libyer!

Als wir in einem größeren Besucherzimmer bei Daimler-Benz eintrafen, kamen vier Direktoren und ein Sekretär, der Protokoll führen sollte. Zuerst entschuldigten sich die Herren, weil noch ein Herr der oberen Kategorie dazustoßen werde, der aber erst in den nächsten zehn Minuten Zeit hätte, da er jetzt gerade noch mit den geschäftsführenden Herren eine Konferenz habe.

Da Ramadan kein deutsch konnte, wurde das Gespräch in Englisch geführt, das aber Otterbach und Herbe nicht mal andeutungsweise beherrschten und daher ich mit der Zeit in diese Konversation eingeführt

wurde. Als der technische Chef der Daimler-Benz AG erschien, wurde nur noch englisch gesprochen. Die Herren hatten bald erkannt, daß Ramadan keine geistige Größe abgab; so artete das Gespräch in ein Katz-und-Maus-Spiel aus. Ramadan ging dabei hoffnungslos unter, und Otterbach und Herbe haben überhaupt nichts davon verstanden. So blieb mir nur noch übrig, im Sinne der Firma Kaelble die Fahne hochzuhalten.

Ramadan hatte dann wenigstens soviel Intelligenz einzusehen, daß er auf allen Linien verloren hatte und er als einzigen Part nur noch mich hatte, der nun von den anderen hofiert wurde.

Milde lächelnd wurden wir nach etwa eineinhalb Stunden verabschiedet.

Beim Gang zur Pforte sah ich noch den Libyenexponenten von Daimler-Benz, der mir bedeutungsvoll zuwinkte, als hätte er gewußt, wie dieses „Spitzen"-Gespräch ausgehen würde. Auf der Rückfahrt war mein Kommentar an Ramadan: „Now you have seen what an old man can do", und Otterbach habe ich davor gewarnt, ein solches Spitzengespräch zu wiederholen.

Ein gutes Einvernehmen mit den Regierenden war schon immer wichtig. Hier lassen sich der Innenminister und spätere Ministerpräsident Lothar Späth und Landtagspräsident Schneider vom Technischen Direktor Fink konstruktive Besonderheiten erklären. Links im Bild Kaelble-Einkaufschef Otterbach.

Reisen und Abenteuer

Wenn jemand eine Reise tut ...

... so kann er was erzählen. Erst recht dann, wenn viele Reisen daraus geworden sind. Während meiner beruflichen Tätigkeit – zünächst als Konstrukteur, später als Technischer Direktor und Geschäftsführer, dazu noch als einer der zwei deutschen Abgeordneten des europäischen Baumaschinenkomitees – habe ich im Lauf von 35 Jahren fast fünfzig Länder der Erde kennengelernt, viele davon durch mehrere Besuche oder Tätigkeiten.

Zumeist bin ich mit dem Flugzeug gereist beziehungsweise transportiert worden. Mehr als siebenhundertmal bin ich zwischen Start und Landung in den verschiedensten Apparaten gesessen und habe die Welt von oben gesehen.

Bei meinem ersten Flug im Jahr 1954 landete ich zunächst in London, von dort ging es mit einer Pro-pellermaschine weiter nach Dublin. Auf der grünen Insel Irland erwartete mich eine nicht gerade leichte Aufgabe: Bei der St. Coper-Mine in Avoca galt es, die Technik der Kaelble-Hinterkipper gegen starke Konkurrenz zu verteidigen.

Schweden, Jugoslawien, Portugal waren die nächsten Auslandsziele. Zwischendurch war es auch immer wieder erforderlich, als Techniker auf den Großbaustellen innerhalb Deutschlands präsent zu sein, so zum Beispiel im Sauerland, wo man im Jahr 1957 mit dem Bau der Biggetalsperre begonnen hatte.

Für den berühmten Biggedamm mußten ca. 1,9 Millionen Kubikmeter Schuttmasse angefahren werden. Die in diesem Projekt zusammengeschlossenen Firmen hatten sich für Kaelble-Hinterkipper als Transportmittel entschieden.

Die gigantische Biggedamm-Baustelle mit Kaelble-Hinterkippern.

Feierabend auf der Baustelle. Insgesamt 75 Kaelble-Fahrzeuge waren während der siebenjährigen Bauzeit im Einsatz.

Die „Kämpfer" vom Biggedamm (Kurt Seitel, Erwin Fink, Ferdinand Blum, Anton Bieber).

Die Bekanntheit der Hinterkipper von der Baustelle war so groß, daß sie auch im rheinischen Karneval nicht fehlen durften.

Die ersten Schlackentransporter der Welt

Unser Vertreter in Duisburg hatte einen Fachmann aus Backnang angefordert, der ihn beim Verkauf eines Spezialfahrzeuges an das Hüttenwerk Oberhausen unterstützen sollte.

Ich war ein noch junger Konstrukteur, und da man seitens der Geschäftsführung diesem Vorhaben keine große Bedeutung zumaß, fiel die Wahl auf mich.

Unser Vertreter hatte, als er mir in Duisburg das Problem erläuterte, auch noch keine Vorstellung, um was es sich im Eigentlichen handeln sollte, und so trafen wir als völlig Unbedarfte im Büro des Stahlwerkes ein. Für mich war dies ein völlig neues Gebiet. Noch nie hatte ich vorher ein Stahlwerk von innen gesehen.

Dort trafen wir einen Mann an, der zuvor einen Besuch bei einem Stahlwerk in den USA absolviert hatte und der uns in ausführlichen Worten erklärte, er habe dort gesehen, wie man die bei der Herstellung von Stahl anfallende Schlacke nicht wie üblich auf schienengebundenen Fahrzeugen abtransportierte und an einer Kippstelle entleerte, sondern mit einem gummibereiften Fahrzeug, dies aber noch ziemlich primitiv erfolgt sei, und so hätte er die Vorstellung, daß man dies viel intelligenter machen könne, er bis heute aber nicht wisse, wie.

Er schaute mich dabei sehr milde an, ich hatte den Eindruck, daß er sich nicht vorstellen wollte, daß ausgerechnet ich derjenige sein sollte, der eine patentere Lösung dafür finden würde. Das bisherige Verfahren war natürlich sehr kosten- und zeitaufwendig, denn erstens brauchte man dafür eine funktionierende Gleisanlage mit Weichen, einen starken Unterbau, Schaltanlagen, Kraneinrichtungen sowie Lokomotiven oder andere entsprechende Zug- oder Schubmittel.

Auf der Heimfahrt in der Eisenbahn hatte ich dann Gelegenheit, mir einige Skizzen zu machen und meinte, daß ich bereits eine Lösung des Problems hatte – und da machte ich zum ersten Mal die Erfahrung, daß es nicht leicht ist, etwas Neues an den Mann, d.h. an die Geschäftsleitung, zu bringen.

Zuerst wurde mir jegliches Gerät abgelehnt. Dann wurde endlich zugestimmt mit der Auflage, daß, wenn man ein bekanntes Gerät so umbauen könnte, daß daraus ein dafür passendes Fahrzeug entstehen würde – mit möglichst wenig Hydraulik daran und möglichst geringen Kosten –, dann könnte man sich letztendlich vorstellen, daß man ein solches Fahrzeug herstellen würde.

Es gab anschließend mehrere Besprechungen beim Hüttenwerk Oberhausen, und dort wurde natürlich die Frage der Hydraulik vorn angeschrieben, was zur Folge hatte, daß wir als Unterlieferant die Firma Meiller einschalten mußten. Aus diesem Gemeinschaftsprodukt ist dann der erste Schlackentranspor-

Dies war der erste gleislose, selbstfahrende Schlackentransporter der Welt: ein auf einem KDV 833-Fahrgestell aufgebautes Gerät für das Hüttenwerk Oberhausen mit 25 t Nutzlast, 240-PS-Kaelble-Motor und Allradantrieb, noch ohne die später obligatorische Schutzwand für das Fahrerhaus. Dieses Fahrzeug wurde nach 7jähriger Betriebsdauer und 20 000 abgeleisteten Betriebsstunden im Herbst 1964 außer Dienst gestellt und durch ein neues ersetzt.

Das nächste Modell für Oberhausen im Jahr 1961 auf dem Betriebshof. Als Schutz gegen Hitzeabstrahlung und Funkenflug hat das Fahrerhaus eine Abschirmung erhalten. Um den Schwerpunkt der Nutzlast möglichst tief legen zu können, wurden die neuen Fahrzeuge nur noch mit Vorderradantrieb ausgerüstet.

ter entstanden, zwar nicht so, wie ich ihn mir vorgestellt hatte, aber es war ein Anfang gemacht. Ich hatte nun mit diesem Produkt ein selbstbegonnenes Werk, das man in den kommenden Jahren ständig verbessern konnte, woraus ein neuer Produktionszweig entstand.

Im Lauf der Jahre sind dann mehr als hundert Fahrzeuge entstanden, deren verschiedene Aufgaben und damit auch verschiedene Lösungen und Größen immer mehr an die Grenzen der Kapazität der Firma Kaelble gingen. Die Kosten pro Fahrzeug gaben einen Hinweis, wie sehr sich die Sache ausweitete. Wir verhandelten um einen Preis pro Einheit von nahezu zwei Millionen Mark.

Die meisten Schlackentransporter waren für den Export bestimmt. Ich hatte also die Aufgabe, bei der Aufnahme der Transportprobleme ins Ausland zu reisen, was einerseits die eigene Sicht erweiterte, mich andererseits mit immer mehr Menschen in Kontakt kommen ließ.

Luxemburg

Schon sehr früh hatte ich in Luxemburg einen Mann kennengelernt, von dem ich wußte, daß er mir freundlich zugetan war. Er war der hervorragende Techniker in dem Luxemburger Stahlwerk „Minière et Metallurgie". Wir hatten uns nur ganz kurz gesprochen und waren uns sofort sympathisch. Er hatte in entscheidenden Phasen eingegriffen, als wir in diesem Stahlwerk versucht hatten, einen Schlackentransporter zu verkaufen. Dabei hatte ich den Eindruck, daß unser Luxemburger Vertreter und sein Mitarbeiter uns eher noch sabotiert hatten, als daß sie unsere Interessen vertreten hätten.

Dennoch hatte der Techniker, selbst nach ausgedehnten Verhandlungen mit unseren Konkurrenten, im Beisein des Stahlwerksdirektors den Auftrag an uns vergeben können.

Ein Jahr später, als der Schlackentransporter bereits schon längere Zeit im Einsatz war, bot er uns an, in den kommenden Betriebsferien den Schlackentransporter zu Vorführungen benutzen zu können. Dieses Angebot kam uns dann sehr gelegen, denn wir hatten einen Kunden in der Max-Hütte in Sulzbach-Rosenberg, den wir noch von dem vorteilhaften Einsatz eines solchen Fahrzeuges überzeugen mußten. Also holten wir das Gerät in Luxemburg ab und transportierten es mit großer Mühe an Ort und Stelle, was die Herren vom Stahlwerk in Sulzbach-Rosenberg sehr positiv beurteilten, worauf sie uns bereits in diesem Stadium die Zusicherung gaben, daß der spätere Kauf eines Kaelble-Schlackentransporters gesichert wäre.

In Sulzbach-Rosenberg hielten sie es dann für notwendig, die komplette Überdachung und andere Teile des Fahrzeuges abzunehmen, da die Durchfahrtshöhe zu gering war. Diese Teile wurden mit einem Schweißbrenner kurzerhand abgetrennt, und zwar so, daß der Anblick des Fahrzeuges sehr darunter litt. Dann wurden drei Wochen lang Probeeinsätze gefahren, die ein sehr gutes Ergebnis zeitigten. Am Ende des Probeeinsatzes wurden die getrennten Teile wieder angeschweißt, wobei der betreffende Schweißer wohl keine sonderliche Leistung erbracht hatte.

Als wir im Anschluß daran das Fahrzeug, mit zwei Wochen Verspätung, wieder nach Luxemburg brachten, hatte es nicht mehr das alte Aussehen. Monsieur Gilardin, der freundliche Techniker, hatte es fertiggebracht, über diese „Mängel" hinwegzusehen, uns nicht mal eine Leihgebühr abzuverlangen und darüber hinaus mich noch in seine Privatwohnung einzuladen, wo ich dann erfahren hatte, daß er als Luxemburger bei der deutschen Armee gedient und als Freiwilliger den Rußland-Feldzug mitgemacht hatte. So konnten wir sowohl privat als auch geschäftlich eine gute Beziehung aufbauen.

Solche Erlebnisse gaben einem bei allen Sorgen und Nöten wieder einen Auftrieb. Man hatte wieder eine Freude an der Arbeit, als Ausgleich für die oftmals zu bewältigenden Tiefschläge.

Belgien

Die Zweisprachigkeit – flämisch und französisch – hatte mich ständig fasziniert; dabei sind die Grenzen zwischen beiden Sprachen fließend.

Ich war sehr oft in diesem Land und hatte mancherlei Menschen beobachten können.

Unsere Vertretung war eine überaus vornehme Gesellschaft, sie hatte sich auch dementsprechend verhalten und so gut wie kein Geschäft gemacht.

Zum Glück hatten wir aber einen rührigen Einzelvertreter, unseren Monsieur Burnet. Er hatte überhaupt nichts aus sich gemacht, war eher bescheiden und zurückhaltend, aber er hatte durch Fleiß und Einfühlungsvermögen die meisten Geschäfte vermittelt. Natürlich war er stets darauf bedacht, eine möglichst hohe Provision zu bekommen.

Eines hatte er in all den Jahren nie gelernt, nämlich das Autofahren. Mit mir zusammen hatte er die groteskesten Situationen gemeistert, und mehrmals sind wir haarscharf am Tode entlang gefahren. Aber Burnet hat dies nie gestört, und er hat den Vorfällen wenig Beachtung geschenkt.

Er hatte ganz einfach ein sonniges Gemüt und mich immer wieder mit neuen Einfällen überrascht. Auch begann er immer wieder neue Unternehmungen, ohne zu wissen, ob er die Folgen überhaupt ins Kalkül einbeziehen konnte. Es ist mir deshalb, trotz vieler Reisen in diesem Land, nie geglückt, das Wesen dieser Leute zu erforschen. Es ist mir verborgen geblieben bis zum heutigen Tag.

Der für das Stahlwerk Sidmar in Belgien bestimmte Koloß mit einer Nutzlast von 80 t.

Der 1980 für die Bremer Unternehmensgruppe Hegemann entwickelte Coiltransporter KV 45 C.

Firma Hegemann, Bremen

Diese Firma war ein alter Kunde von Kaelble. Hegemann hatte einst eine besondere Aufgabe bei der Klöcknerhütte in Bremen übernommen. Das damals neu aufstrebende Unternehmen hatte in der Hütte die Schlackenverwertung und damit verbunden auch den Schlackentransport ab dem Konverter übertragen bekommen und dafür eine größere Summe an Geld investiert. Es war also notwendig, einige Schlackentransporter zu beschaffen.

Die Firma Kaelble hatte zu dieser Zeit schon einige Hunderttonner an Sidmar in Belgien geliefert und damit ausgiebige Erfahrungen sammeln können. Hegemann bat also zunächst um einen Besuch bei Sidmar, den wir vermitteln konnten. Die Herren von Hegemann hatten Gelegenheit, gründliche Studien anläßlich der Besichtigung anzustellen. Durch unsere Vermittlung waren die zuständigen Herren bei Sidmar zur größten und weitestgehenden Auskunft bereit, aber schon nach kurzer Zeit stellten die Hegemann-Leute fest, daß sie noch detailliertere und zum großen Teil spezielle Berechnungsunterlagen benötigten.

Nach ausführlichen Befragungen konnten die Herren von Hegemann hochbefriedigt mit etlichen Fotos und ganz internen Angaben wieder nach Hause fahren und ihrem Auftraggeber von dem Erfolg ihrer Mission berichten.

Ich selbst mußte jedoch bei der Geschäftsleitung von Sidmar anschließend wieder alles in ein gutes Klima bringen, was mir nur dadurch gelang, daß ich schon vorher einen ausgezeichneten Kontakt zu diesen Herren hatte. Die Firma Hegemann hatte die Sache dadurch honoriert, daß sie drei Fahrzeuge bei uns bestellte, wobei ich noch eine Menge Zeichnungen und Angaben über zusätzliche Anlagen bereitstellen mußte. Außerdem wurden von uns genaue Aufstellungen über zeitliche Abläufe und finanzielle Grundlagen des Schlackentransports gefordert.

Das Ergebnis war, daß ich mit den maßgeblichen Herren ein freundliches Verhältnis haben konnte. Der Schlackentransport lief ausgezeichnet, auch nachdem ein schwerer Unfall aufgetreten war. Ein Fahrzeug wurde dabei durch einen Brand ziemlich zerstört. Da dieses Fahrzeug dringend benötigt wurde, konnte durch meine nach wie vor guten Beziehungen zu Sidmar ein Ersatzfahrzeug zur Verfügung gestellt werden, was als hervorragende Hilfe angesehen wurde.

Bei Hegemann bestand auch für andere Transportaufgaben ein Bedarf an Spezialfahrzeugen, die umfassende Neukonstruktionen erforderten. Nach einem Wettbewerbervergleich wurde die Firma Kaelble als Lieferant vorgezogen. So kamen wir auch zur Lieferung der Coiltransporter, die eingeführt werden mußten, da Hegemann innerhalb seines Vertrages mit der Klöcknerhütte zusätzliche Aufgaben übernehmen mußte. Diese Art Gabelstapler diente dazu,

45 Tonnen schwere Blechrollen zur Weiterverarbeitung aufzunehmen und zu transportieren.

Es waren während mehrerer Jahre viele Besuche in der Klöcknerhütte notwendig. Unsere Beziehungen sind dabei immer weiter vertieft worden.

Schweden

Hermann Ekert war der Meinung, man müßte sofort nach Lappland, im Norden von Schweden, denn er hatte einen „Brandanruf" von dort erhalten, die von uns gelieferten Hinterkipper stünden hoffnungslos still. Ein Fachmann sei gefragt.

Es war gerade die beginnende Osterwoche.

Ich entschloß mich, mit der Eisenbahn bis Stockholm zu reisen, da ich in der Eile keinen Flug bekommen konnte.

Um 21 Uhr ging es in Stuttgart mit dem Nachtschnellzug los. Der Schlafwagen der Deutschen Bundesbahn nahm mich auf, und am anderen Morgen war die Stadt Hamburg erreicht. Nach einer kurzen Pause ging es mit dem aus Paris kommenden Skandinavien-Express über Flensburg – Fredericia – Odense zunächst nach Kopenhagen. Zweimal mußten

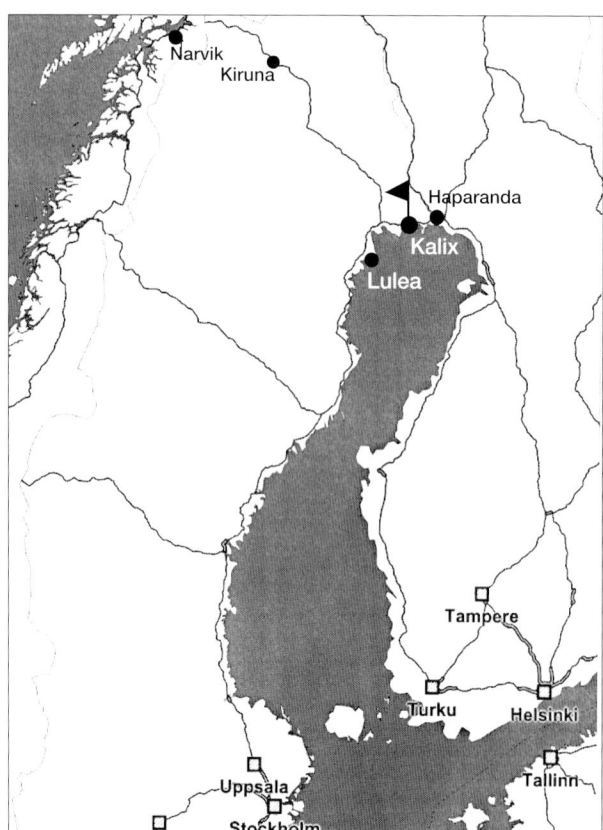

Reiseziel Nordschweden.

wir über den Kleinen Belt und den Großen Belt mit Fährschiffen übersetzen.

In Kopenhagen hatten wir längeren Aufenthalt, so daß ich die Stadt besichtigen konnte. Der Vergnügungspark, das Tivoli, blieb mir in besonderer Erinnerung. Erst am Spätnachmittag ging es mit dem Skandinavien-Express über den Sund nach Malmö weiter, vorbei an dem Wahrzeichen, der Meerjungfrau.

Inzwischen war es Nacht geworden, und wir wurden in den Schlafwagen umquartiert. Der Zug brauste durch die Nacht, und erst in Jönköping wurde ich kurzzeitig wach. Die Stadt hatte für mich eine besondere Bedeutung. Als der Zweite Weltkrieg zu Ende ging, hatten verschiedene Einheiten der Deutschen Wehrmacht versucht, in das neutrale Ausland zu entfliehen, um dort ein sorgloses Leben zu führen, was ein entscheidender Fehler war. Die „lieben Schweden" hatten nichts Besseres zu tun, als die geflüchteten Deutschen den Russen auszuliefern, und aus dieser Gefangenschaft sind keine fünfzig in die Heimat zurückgekehrt.

Es war schon heller Tag, als ich in Stockholm ankam. Am Bahnhof wurde ich von den Mitgliedern der Stockholmer Niederlassung in Empfang genommen. Der Chef dieser Delegation war sehr freundlich. Er unterrichtete mich sofort davon, daß wir von hier ab mit dem Flugzeug der SKF weiterreisen bis Lulea, einer Stadt am oberen Ende des Finnischen Meerbusens.

Luleas Flughafen ist klein, aber in seinem Empfangsraum war eine große Reklame mit vielen Bildern, auch in deutscher Sprache, auf denen eingeladen wurde: „Besuchen Sie die schöne Hafenstadt Murmansk. Die Aeroflot bringt Sie von hier aus in weniger als einer Stunde hin."

Als wir, das heißt der Vertreter des schwedischen Büros und ich, den Flugplatz verlassen hatten, wurden wir von einem typischen „Lappländer" empfangen. Es war der Besitzer der Baufirma, bei der unsere Hinterkipper im Einsatz waren, und er fuhr einen Mercedes, in dem wir Platz genommen hatten. Der Lappe sprach ganz ordentlich deutsch und nutzte unterwegs die Gelegenheit, mir die Landschaft zu erklären. Die Straße war gut ausgebaut. Nach etwa einer Stunde Fahrt stießen wir an eine Weggabelung. Halbrechts ging es weiter nach Haparanda, was die Grenzstation nach Finnland darstellt, geradeaus war unser Ziel, die Ansiedlung Kalix, und nach links stand das Schild „Kiruna und Narvik". Wir waren also auch nicht weit von der norwegischen Grenze entfernt. Von dieser Abzweigung aus fuhren wir dauernd durch eine Tundra, es waren Birken, durch niedrige Tannen unterbrochen. Unser Fahrer, Herr Bergmann, wie er sich vorstellte, nahm seinen Fuß vom Gaspedal, denn

Gewaltige Gesteinsbrocken ließen sich mit diesen Hinterkippern befördern.

er erzählte, heute vormittag sei vor ihm ein Elch über die Straße gelaufen, und ein Zusammenstoß mit einem solch schweren Tier sei gefährlich. Nach einer weiteren Stunde kamen wir auf eine ausgedehnte Lichtung, und auf dem Ortsschild konnten wir in der Abenddämmerung ablesen: Kalix.

Der Ort bestand aus weit auseinandergezogenen Einzelhäusern. Dazwischen konnten wir ein sehr schönes Hotel ausfindig machen, in das uns Herr Bergmann einquartiert hatte.

In der Empfangshalle sah ich sofort ein über die ganze Wand reichendes Bild, das auf mich heimatlich wirkte, denn das Bild und die dazugehörige Aufschrift lautete: „Besuchen Sie den Fernsehturm in Stuttgart." Das war ein Kontrast. Am Flugplatz noch die Aufforderung: „Besuchen Sie Murmansk"- und jetzt die Bildreklame für Stuttgart. So klein ist die Welt.

Das Abendessen nahmen wir gleich anschließend ein. Dabei erzählte mir Herr Bergmann, daß er nach 1945 eine Deutsche aus Königsberg geheiratet hatte, die mit einem Flüchtlingstreck nach Schweden gekommen war und daß dadurch seine Tochter halb deutsch und halb schwedisch sei, was er noch dadurch verbesserte, daß anstelle „schwedisch" eigentlich „lappländisch" stehen müßte. So befand ich mich an diesem Abend in Kalix in illustrer Gesellschaft, und der Tag fand einen gemütlichen Ausklang.

Das Problem der immensen Schäden an den Hinterkippern wurde am anderen Tag aufgeklärt, als wir erfuhren, daß zur Beladung der Mulde amerikanische Bagger verwendet wurden, die mindestens zwei Größen überdimensioniert waren, wobei die riesigen Gesteinsbrocken sich in der Mulde verkeilt hatten. Beim Auskippen des Inhalts konnte sich der Stein nicht aus der Mulde lösen, das Fahrzeug stieg wegen der Hecklastigkeit vorne hoch, bis am Ende des Kippvorgangs der eingekeilte Brocken schlagartig herausfiel und das Fahrzeug aus dem hochgestiegenen Zustand plötzlich auf die Vorderachse niederfiel, was diese so zerstörte, daß sie keinen Halt mehr fand. Die Lappen hatten sie mit Stahlseilen angebunden. Die Kombination eines 50-Tonnen-Baggers und eines 16-Tonnen-Muldenkippers war also falsch, aber wie sage ich dies den Lappen?

Wir fanden trotzdem eine Lösung der Misere, und ich konnte beruhigt wieder nach Hause fliegen.

Von Genf nach Estoril in Portugal

Es war 17 Uhr, als wir, d.h. unser damaliger Direktor Schad und ich, in einer Boeing in Genf gestartet waren. Wir beide saßen in der ersten Reihe der Touristenklasse, hatten also die Wand zwischen der Touristenklasse und der ersten Klasse direkt vor unseren Augen, was Herrn Schad zu gehässigen Ausrufen gegen den Initiator unserer Reise veranlaßte. Er ließ kein gutes Haar an unserem Verkaufsleiter. Dadurch war für eine rege Aussprache in der ersten Flugstunde gesorgt. In dieser Zeit flogen wir schon über dem Mittelmeer.

Es war bereits 23 Uhr 30 Minuten, als wir endlich bei schwülem Wetter auf dem Flughafen Lissabon aufsetzten. Damit hatten wir eine Verspätung von nahezu zwei Stunden. Der morgendliche Nebel hatte uns aufgehalten.

Unser Portugalvertreter Dariaga hatte uns am Flughafen erwartet, und in zügiger Fahrt ging es auf der hellerleuchteten Uferstraße entlang der Außenbezirke Lissabons zum mondänen Städtchen Estoril.

Schon eine geraume Zeit nach Mitternacht trafen wir dort in dem sehr vornehmen Hotel Palacio Estoril ein. Ich selbst war durch den scharfen Wind völlig durchgeblasen, denn ich hatte meinen Sitzplatz hinten in dem oben offenen Fahrzeug.

Im Hotel war noch Betrieb, denn in Portugal begann das Leben erst am späten Nachmittag, der sengenden Hitze wegen.

Als wir im Hotel eintrafen, war gerade ein Konzertabend im Gange. Direktor Schad wollte sich diesen Genuß nicht entgehen lassen, aber weniger der Musik wegen, als vielmehr, weil er noch kein Schlaf-

bedürfnis hatte. Dieser Umstand sollte mir in den kommenden Tagen noch Kopfzerbrechen machen, denn ich mußte feststellen, daß er mit sehr wenig Schlaf auskam. Er saß bis spät in die Nacht in der Lobby des Hotels – und war am andern Morgen ein exzellenter Frühaufsteher. Da er das Zimmer unmittelbar neben dem meinigen bewohnte, konnte ich ihn jeden Morgen vernehmen, wie er sich gewaschen und rasiert hatte und wie er unmittelbar danach auf den Korridor trat. Hier war nun meine Achtsamkeit gefordert, damit ich ihn, wenn er aus der Zimmertür trat, bereits im hellwachen und frisierten Zustand empfangen konnte. Damit war auch schon meine Hauptaufgabe am Tag geleistet. Alles übrige ergab sich dann von selbst.

Im Frühstücksraum des portugiesischen Luxushotels waren wir beide dann allerdings die ersten Gäste. Die Bedienungen waren um diese Zeit noch damit beschäftigt, zu lüften, die Vorhänge aufzuziehen und die Tische zu decken. Wir hatten also lange Zeit, uns auf das Tagwerk vorzubereiten. Diese Zeit nutzte mein Begleiter, indem er mir in ausführlicher Weise seinen Lebenslauf schilderte, einschließlich seiner Heiratspläne und der diesbezüglichen Anträge an seinen späteren Schwiegervater Carl Kaelble. Er vergaß dabei auch nicht zu erwähnen, daß er mit dem Zeppelin aus Südamerika nach Friedrichshafen zurückgeflogen war und nach erfolgter standesamtlicher Trauung anderntags nach Pernambuco reiste, wo er damals Tierhäute für die Backnanger Lederindustrie einkaufte.

Ich hatte in diesen Tagen einen Einblick in die Backnanger Lederindustrie bekommen und war doch erst 30 Jahre alt und noch ein Anfänger bei Kaelble.

KDV 833 E/Z-300 für Elektroprenos in Zagreb.

Gegenbesuch der Freunde aus Jugoslawien.

Jugoslawien, oder das Geschäft in Zagreb

Mit sehr gemischten Gefühlen waren wir, d. h. Herr Schaubele, unser Planierraupen-Konstrukteur, und ich, in dieses Land gereist. Wir fuhren mit der Eisenbahn und mußten zunächst in München unsere Reise unterbrechen, denn das Visum konnten wir nur in München in unserer dortigen Niederlassung besorgen lassen. Die jungvermählte Frau Wallner hatte es besorgt, so war es spätabends, als wir beide den Orientexpress Richtung Süden bestiegen. Es war der 15. Dezember 1959, und das war auch der Geburtstag von Herrn Schaubele, dem ich im Zweibettabteil gratulieren konnte. Dann ging es über Salzburg – Bischofshofen – Spittal an der Drau und Klagenfurt zur jugoslawischen Grenze, die wir bei Jesenice überquerten.

Wir hatten Ljubljana bald hinter uns und fuhren entlang der Save Zagreb zu. Bereits zu Hause wurde uns ein internationales Hotel empfohlen, das wir mit einem Taxi rasch erreichen konnten. Dem Taxichauffeur haben wir bedeutet, daß wir nur kurz unser Gepäck im Hotel abladen wollten, und da er ausgezeichnet deutsch sprach, war auch anzunehmen, daß er uns verstanden hatte, aber wir waren enttäuscht, als wir kurz danach wieder auf die Straße traten und er verschwunden war, ohne sich bezahlen zu lassen. Wir hatten also den ersten Eindruck vom Balkan und mußten uns bemühen, ein weiteres Taxi zu erreichen, was sehr viel Zeit in Anspruch nahm.

Als wir dann erst am späten Nachmittag in das Büro unserer Vertretung kamen, wurden wir schon ernsthaft vermißt. Wir hatten eine schwierige Aufgabe zu verrichten, denn der Text unserer Angebote, einmal für eine Dreiachszugmaschine und dann für zwei Planierraupen, sollte noch ins Französische und ins Kroatische übersetzt werden. Eine Jugoslawin hatte mit unserer Mithilfe dies glänzend bewerkstelligt. Sie hatte sich noch der Aufgabe unterzogen, alle Texte in jeweils fünffacher Ausfertigung herzustellen.

Am andern Tag war dann die Verhandlung über die Geräte. Die Jugoslawen waren mit mehreren Personen erschienen. Im Nu hatte sich das Büro gefüllt. Es gab Kaufleute 1. und 2. Klasse und Ingenieure 1. und 2. Klasse. Wir waren der Meinung, daß wir uns in einem klassenlosen Land befinden, daher das Erstaunen über die Klassifizierung der Personen!

Es wurde viel geredet. Der erste Tag war ausgefüllt mit dem Gespräch über die Zugmaschine. Pausenlos! Die Mittagspause wurde durch stramme Haltung ersetzt.

Für den Abend hatten die Jugoslawen etwas Besonderes vor. Wir waren in ein Gartenkaffee eingeladen. Zuerst hatte der livrierte Ober eine riesige Platte in der Mitte des Tisches aufgebaut. Darauf lag, feingeschnitten, eine Menge Zwiebeln, und dazu gab es einen leichten Weißwein.

Daneben stand ein Korb mit Weißbrot, von dem man sich nach Belieben bedienen konnte. Dann kam ein scharfgewürztes Hammelfleisch mit einem scharfen Gemüse und zum Schluß wieder Zwiebeln, und das konnte man nur mit viel Wein hinunterspülen. In der nächsten Nacht war es von großem Vorteil, daß jeder von uns sein separates Zimmer hatte!

Der nächste Tag war mit Besprechungen über die beiden Planierraupen ausgefüllt, obwohl diese nur für ein Projekt, das erst in einigen Jahren akut wurde, bestimmt waren. Aber das Geld hierfür stand eben heute im Etat zur Verfügung. So sind dort die Sitten!

In den nächsten Monaten hatten wir in Backnang und Pfedelbach zahlreiche Besuche aus Jugoslawien, denn die Leute wollten eine breitangelegte Abnahme der Zugmaschinen unternehmen.

Das staatliche Unternehmen, das letztendlich als Besitzer der Zugmaschinen firmierte, hieß „Elektroprenos".

Vitkovizer Eisenwerke

Ich war einige Male dort. Die Werke stehen in Ostrava, das war früher Mährisch Ostrau, am Ausgang der Mährischen Pforte und der oberen Oder, es war die Hauptstadt des nordmährischen Gebietes der ehemaligen CSSR.

Das Stadtgebiet ist durch mehrere Fördertürme und Fabrikschlote gekennzeichnet, und die Straßen waren stets verdreckt durch den Kohlenstaub, der besonders bei Regenwetter einen unansehnlichen Eindruck hinterließ.

Dorthin verkauften wir einen Schlackentransporter, der uns im Anschluß daran mehrmals Kummer bereitete, und zwar nur deshalb, weil die Leute anfänglich mit einem solchen Gerät nicht umzugehen wußten. Unterstützung erfuhren wir von den angestellten Tschechen. Sie selbst hatten uns bei vielen Kontroversen „herausgehauen". Die Stahlwerksdirektoren mußten oftmals klein beigeben.

Noch lange blieben die fast endlosen Debatten in unliebsamer Erinnerung.

Istebne

Wir besuchten ein modernes Stahlwerk in der Slowakei. Gestern waren wir noch in Ostrava, dem früheren Mährisch Ostrau. Schon in Prag bei der Gesellschaft „Stroj Export" konnten wir in Erfahrung bringen, daß dieses Stahlwerk bereits vor einiger Zeit den Antrag gestellt hatte, ein neuzeitliches Transportfahrzeug kaufen zu können. Zu diesem Zweck hatte es die Mitteilung erhalten, daß dafür zwei Lieferanten infrage kommen würden, einer aus Deutschland und einer aus England. Also war der Name Kaelble schon bekannt.

Wir fuhren von Ostrava über die Grenzstadt zu Polen, Cesky Tesin, entlang der polnischen Grenze

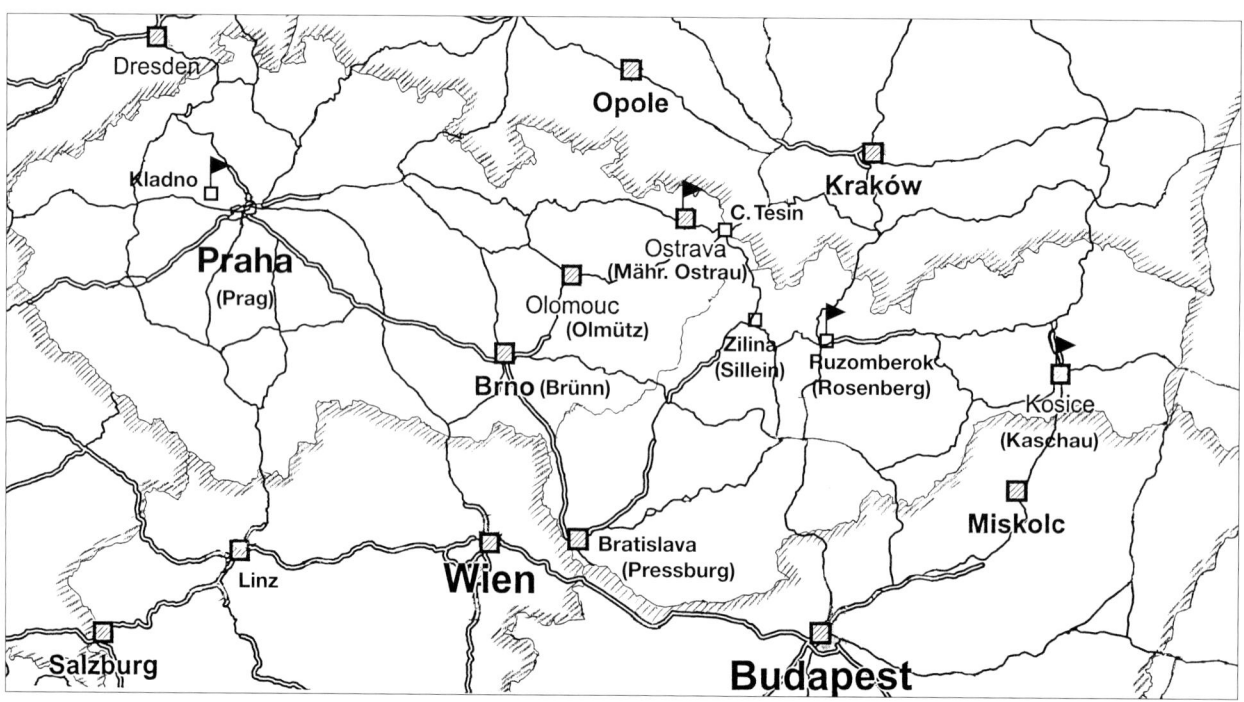

Reiseziele in der ehemaligen Tschechoslowakei.

Die Vitkovizer Eisenwerke prägen die mährische Industrielandschaft.

und über die Stadt Zilina, das frühere Sillein, und dem Fluß Waag entlang, wo wir nach einer interessanten und romantischen Fahrt in die Stadt Rosenberg, das heutige Ruzomberok, kamen. Von hier aus war es nicht mehr sehr weit, und wir beschlossen, uns hier ein Nachtquartier zu besorgen. Wir wußten schon von anderen Reisen durch die Tschechoslowakei, daß die ältere Generation noch deutsch verstand, und eingedenk dieser Tatsache fanden wir schnell ein altes Hotel, das zwar in seinen Einrichtungen nicht mehr den heutigen Anforderungen entsprach; aber „alte Soldaten" finden immer einen Weg!

Die Durchfahrt durch Rosenberg bzw. Ruzomberok hatte uns deshalb sehr beeindruckt, weil sich in dieser Stadt das Hauptquartier der russischen Armee befand und an tausend Stellen darauf hingewiesen war, was uns aber keineswegs hinderte, am Abend noch einen kleinen Spaziergang durch die altertümliche Stadt zu machen.

Am anderen Morgen fragten wir uns bis zur Geschäftsführung des Stahlwerkes durch und fanden dort einen überaus freundlichen Herrn vor, der seinen Sekretär zur anschließenden Besprechung hinzuzog. Es war sehr interessant, sich intensiv mit diesen Herren, die von Beruf ausgefuchste Techniker waren, zu

unterhalten. So ging der Vormittag sehr rasch zu Ende. Nach einem kurzen Mittagessen berichteten uns die Herren, daß schon unsere britische Konkurrenz hier gewesen sei, aber die technische Unterredung weit weniger ergiebig gewesen sei, weil die Engländer nur sehr wenig definitive Angaben für ihr Stahlwerk machen konnten. Also könnte uns ja niemand daran hindern, jetzt sofort einen schriftlichen Vorvertrag über einen solchen Schlackentransporter abzuschließen. Wegen des Geldes müßten wir allerdings noch in Prag verhandeln, aber ihr Einfluß wäre dort maßgeblich. Und so haben wir an diesem Nachmittag, nachdem wir das Stahlwerk noch eingehend besichtigt hatten, den inzwischen paraphierten Vertrag ausgiebig mit einer Flasche tiefroten Weines begossen.

Das etwas minderwertige Hotel mit seinen ebenso einfachen Einrichtungen haben wir frohgemut noch eine weitere Nacht in Kauf genommen.

Kladno

In meinem Lexikon steht: Kladno, Stadt im mittelböhmischen Gebiet, CSSR, 25 km von Prag, 59 000

Einwohner, Sitz einer Bezirksverwaltung, Zentrum eines kleineren Steinkohlereviers, Standort eines der größten Hütten- und Stahlwerke der CSSR. Steinkohlenabbau begann in den vierziger Jahren des 19. Jahrhunderts.

Die hier erwähnten Stahlwerke sind die von der Gattin eines Industriellen gegründeten Eisenwerke Leopoldine, genannt „Poldi-Eisenwerke".

In diese Eisenwerke wollten wir Eingang finden, und so unternahmen wir einige Besuche in diesem überaus großen Betrieb. Auch hier galt die Devise: Beharrlichkeit führt zum Ziel.

In einem besonderen Fall, der einige Schwierigkeiten in sich barg, gelang uns gegen schärfste Konkurrenz der Durchbruch. Wir konnten ein Schlackentransportfahrzeug bauen und liefern, das allen technischen Forderungen gerecht wurde.

Für uns war es eine Genugtuung, daß wir als einzige dem Forderungskatalog entsprachen, und zwar in allen Punkten.

Der Weg von Prag aus nach Kladno ging stets über den Ort Lidice. Am Straßenrand stand eine Gedenksäule. Sie sollte an die männliche Bevölkerung dieses Ortes erinnern, die als Vergeltung für das im Mai 1942 verübte Attentat an dem stellvertretenden Reichsprotektor Reinhard Heydrich umgebracht worden war. Herr Hofner, mit dem ich diese Straße öfters fuhr, hatte als Tscheche mich immer wieder auf diese Gedenksäule aufmerksam gemacht.

Ich wollte keine Stellungnahme zu den näheren Umständen der damaligen Ereignisse abgeben.

In einem erbitterten Krieg finden viele Rätsel keine Lösung. Schuld tragen viele.

Kosice

Wir kamen direkt aus Ungarn, wo wir gestern noch die alten, inzwischen verlassenen Schlösser der Donaumonarchie bewundern konnten. An der ungarisch-tschechoslowakischen Grenze bei Sena hatten wir einen langen Aufenthalt, denn die Grenzer wollten es mit unseren österreichischen und deutschen Pässen genau wissen. Es gab viele Rückfragen, bis wir endlich die Durchfahrt frei bekamen, und es war jetzt schon nach Mitternacht. In Kosice, dem früheren Kaschau, das nur noch 80 km von der russischen Grenze entfernt liegt, war noch das von uns avisierte Hotel geöffnet. Selbst ein Direktor, der von unserer Ankunft informiert war, hatte uns sehnsüchtig erwartet, denn wir hatten einige Geschenke dabei, die wir ihm sofort aushändigen wollten und auch sollten. Das verspätete Abendessen, das wir noch gemeinsam in der Lobby des Hotels einnehmen wollten, hatte er überraschenderweise abrupt abgelehnt, und so haben wir beide das uns angebotene Borscht allein gegessen.

Am anderen Morgen wollten wir uns bei dem erst vor einem Jahr erbauten Stahlwerk melden, zuerst aber uns bei unserem Bekannten von gestern abend sehen lassen. Doch da erwartete uns eine böse Überraschung. Wir wurden beide verhaftet und zur Untersuchung in ein separates Zimmer eingesperrt. Es folgten langwierige Verhöre. Erst langsam kamen wir hinter den Grund dieses Verfahrens. Unser Bekannter von gestern hatte in der vergangenen Nacht das supermoderne Stahlwerk, die Stadt Kaschau und das Land durch eine von ihm sicher schon lange vorbereitete Flucht verlassen.

Deshalb die überhastete Eile am letzten Abend und seine unsteten Blicke.

Man hatte uns in Verdacht, daß wir diese Landesflucht mit vorbereitet hätten.

Erst nachdem wir in ausführlichen Gesprächen unsere Ahnungslosigkeit unter Beweis stellen konnten, ließ man uns am Abend wieder frei, untersagte uns aber den Zutritt in das Stahlwerk.

Wir hatten für die kommende Nacht im Hotel ausgiebigen Gesprächsstoff und verließen, nachdem wir noch eine Gebirgsfahrt durch die Hohe Tatra unternommen hatten, das Land in Richtung Bratislava mit dem öfter gebrauchten Slogan: „Außer Spesen nichts gewesen" beziehungsweise dem in diesem Fall gültigen Vers: „Hauptsache wir leben und sind gesund!"

Rumänien

Wir flogen mit der Lufthansa nach Wien und von dort aus mit der AKA nach Bukarest. Auf dem dortigen neuen Flughafen mußten wir, d. h. mein Begleiter Herr Bürkle und ich, unsere Einreisepässe vorzeigen. Hinter dem Schalter saß ein älterer Herr, der die Papiere eingehend untersuchte, und der Zufall wollte es, daß Herrn Bürkle aus seiner Brieftasche zusammen mit dem Paß auch eine Fotografie seines Hochzeitsbildes herausfiel, direkt vor den Platz des Beamten. Das Fatale war, daß wir uns in einem kommunistischen Land befanden und das Bild einen deutschen Offizier aus dem Jahr 1944 mit seiner neu angetrauten Gattin zeigte.

Lächelnd gab der rumänische Beamte das Bild zurück mit der leisen Bemerkung: „Ich war auch einst als Offizier bei der rumänischen Armee vor Stalingrad dabei. Wir sind also verbündete Kriegskameraden!"

Wir wohnten in Bukarest im Hotel Athenai. Jeden Morgen überraschte uns der Ober mit einer besonderen Bitte. Er bat um ein „Bakschisch" und verstand darunter die Gabe von einer „Deutschen Mark". Dann bediente er uns besonders aufmerksam. Als uns die einzelnen Markstücke ausgingen, versuchten wir, uns mit einem Fünfmarkstück für die nächsten Tage freizukaufen; aber merkwürdigerweise bediente uns dann ein anderer Ober, der von unseren „Gaben" nichts verstand. Wir mußten in einer ausländischen Wechselstube die Schwierigkeit beheben.

Auch die Reinemachefrauen im Hotel zeigten ein einnehmendes Wesen. Jeden Morgen erwarteten sie ein „Bakschisch", und wenn wir es in Unkenntnis zu hoch angesetzt hatten, waren sie bereit, wenigstens einen Teil davon „abzuverdienen", was uns dann in Schwierigkeiten brachte, den gebotenen „Dienst" nicht annehmen zu können.

An drei weiteren Reisen nach Rumänien war Herr Simonis beteiligt. Er stammte aus diesem Land. Sein Vater war, wie er uns erzählte, ein hoher Bankbeamter und mußte nach der Revolution das Land verlassen, hatte aber immer noch Verbindung zum ehemaligen König Michael.

Da wir durch Mittelsmänner in Erfahrung gebracht hatten, daß in der Stadt Slatina ein gut funktionierendes Stahlwerk die Absicht hatte, ein Schlackentransportfahrzeug zu beschaffen, planten wir eine Reise dorthin.

Diese Fahrt durch das Land war abenteuerlich. Man sah eine Landschaft und Menschen, an denen wohl die letzten hundert Jahre vorbeigegangen sein mußten.

Weil Herr Simonis überall alte Bekannte treffen mußte, hatten wir ab und zu Aufenthalte, in deren Verlauf sich immer wieder interessante Begegnungen ergaben. Meist waren es Leute, die sich im Laufe der Jahre vom nationalen zum kommunistischen Menschen gewandelt hatten – und wieder zurück –, aber immer hatten sie Verlangen nach westeuropäischem Geld.

Mit Simonis hatten wir dann auch Gelegenheit, viele Interna in Bukarest zu sehen. Besonders blieb uns die sogenannte „Bierkirche" in Erinnerung. Das war ein kirchenähnliches Gebäude mit einer Kanzel, auf der normalerweise ein Pfarrer seine Predigt hält, hier aber ein besonderes Bier ausgeschenkt wurde. Nicht weit davon entfernt stand eine ehemalige Karawanserei, das ist eine Nachbildung eines russischen Gebetshauses mit einem Popen als Leiter der Anlage, der noch alte russische Lieder sang und Gebete sprach. Im Innern des nach östlichem Stil erstellten Hauses waren Hunderte von Kerzen angezündet, deren Schein einen gespenstischen Eindruck vermittelte.

Als wir dann zum Flughafen fuhren, vorbei am Regierungssitz des berühmt-berüchtigten Präsidenten Ceaucescu, hatten wir jedesmal den Eindruck, aus einer ganz anderen Welt zu kommen. Das russische Flugzeug der Linie „Tarom" vollendete dieses Gefühl.

Erst auf dem Flughafen in Wien konnten wir uns wieder nach westeuropäischem Empfinden orientieren. Der Okzident hatte uns wieder, dem Orient waren wir entronnen!

Finnland oder Suomi

Da wir schon einige Projekte in Finnland laufen hatten und eine Zusammenarbeit mit den finnischen Unternehmen Rauma-Repola und Lokomo angestrebt wurde, war eine Reise nach dort, das heißt nach Tampere, notwendig.

Hermann Ekert als Repräsentant unseres Unternehmens war mit Artur Weimann-Kaelble schon dort und hatte in Tampere und Helsinki grundsätzliche Unterredungen geführt. Nun hatte er die Meinung, daß man diese noch vertiefen müsse.

Weimann-Kaelble und ich flogen mit der skandinavischen SKF von Stuttgart über Hamburg und Helsinki direkt nach Tampere. Es war beängstigend, mit einer so großen Maschine auf dem relativ kleinen Flugplatz zu landen. Aber in Tampere wird man noch als willkommener Fluggast empfangen.

Vom Flugplatz aus wurden wir direkt in die Innenstadt in das Hotel Emaus gefahren.

Hier sollten wir uns zuerst etwas erholen, und uns wurde daher besonders die Sauna empfohlen. Eine echte finnische Sauna war für mich etwas Neues. Man sitzt da auf einem heißen Grill und schwitzt seine sämtlichen „Sünden" raus.

Am anderen Morgen wurden wir zeitig abgeholt. Mehrere Herren erwarteten uns schon. Es fanden ausführliche Gespräche über alle uns interessierenden Themen statt, und ich hatte die Genugtuung, daß alle Gespräche in deutscher Sprache vonstatten gingen.

Das Mittagessen verlief echt finnisch. Es gab Smörebröd und Bier. Der Nachmittag gestaltete sich weiterhin in freundlicher Atmosphäre, und für den Abend hatten uns die Geschäftsführer der Rauma-Repola in ein typisch finnisches Tanzlokal eingeladen, wo auch ehemalige „Lottis" anwesend waren. Zur Unterhaltung spielte eine Tanzkapelle, zumeist deutsche Schlager. Es war fast wie zu Hause.

Am späten Nachmittag des nächsten Tages startete unsere Maschine wieder zum Rückflug nach Deutschland, wobei uns der Flug bis Helsinki über die vielen Seen und Wälder ganz besonders beeindruckte, denn die Maschine flog sehr niedrig haarscharf über die Baumwipfel hinweg. Erst über der Ostsee gewann das vollbesetzte Flugzeug wieder an Höhe. Es war Nacht, als wir zur Zwischenlandung in Hamburg ansetzten.

Der Irak oder Mesopotamien
– an Euphrat und Tigris –

Bagdad liegt am Tigris

Es war tiefe Nacht, als die Boeing den Flughafen von Bagdad anflog. Wir hatten laut Flugplan mindestens sechs Stunden Verspätung. Ein Defekt am Kondensator hatte bereits in München vor dem Start die Verzögerung bewirkt, und der Zeitverlust wurde in Saloniki, wo eine Zwischenlandung vorgesehen war, noch erhöht. So wurde es langsam dunkel auf der Erde, als wir über die Ägäis flogen. Berge und tiefeingeschnittene Täler waren über dem Gebiet von Anatolien nur schemenhaft zu erahnen.

Zu Hause in Backnang hatte man mir erklärt, ich bräuchte mich um nichts zu kümmern, ich würde am Flughafen von Bagdad fristgemäß abgeholt, mein Hotelzimmer in Bagdad wäre von den dortigen Leuten bestellt und alles andere würde ich an Ort und Stelle erfahren.

Und jetzt, wenn ich aus dem Flugzeugfenster schaue, ist es Nacht, und ich sollte bereits ab siebzehn Uhr, also noch bei Tag, in Bagdad sein. Wenn überhaupt, warten meine Abholer am Flughafen bereits schon seit sieben Stunden – und ich sitze noch im Flugzeug!

Ich kann mir nicht vorstellen, daß die Leute so lange warten würden!!

Da ich keinen Weg und Steg, noch irgendein Hotel oder sonst eine Adresse in Bagdad kenne, denn ich bin zum ersten Mal hier, bleibt mir nur die Möglichkeit, mit dem nächsten Flugzeug am nächsten Morgen wieder zurückzufliegen. Außerdem kann ich kein Wort arabisch, kann mich also mit niemandem verständigen. Die letzte halbe Stunde habe ich im Geist meine spärlichen englischen und französischen Brocken geistig zusammengeholt, denn ich konnte ja nicht annehmen, daß „da unten" ausgerechnet einer deutsch oder gar schwäbisch sprechen würde.

In solche Gedankensprünge hinein sehe ich gerade im Flugzeug die Leuchtangabe:

„Fasten seat belts".

Also, jetzt kommt es darauf an, ob ich in Bagdad „heimisch" werde – oder mit dem nächsten Flieger wieder Richtung Heimat unterwegs bin! Als dann bald darauf das Flugzeug auf seine Halteposition hinrollt, habe ich durch das Fenster im schalen Licht des Flughafens Menschen gesehen, die auf Ankömmlinge warten – aber niemand dabei, der auf mich warten würde!

Die Zollabfertigung dauerte lange, wenigstens erschien es mir so. Dann waren wir draußen – im Warteraum. – Und, da war keiner! Es kamen zwar immer noch Leute an, die einen Gast abholen wollten, aber keiner fragte nach mir. Das Häuflein Menschen im Wartesaal wurde immer kleiner. Die Nacht wurde einsam.

Unser Flugzeug war das letzte, das in dieser düsteren Nacht noch landen konnte. Also war da keine Menschenseele, die sich um mich kümmerte. Niemand – gar niemand!

Jetzt habe ich die Gleichgültigkeit verdammt, die mich dazu gebracht hatte, keine genaue Adresse in Bagdad zu Hause zu erfragen oder sonst einen Hinweis zu bekommen, wo ich infolge einer großen Verspätung mich hätte hinwenden können.

Alles zu spät!

Ich stand da – wie bestellt und nicht abgeholt! – Und das in einer wildfremden Stadt – in einer anderen Welt. Ich schaute auf die Uhr. Es war zehn Minuten bis drei Uhr. In dem großen, kahlen Warteraum, in dem bereits nur noch ein paar Menschen standen, sah ich mich um. Wo könnte ich den Rest der Nacht verbringen? Es war keine Bank, kein Tisch, keine Stühle, nichts, gar nichts vorhanden, wo ich mein müdes Haupt hätte hinlegen können! Ich überlegte krampfhaft – da ging die Pendeltüre auf – und herein kam unser Monteur. Er sah mich sofort und sprach mich, mitten in Bagdad, auf echt schwäbisch an:

„Wia lang hend Sia denn braucht, bis Sia en Bagdad senn?"

Der Vorwurf hatte mir gerade noch gefehlt – aber ich war ja froh, endlich mal wieder heimatliche Töne zu hören. Es war inzwischen fast halb vier Uhr!

Das Taxi wartete schon draußen, und sein Fahrer tat ein Übriges. Er fuhr mit einer Geschwindigkeit, viel mehr als die Polizei erlaubt, über alle Kreuzungen, Straßen und Brücken, ließ alle Verkehrsampeln, die sowieso abgeschaltet waren, hinter sich.

Im Bagdad-Hotel weckten wir den Nachtportier, der mich verschlafen anstarrte, denn wer kommt zu nachtschlafender Zeit hier an?

Eines hatte wenigstens an diesem Tag, oder besser gesagt in dieser Nacht, funktioniert. Ein Zimmer im sechsten Stockwerk war für mich reserviert.

Es war schon nach vier Uhr, als ich mich endlich zur Ruhe legte. Aber diese Ruhe war eine Illusion!

Das Zimmer hatte einen kleinen Balkon, und in der Balkontüre war ein rundes Loch – und dieses Loch bot einer Ratte die Möglichkeit zum ungestörten Durchgang vom Zimmer zum Balkon und umgekehrt. Wenn ich dann wenigstens kurzzeitig eingeschlafen war, kam dieses Vieh auch bis an mein Bett heran. Ratten können ja menschenfreundliche Tiere sein!

So war diese Nacht noch angefüllt mit unliebsamer Unterhaltung.

Als die Sonne des Südens am andern Morgen am Himmel stand, wollte ich zuerst meine nächtliche Mit-

Blick auf den Tigris…

… und die Stadt Bagdad vom Hotelzimmer aus.

bewohnerin nach draußen befördern, aber sie war nirgendwo zu entdecken, weder im Zimmer noch auf dem Balkon. Ich lehnte mich weit über die Balkonbrüstung hinaus, um zu sehen, ob vielleicht in den darunterliegenden Balkonen etwas von ihr zu sehen wäre. Nein, nichts. Aber mir bot sich ein herrlicher Ausblick auf die nähere Umgebung. Direkt unter mir floß der Tigris, und dort wurde gebaut. Wunderbare Ufergestaltung, Seen und Brunnen – und herrliche Blumenrabatten, mit Blumen, die so farbig und leuchtend blühten. Es war eine Pracht, dieses Bild in sich aufzunehmen. Und dazwischen lag, direkt am Ufer, ein Pferdekadaver! Welcher Kontrast!

Und ich dachte an den Tigris aus dem Altertum. Was hatte dieser Strom und sein Pendant, der Euphrat, nicht schon alles gesehen und erlebt? Und was wird noch alles kommen? Was wird die Zukunft noch bringen?

Rosenkranz und Gebetskette

Wir saßen im Gilgamish-Hotel in Bagdad und warteten auf einen wichtigen Verhandlungspartner. Es war ein Minister, der zugesagt hatte, uns hier die Ehre seines Besuches zu geben.

Wir drei, das waren unser deutscher Arabienexperte, dazu der Chef unserer Middle-East-Company und ich als der Mann aus der Technik.

Der zu ebener Erde liegende Speiseraum des Hotels hatte drei große, bis zum Boden reichende Fenster, durch die wir das Treiben auf dem Gehweg und der Straße beobachten konnten. Wir wollten ja auch rechtzeitig unseren hohen Besuch erkennen.

Es war Nachmittag. Die Zeit der größten Hitze war schon vorüber.

Der Araberjunge, der draußen vor dem Fenster auf dem Gehweg seine Arbeitsstätte aufgebaut hatte, bestehend aus einem wackeligen Stuhl, einem wohl selbstgebastelten Fußschemel und einer Werkzeugkiste, war an diesem Nachmittag gut beschäftigt. Er putzte, auf den Knien kauernd, die Schuhe der arabischen vornehmen Gesellschaft, die dort vorbeiging. Nicht weit von ihm und unserem Hotel befand sich ein Ministerium, nicht dasjenige, aus dem wir unseren Besucher erwarteten, aber eines, das sehr häufig von Geschäftsleuten aufgesucht werden mußte.

So hatte unser arabischer Shoeshine-Boy nicht über Mangel an Arbeit zu klagen.

Wenn er mal eine kurze Pause hatte, schaute er zu uns durchs Fenster herein und grüßte uns mit jovialen Gesten.

Wir hatten unsere Freude an ihm, denn er war ein aufgewecktes Bürschlein, kaum zwölf Jahre alt. So schätzten wir ihn jedenfalls. Er selbst wußte sein genaues Geburtsdatum nicht.

Wenn draußen nichts los war, kam er herein, bot uns seinen erstklassigen Schuhputz an, kniete sofort nieder und begann ohne Umschweife und ohne unseren Auftrag erst abzuwarten, unsere Schuhe bei vorgehaltenen Füßen mitten im Hotelrestaurant zu reinigen. Meist ließen wir ihn gewähren.

Wenn wir ihn dann fragten, warum er denn den ganzen Tag, außer während der Mittagshitze, Schu-

he putzen würde und ob er eigentlich nicht zur Schule gehen müßte, gab er immer nur eine Antwort:
„I make money!"

Und in der Tat, seine Gebühren, die er mit freundlicher Miene kassierte, waren nicht gerade gering.

Dabei war es eigentlich belanglos, ob man die Schuhe reinigen ließ oder nicht. Fünf Minuten später sahen sie aus wie vordem. Der Gehweg, auf dem der Shoeshine-Boy saß, war mit dickem Sandstaub belegt, und direkt neben seiner Arbeitsstelle war ein großes, breites Loch, das vermutlich von einer Baustelle herrührte, das man aber nicht wieder zugeschüttet hatte. Ein Hinweisschild oder gar eine Abschrankung war nicht vorhanden. Die Leute, die sich wohl alle auskannten, gingen drum herum, und die einmal hineingefallen waren, merkten sich dann die Stelle auch. Zudem waren auf den Bagdader Hauptstraßen viele solche oder ähnliche „Fallen", was den unbedarften Ausländer veranlassen mußte, seine Augen auf den Gehweg zu richten.

Vergleiche mit den gutgepflegten Gehsteigen der europäischen Heimat waren nicht angebracht.

Ich habe mich immer gewundert, wie die schwarzgekleideten, verschleierten Frauen zurechtkommen, ohne zu straucheln. Der schmale Sehschlitz gewährt doch wohl kaum die nötige Übersicht über die Ungenauigkeit der Wege. Mit ihren bis zum Boden reichenden schwarzen Kleidern vollbrachten sie aber etwas Nützliches, sie planierten den aufgeworfenen Sand immer wieder aufs neue.

In diese Beobachtungen und Gedanken hinein ging plötzlich die Tür auf, und herein trat unser Minister. Er hatte ein sehr gepflegtes Aussehen, war europäisch gekleidet und trug ein Diplomatenköfferchen bei sich, das wohl noch an seinen früheren diplomatischen Dienst als Botschafter des Libanon, akkreditiert in Wien, erinnern sollte. Offenbar hatte der Wiener Charme einige Spuren bei ihm hinterlassen, denn er ging mit leicht beschwingten Schritten auf uns zu.

Diese heutige Konferenz verdanken wir einer Referenz seiner früheren Sekretärin in der libanesischen Botschaft in Wien. Dieses schöne Wiener Kind hatte ein paar Jahre dort gearbeitet und aufgrund ihrer Sprachbegabung arabisch gelernt – genauer gesagt den libanesischen Akzent dieser Sprache.

In der Botschaft lernte sie einen Araber kennen, der eine leitende Stelle innehatte und den sie dann auch, nachdem er Christ geworden war, heiratete.

In Wien sind ihnen zwei Kinder geboren, aber schon drei Jahre später wurde er nach Beirut zurückbeordert. Dort suchte sich die Frau eine Stellung, in der sie ihre Sprachkenntnisse in Englisch, Französisch, Arabisch und in ihrer Muttersprache anwenden konnte. Da hatten wir sie kennengelernt. Sie wurde die Hauptstütze unserer Beiruter Middle-East-Company.

Bald aber setzten in Beirut die politischen und militärischen Wirren ein.

Als Erika und ihr Mann eines Nachmittags durch eine der belebten Straßen Beiruts gingen, er fünf Schritte vor ihr, geriet er in ein plötzlich aufkommendes Maschinengewehrfeuer. Er war sofort tot. Sie blieb zuerst entsetzt stehen und lief dann, vor Furcht zitternd, zurück zu ihren beiden Kindern. Als wir sie einige Wochen später trafen, stand sie noch ganz unter dem Eindruck des Geschehenen, doch gab sie uns auf unser Bitten hin gerne einen Referenzbrief an den jetzigen Landwirtschaftsminister des irakischen Staates, ihren früheren Chef in der Botschaft, mit, von dem sie wußte, daß er große Stücke auf sie gehalten hatte. So hatten wir also einen „Aufhänger" für unsere heutige Begegnung.

Über unseren Agenten in Bagdad hatten wir erfahren, daß er, der Landwirtschaftsminister, große Pläne habe, aus dem heutigen Wüstenland ein Agrarland zu machen. Dazu benötige er eine große Anzahl von Maschinen. Wir hatten zwar in unserem Lieferprogramm keine derartigen Geräte anzubieten, doch hätten wir aus vorhandenen Grundtypen etwas für diesen speziellen Anwendungsfall entwickeln und herstellen können. Für solche Vorhaben fühlten wir uns geradezu prädestiniert.

Um eine möglichst optimale technische Lösung zu ermitteln, war meine Teilnahme an diesem Gespräch notwendig. So hatte man mir das wenigstens in Backnang erklärt.

Zunächst nahm aber unsere Unterredung einen anderen Verlauf. Wir hatten uns nach einer kurzen Begrüßung gesetzt, wobei ich beobachten konnte, daß der Minister darauf bedacht war, so zu sitzen, daß er in eine bestimmte Richtung blicken konnte. Er war ein guter Moslem, sein Angesicht sollte gen Mekka gerichtet sein. Aus seiner Jackentasche zog er eine in sich geschlossene Perlenkette hervor, deren Schnur und ein Knoten, der zwischen den Perlen lag, vergoldet waren. Die Anzahl der Perlen konnte ich nicht feststellen, doch mußten es wenigstens fünfzig gewesen sein. Später habe ich erfahren, daß es wohl 57 sein mußten, nämlich die Hälfte der im Heiligen Buch des Islam, dem Koran, verzeichneten Suren.

Alle 114 Suren, außer der neunten, beginnen gleichermaßen mit der Einleitungsformel: Im Namen Allahs, des Allbarmherzigen.

Dem Minister gegenüber hatte unser Chef der Middle-East-Company Platz genommen, ebenfalls Araber. Er war eher salopp europäisch gekleidet und hatte einen dazu passenden Haarschnitt. Auch er griff in seine Jackentasche und holte eine fast gleichaussehende Perlenkette hervor. Da er aber, wie ich wußte, Katholik war, mußte ich annehmen, daß es sich in seinem Fall um den Rosenkranz handelte. Dieser hat jedoch 59 Perlen, 6 größere für das „Vaterunser" und 53 kleinere für das „Ave Maria". Doch suchte ich vergeblich das anstelle des Knotens erforderliche Kreuz. Es sah so aus, als hätten beide Araber, Christ und Moslem, ihre Ketten im gleichen Geschäft erstanden. Von meinem „Freund" hatte ich den Eindruck, da ich ihn schon fast drei Jahre kannte, daß er den christlichen Glauben weniger um des Glaubens willen angenommen hatte, als vielmehr um der Annehmlichkeiten willen. Es war ihm ja darin erlaubt, einen guten Schweinebraten zu genießen, Alkohol zu trinken und den Fastenmonat Ramadan gütigst zu übersehen. Den „Nachteil" des Christen, nur an eine Frau gebunden zu sein, legte er auf seine Weise aus. So puritanisch streng konnte man ja als christlicher Araber auch nicht sein!

Nun, die Unterredung lief in diesem Sinn. Teils arabisch, teils englisch, teils deutsch. Ali konnte sehr gut deutsch, denn er war in einer deutschen katholischen Missionsschule aufgewachsen, und auch der Minister hatte ein paar Brocken Wiener-Deutsch mitgebracht.

Man sprach über alles, über Politik, über den Traum der Araber vom Großarabischen Reich, über Israel, über Europa und Amerika – nur nicht über das Problem, wozu wir hergekommen waren. Und währenddessen schoben die beiden Araber ihre Perlen ständig weiter. Sie hatten die Kette in der linken Hand zwischen Zeige- und Mittelfinger und bewegten die Steine auf der Kette mit dem Daumen.

Geduldig schauten wir anderen den beiden zu.

Ein dunkelhäutiger Ober brachte uns etwas zu trinken. Der Moslem trank Milch, der arabische Christ bestellte sich einen Capuccino, und wir beiden Deutschen zogen Whisky vor.

So vergingen fast zwei Stunden. Draußen war es inzwischen Nacht geworden. Der Shoeshine-Boy hatte längst sein Arbeitsgerät eingepackt und sein Betätigungsfeld verlassen.

Der Herr Minister wollte gehen.

Plötzlich zeigte er Eile.

Nun war es höchste Zeit für mich, auf den Grund unseres Treffens hinzuweisen.

„Yes, I see",

sagte der Herr Minister und begann in sehr allgemeinen Worten seine Probleme zu erklären.

Dieses Land war einst, vor einigen Jahrtausenden, sehr fruchtbar. Und das sollte es wieder werden. So einfach sah er das.

Ich erinnerte mich daran, daß ich in der Schule im Fach „Biblische Geschichte" einiges über das Zweistromland Mesopotamien gelernt hatte und auch daran, daß die beiden Flüsse Euphrat und Tigris zur

Die Goldene Moschee von Bagdad.

Fruchtbarkeit viel beigetragen hatten. Heute fließen beide Ströme zwar immer noch durchs Land, aber oft kilometerweit durch Sand. Nur ein schmaler Streifen von manchmal nur ein paar Metern Breite auf beiden Seiten der Flüsse zeigt eine spärliche Vegetation. Lediglich vom Zusammenfluß der beiden Ströme und dem anschließenden Delta, dem Shatt el Arab, bis zum Arabischen Golf – niemand darf sich erlauben, in Anwesenheit von Arabern vom Persischen Golf zu reden – ist die Vegetation üppiger. Dieses Gebiet gehörte in der Antike zu Babylonien, während das andere, heute noch fruchtbare Gebiet, im Vorland der kurdischen Berge gelegen, sich einst zum antiken Assyrien zählte.

Mehr als drei Viertel des Landes sind von einer Sandwüste bedeckt.

Der Minister hatte, unter Assistenz unseres Libanesen, mir die Notwendigkeit klarzumachen versucht, den unfruchtbaren Sand abzutragen und eine Humusschicht aufzubringen. Das sollte, um es in größerem Stil durchführen zu können, mit überdimensional großen Maschinen geschehen. Dort müßte man dann Getreide anpflanzen und in großen Mühlen das Getreide zu Mehl mahlen. Auch dafür brauchte man Maschinen.

Ich kam mir vor, wie es wohl vor über hundert Jahren Max Eyth ergangen sein mußte, als er seinen Dampfpflug in Ägypten einzuführen versuchte.

Die Probleme der Erde sind scheinbar immer noch dieselben geblieben – nur die Lösungen mußten moderner sein.

Vielleicht!

Meine beiden arabischen Gesprächspartner hatten keine Ahnung von solchen dazu notwendigen Maschinen und dem Ausmaß der Kosten. Sie nannten „approximately" eine gewaltige Summe für das Gesamtprojekt. Sie nannten viele Milliarden Dinar, die ich noch zu bezweifeln wagte.

Dann kam aber, sehr bescheiden angefügt, der Clou der Sache: Diese Maschinen und Geräte sollten im eigenen Land hergestellt werden. Wir in Deutschland sollten nur Pate dazu stehen. Man stellte sich vor, daß unter Mitwirkung und Einarbeitung von irakischen Ingenieuren – die es bis jetzt noch gar nicht gab – die Maschinen in unserem Konstruktionsbüro in Backnang entwickelt werden sollten und parallel dazu am Ufer des Tigris eine großangelegte Maschinenfabrik gebaut und eingerichtet werden sollte, wobei, wie man mehrfach betonte, den landesüblichen Bedürfnissen, also der Einrichtung eines Gebetsraumes mit Gebetsteppich, unbedingt Rechnung zu tragen wäre.

Dazu wurde noch erwähnt, daß man daran denke, die nächstjährige Ernte bereits aus diesem neuerschlossenen, fruchtbaren Land einzufahren!

Hier ergriff mich der sarkastische Gedanke, doch zu fragen, ob ich bei der Terminstellung die viereinhalb Stunden Flugreise nach Hause hinzuzählen oder abziehen müsse. Ich tat es wohlweislich nicht. Zynismus ertragen die Araber nicht!

Damit war der Herr Minister mit seinen Ausführungen am Ende.

Ich weiß nun nicht, wieviele Perlen beide Araber während dieser Zeit hin und her bewegt hatten, wieviele „Vaterunser", wieviele „Ave Maria" und wieviele „Suren" des Koran „durchgeschoben" wurden. Ich empfand diese Sache eigentlich als Blasphemie.

Der Abschied war kurz. Die beiden Araber taten dies landesüblich. Umarmung mit Andeutung je eines Wangenkusses links und rechts. Wir Deutschen durch einen kräftigen Händedruck und knapper Verbeugung,

„Shugran" (danke)

sagten wir noch, und dann ließen uns die Araber allein.

Lange unterhielten wir beiden Deutschen uns noch über dieses wohlgemeinte, aber im Grunde genommen undurchführbare Projekt. Bestenfalls wären Teillösungen realisierbar. Das aber wußten wir, daß damit nicht zu kommen wäre. Die Araber wollen stets die ganze Technik, die modernste, die größte, von allem das Beste.

So hatten wir beide einen Gesprächsstoff bis in die Nacht hinein, als wir schon in unserem arabisch eingerichteten Schlafgemach lagen und über uns an der Zimmerdecke der überdimensional große Ventilatorflügel horizontal über unseren Köpfen unaufhörlich rotierte, um uns etwas Luft zuzufächeln. Und da kam ich wieder auf den Boden der Wirklichkeit zurück. Ich

untersuchte die Achse, die Lager und die Befestigung des schweren Flügels, ob sie noch standhielten, denn ich wollte mir nicht vorstellen, wie wir beide aussehen, wenn der Flügel uns, wenn wir schliefen, ins Gesicht fallen würde.

Ich war sehr dafür, ihn in dieser Nacht abzuschalten.

Vorsichtshalber!

So gering war jetzt mein Vertrauen in die Technik.

Nun, auch die andere Seite fand ihre Lösung. Der Staat Irak und der Minister hatten andere Probleme vorgesetzt bekommen, die sie beschäftigten und das unsrige nach und nach verdrängten.

Der Sand blieb wo er war. Euphrat und Tigris fließen weiterhin durch dasselbe Land.

Außer ein paar Skizzen, die ich und ein Mitarbeiter zu Hause anfertigten, ist nichts übrig geblieben.

Inshallah!

Die Bauchtänzerin

Samir Khoury hatte für den Abend eine besondere Attraktion vorgesehen, behandelte aber die Sache sehr geheimnisvoll. Als einzige weibliche Gäste sollten seine attraktive Frau und seine nicht minder attraktive Sekretärin daran teilnehmen.

Wir hatten im Büro noch einige Punkte zu besprechen, von denen ich den Eindruck hatte, daß Samir sie sehr in die Länge zog. Es war schon fast 23 Uhr, als wir uns endlich auf den Weg machten. Wir fuhren quer durch die Stadt Bagdad und verplemperten mindestens eine Stunde, wo wir sonst nur die Hälfte benötigten. Mir wurde die Sache erst klar, als wir in der Innenstadt in einer Seitenstraße vor einem äußerlich pompösen Haus anhielten.

Mit gravitätischen Handbewegungen lud uns Samir ein, in ein vornehmes Lokal einzutreten. Es war bis jetzt nur dünn besetzt, hatte aber bereits eine Atmosphäre, die allerhand Erwartungen offenließ.

Samir hatte einen Tisch bestellt, so konnten wir allesamt beieinander Platz nehmen. Der große Raum war nur spärlich beleuchtet. Die Bedienung, ein livrierter arabischer Ober, fragte nach unserem Begehr. Einer wollte Whisky, aber alle anderen wünschten rumänischen Wein, der auf der Weinkarte angepriesen war. Ich hatte bis dahin noch nie solchen Wein getrunken, also schloß ich mich diesem Wunsche an. Es gab nur ganze Literflaschen. Nach dem ersten Versuch war ich überrascht, der Wein hatte eine besondere Note. Seine Farbe war tiefrot, um nicht zu sagen schwarz, und sah samtig aus.

Khoury machte uns darauf aufmerksam, daß es ein gefährlicher Wein sei. Während des Trinkens spüre man nichts davon, wenn man aber hernach ins Freie käme, stelle sich sofort seine bedrückende Wirkung ein. Man fühle sich total beduselt.

Der Ober brachte automatisch dazu drei große Tabletts, auf denen die obligatorischen Nüsse lagen. Bis dahin waren wir mit uns selbst beschäftigt. In der Mitte der Taverne war eine kreisrunde Tanzfläche. Etwa zwanzig Minuten nach Mitternacht wurde der gesamte Raum, in dem inzwischen die meisten Tische besetzt waren, noch tiefer abgedunkelt, und vier Scheinwerfer konzentrierten sich auf die Tanzfläche. Fast gleichzeitig trat eine „arabische Schönheit" auf, und eine Musikgruppe intonierte eine arabische, gediegene Musik. Die Tänzerin, die entsprechend gekleidet war, warf ihren Schleier ab und auf ihren Brüsten, dem Nabel und noch tiefer sah man vier silbrige Sterne. Sie zelebrierte einen Bauchtanz, der uns alle mitriß. Noch nie hatte ich vorher einen Bauchtanz gesehen. Dieser hier war mit letzter Vollendung dargeboten. Kein Glied am fast nackten und gebräunten Körper der Frau war ohne geschmeidige Bewegung, dabei so dargestellt, als wäre alles ein leichtes, müheloses Verrenken des Körpers. Im ganzen Raum war eine atemlose Stille eingetreten. Man hörte nur die gedämpfte Musik und hatte unwillkürlich den Eindruck, daß die Musik und der Körper und alle Gliedmaßen ineinander überfließen. Unwillkürlich hatte ich mir vorgestellt, wie sich die tiefverschleierten Frauen und Mädchen sonst tagsüber auf der Straße oder im öffentlichen Leben zeigen. Welcher Unterschied, welch sonderbare Welt.

Als die Musik den ersten Teil ihrer Darbietung beendet hatte, trat die Tänzerin auf die Seite und schaute gedankenverloren vor sich hin. Derweilen intonierte die Kapelle ein Intermezzo, das von gediegenen Tönen in ein wildes, aufreizendes Musikstück überging. Das war dann auch das Zeichen für den Neuauftritt der Bauchtänzerin. Was sie jetzt darzubieten hatte, war ein Furioso von Tanz und Musik.

Besonders wir zwei Deutschen waren fasziniert von einer solchen Darstellung. Wir vergaßen das Whisky- und Weintrinken. Die Zeit verlief wie im Flug. Als wir auf die Uhr sahen, war es schon lange nach zwei Uhr. Die Bauchtänzerin mußte infolge der andauernden Beifallsbekundungen noch mehrere Zugaben einlegen.

Endlich, es war schon fast drei Uhr, mahnte Khoury zum Aufbruch. Der „schwarze Wein" und die Darbietungen hatten uns in eine solche Stimmung versetzt, daß wir sowieso nicht einschlafen konnten.

Einmal Bagdad – Basra und zurück

Schuckart, unser Arabienexperte, und ich waren zur Company im Zentrum von Bagdad bestellt. Wir machten uns, gemäß Vereinbarung, rechtzeitig auf den Weg. Als wir aber zur vorgegebenen Zeit im Bürogebäude eintrafen, fanden wir noch keinen unserer Verhandlungspartner vor.

Ein bärtiger, großgewachsener Iraki führte uns zunächst in einen Raum im fünften Stock des hohen Gebäudes. Wir waren fast atemlos, als wir oben ankamen, denn der Fahrstuhl war an diesem Tag außer Betrieb, doch wurden wir wenigstens dadurch etwas entschädigt, daß wir beim Aufsteigen im Treppenhaus stellenweise an die Innenwand gemalte Bilder sehen konnten, die verschiedene Motive aus dem Märchen „Tausend und eine Nacht" darstellten.

Oben angekommen, erwartete uns schon der Teeboy mit einem Tablett, auf dem mehrere gefüllte Teegläser standen. Also tranken wir den heißen Tee und rangen nach Luft, denn wir verbrannten uns Lippen, Zunge und Rachen.

In solchen dickwandigen Gläschen war zwar nie viel Tee drin, aber er war unendlich stark, mit unendlich viel Zucker und unendlich heiß.

Ich bewunderte stets die Araber, wenn sie den Tee so trinken konnten, ohne bemerkbare Beschwerden zu haben. Tee zu trinken ist aber Pflicht, nicht nur Vergnügen. Man trank ihn immer, bei jeder Besprechung, aus jedem Anlaß, davor, dazwischen, danach, eigentlich immer. Man mußte mithalten. Ablehnen war unmöglich. Es schien mir, als hätte ich mit der Zeit einen ausgebrannten Rachen und eine wunde Zunge. Ich wurde sarkastisch und begann dazu zu lächeln.

Ich hatte einmal erlebt, daß mein arabisches Gegenüber den Teeboy zusammenstauchte, weil der Tee, den er brachte, nicht mehr ganz heiß war. Er war lauwarm. Ich aber dankte ihm aus tiefstem Herzen und genoß ihn zum ersten und wohl auch zum einzigsten Mal. Nun heute, da noch kein Gesprächspartner anwesend war, konnte ich den Tee beruhigt stehen lassen, bis er etwas an Temperatur verloren hatte. Mein Freund Schuckart tat es ebenso.

Bald wurden wir in einen Raum beordert, in dem der Technische Direktor des Staatsunternehmens residierte. Wie man sehen konnte, war das Gebäude in diesem Stock noch nicht ganz fertig, denn selbst in dem Raum des Chefs lagen neben dem Schreibtisch noch drei Säcke Gips übereinander, wobei der unterste einen langen Riß hatte, aus dem der Inhalt herausgequollen war. Von den vier Wänden war nur eine mit Putz versehen, die anderen warteten darauf, verschönert zu werden. Die Türfüllung war bis jetzt nur angelehnt, dementsprechend fehlte die Türe gänzlich. Sie befand sich im Gang, an die Wand gelehnt.

Mitten im Raum stand ein graugrüner, blechener Schreibtisch, an dem der „Chief" saß.

Direkt hinter uns trat der Teeboy ein und servierte uns abermals Tee, sehr heißen.

Die Begrüßung war sehr freundlich. Der „Chief" sprach zu meiner Überraschung deutsch. Er hatte in Leoben in der Steiermark auf der dortigen Bergakademie und in München studiert. Das Oktoberfest war ihm noch in bester Erinnerung geblieben.

So hatten wir zur Einleitung guten Gesprächsstoff. Erst langsam kamen wir auf den Grund unserer Visite. Zunächst hatten wir einige persönliche Dinge zu klären, die unseren aus Backnang stammenden und hier schon einige Zeit tätigen Monteur betrafen. Inzwischen hatten wir nochmals Tee getrunken, und ich war mir sicher, daß ich in der folgenden Nacht nicht zu schlafen brauchte, ich spürte bereits jetzt schon die Wirkung des starken Tees.

Nun, es blieb ohnehin nicht viel Zeit zum Schlafen übrig, der Abend sollte noch lange dauern, und am frühen Morgen, so hatte uns der „Chief" eröffnet, sollten wir beide, Schuckart und ich, mit einer irakischen Maschine nach Basra fliegen. Er gab uns die Flugkarten, nicht ohne ausdrücklich darauf hinzuweisen, daß die Karten von der „state organization" bezahlt seien, wofür wir ein herzliches „Shugran" sagten. Er gab uns noch bekannt, daß er einen Fahrer bereits beauftragt habe, uns morgen früh mit dem Auto zum inländischen Flughafen zu bringen. Über unsere Mission in der Region Basra konnte oder wollte er uns nicht viel sagen. Es war deshalb veranlaßt, daß wir, dort angekommen, abgeholt und an die kuwaitische Grenze gebracht würden. Alles weitere würden wir dort sehen.

Noch ein Gläschen Tee – und draußen waren wir.

Beide erwarteten wir den Morgen mit Ungeduld. Der Tee hielt uns wach.

Endlich kam unser Chauffeur. Er hatte die Zeit bis zum Abflug recht kurz bemessen. Wir fuhren im schnellen Tempo quer durch die noch schlafende Stadt, über die Tigrisbrücke, durch ein Palmenwäldchen, vorbei an einem endlos erscheinenden Militärlager und der einstmaligen, vorläufigen Endstation der früher mit deutscher Hilfe gebauten Bagdadbahn.

Schließlich erreichten wir den Inlandflughafen. Wir hatten natürlich keine Ahnung, wie der Abflug hier vonstatten gehen sollte. Wir sahen nur einige Baracken stehen, die größte davon war wohl die Abfertigungshalle, denn hinter ihr erstreckte sich der Flugplatz. Dort standen einige Flugzeuge. Beim Anblick dieser „Apparate" war uns nicht mehr ganz wohl zumute. Es waren betagte „Veteranen" und Typen, die wir nicht mehr einzuordnen wußten.

„Das kann ja heiter werden", meinte Schuckart und strich sich, gleich mir, mit dem Finger zwischen Hemdkragen und Hals entlang.

„Aber nun müssen wir erst mal sehen, wo wir hier einchecken können."

Also marschierten wir auf die große Baracke zu. Der Eingang befand sich an ihrer Stirnseite. Nirgends konnten wir eine Aufschrift erkennen. Kein Hinweis. Auch wußten wir nicht, ob noch mehr Flugzeuge an diesem Morgen dort starten. Keine Abflugtafel. Nichts. Gar nichts.

Als wir den Raum betraten, warf es uns fast wieder zurück.

Drinnen standen, eng beieinander, viele Araber in ihrer malerischen Kleidung und Kopfbedeckung. Bodenlange weiße – oder ehemals weiße – Fräcke und das kunstvoll um den Kopf geschlungene Tuch, mit schwarzen Kordeln zusammengerafft. Die Düfte des Orients wehten uns entgegen und nahmen uns fast den Atem.

Wir suchten einen Abfertigungsschalter und zwängten uns durch die rauchende und gestikulierende Menge und hatten Mühe, daß wir beieinander bleiben konnten. Wir vermochten nichts zu sehen, denn die Leute waren alle größer als wir. Vor Augen hatten wir nur Brust oder Rücken.

Endlich fanden wir die Andeutung eines Schalters. Dahinter saß ein Mann. Dem zeigten wir unsere Flugkarten und unser Gepäck. Er wollte nichts von alledem sehen, und auf unsere Anfrage in Englisch gab er nur durch Kopfschütteln zu verstehen, daß er keine Antwort wisse.

Dann wurden wir von der Menge weitergeschoben bis in die Mitte des Saals. Es waren nur Männer hier, und es waren, außer uns beiden, ausschließlich Araber.

Inzwischen war eine Weile vergangen. Nach unseren Uhren wäre die planmäßige Abflugzeit schon fast eine halbe Stunde vorüber. Gemeinsam hatten wir abgeschätzt, wieviele Personen wohl in der Barackenstube anwesend sein mußten und kamen zum Ergebnis, daß in keinem der auf dem Rollfeld stehenden „Vögel" soviel Platz sein konnte, daß alle einen Sitzplatz haben würden. Also kombinierten wir: Entweder fliegt noch ein zweites oder fliegen gar noch weitere Flugzeuge zur selben Zeit in andere Richtungen, und wir müßten höllisch aufpassen, daß wir nicht in Mossul oder in Babylon landeten, oder aber ein viel größerer „Apparat" war noch im Anflug, was uns die lange Wartezeit zu beweisen schien.

In unsere Überlegungen hinein kam ein Aufruf über einen Lautspecher. Zunächst waren wir erstaunt, daß es so etwas hier überhaupt gab. Wir hörten nur arabisch und verstanden kein Wort. Alle wälzten sich dem Ausgang zu und wir unweigerlich mitten drin.

Draußen waren inzwischen drei ältere Busse vorgefahren, in die wir allesamt sehr unliebsam verfrachtet wurden. Sie waren dicht besetzt, und selbst in den Gängen standen die Leute eingekeilt nebeneinander.

„Jetzt geht's zum Rollfeld", dachten wir, aber die Busse fuhren zum Tor hinaus und weiter auf sandigen Wegen um Bagdad herum.

„Nanu", meinte Schuckart, „die werden uns doch nicht per Bus nach Basra transportieren wollen!" Seine sarkastische Bemerkung wurde noch drastisch unterstrichen, als wir in einer scharfen Kurve auf den neben uns sitzenden Araber geworfen wurden.

„Das wäre wohl die unbequemste und sicher auch die zeitraubendste Art, denn es sind doch sicher mehrere hundert Kilometer", war meine Antwort.

Endstation der Fahrt war das Rollfeld des internationalen Flughafens von Bagdad.

Dort wurden wir ohne Umschweife in eine Boeing 737 der Iraki-Airline verfrachtet, die dann bis auf den letzten Platz besetzt war. Das Bedienungspersonal bestand aus einer einzigen Stewardess in hellbraunem Kostüm, die an die Passagiere saure Bonbons verteilte.

Lange mußten wir warten, bis endlich der Start freigegeben wurde. Bis jetzt hatten wir noch nicht feststellen können, ob wir uns in der richtigen Maschine befanden oder nicht.

Unsere Zuversicht war auf den Nullpunkt gesunken. Nur ein Umstand gab uns eine gewisse Sicherheit. Beim Einstieg in das Flugzeug hatte mir ein Araber meinen Filmapparat, den ich umgehängt hatte, abgenommen. Auf meinen lauthals vorgebrachten Protest hatte er mir in Englisch versichert, daß ich den Apparat am Ende des Flugs in Basra wieder erhalten würde. Dafür verlangte ich von ihm eine schriftliche Bescheinigung. Ich merkte daran, daß dieses Verlangen nicht üblich war, denn er riß aus einer arabischen Zeitung eine Ecke ab, kritzelte ein paar für mich unverständliche Worte darauf und übergab mir mit Gönnermiene das „Dokument". Freudig konnte ich nun meinem Mitreisenden bestätigen, daß wir nach Basra fliegen, denn nun hatte ich es „schwarz auf weiß".

Das war eine Beruhigung.

Endlich konnte der Start beginnen. Das lief zwar programmgemäß ab, aber schon in einer Höhe von etwa dreitausend Metern durchstießen wir eine Wolkendecke, die uns die ganze Strecke nicht mehr verließ. Dabei war ich besonders gespannt auf die Stadt Babylon, das alte biblische Babel, wie es heute noch auf hebräisch heißt.

Wir aber flogen weiter, immer direkt über dem Euphrat, der sich heute, viele tausend Jahre nachdem die „Menschenkinder" den „Turmbau" abbrechen mußten, durch eine Sandwüste seinen Weg bahnen

muß – bis die „Boeing" über den uralten Ort „Ur" in Chaldäa flog.

Es berührte mich sehr merkwürdig, daß wir genau in diesem Augenblick, als wir über Ur flogen und der irakische Flugkapitän schon den Anflug auf den Flughafen von Basra anpeilte, durch die Wolkendecke stießen. So konnte ich nur noch einen kurzen Blick auf diese einstmalige altorientalische Stadt im Land der Sumerer werfen, von der nicht mehr als einige Ruinenhügel übriggeblieben sind.

Der Flughafen von Basra liegt weit außerhalb der Stadt. Der Flugkapitän hatte wohl große Mühe, die Landebahn zu erkennen. Ich hatte den Eindruck, daß er zumindest dreimal anfliegen mußte.

Die Piste war sehr uneben. Später hat man mir erklärt, daß ein einfaches Verfahren angewandt wird, um bei der herrschenden großen Hitze (durchschnittlich 55 bis 60 Grad) die Piste „eben" zu halten. Man läßt einfach Teer aus Teermaschinen auf die festgewalzte Landefläche laufen. Diese Masse wird dann beim Eindringen in den Sandboden durch die Sonnenhitze verfestigt.

Als das Flugzeug endlich stillstand, eilte alles zu den in einiger Entfernung bereitgestellten mittelalterlichen Omnibussen. Da Schuckart und ich einen solchen Weg nicht gewohnt waren, trafen wir prompt als letzte ein, obwohl es höchstens 300 Meter waren. Im Mittelgang des letzten Busses fanden wir dann noch einen Stehplatz. Da diese Busse nicht klimatisiert sind, war die Luft darin „zum Schneiden".

Zuerst ging die Fahrt mehrere Kilometer über die holprige Sandpiste, doch dann folgte der Übergang von Sand auf eine asphaltierte Straße, die auf einem höheren Niveau lag. Der Fahrer des Busses mußte wenigstens drei Anläufe unternehmen, bis er diesen Höhenunterschied überwunden hatte. Bei jedem Versuch gab das unter dem Fußboden des altertümlichen Busses eingebaute Schaltgetriebe erschreckende Schleifgeräusche von sich, daß ich eigentlich annahm, daß eine Weiterfahrt unmöglich wäre. Für mich als Fahrzeugkonstrukteur war es einfach ein Wunder, daß keine ersichtlichen Schäden entstanden waren. Der Fahrer hatte wohl ein grenzenloses Vertrauen in sein Fahrzeug und fuhr ohne Halt auf der Straße weiter, immer in Richtung Basra.

Schon nach einigen Kilometern Fahrt passierten wir eine Kreuzung, in deren Mitte ich Verkehrsschilder sah, auf denen unter anderem auch die Richtung nach der Innenstadt von Basra angegeben war. Wir kamen zuerst an den Außenbezirken dieser Stadt vorbei, die einen dürftigen Anblick boten.

Doch schon bald bog der Bus auf einen großen offenen Platz ein und hielt vor einem langgestreckten Gebäude. Es war das Hotel „Shatt el Arab" und war, wie man mir später erklärte, das frühere Flughafengebäude. Dahinter erstreckte sich der „alte" Flugplatz.

Jetzt wurde mir auch klar, warum ich bei der Landung unserer Boeing keine Flughafengebäude gesehen hatte. Die paar Baracken, die dort standen, erhoben bestimmt nicht den Anspruch, als solche zu gelten.

Aus den vor uns eingetroffenen Bussen waren die Insassen schon ausgestiegen, und auch wir waren nun froh, das überhitzte Vehikel verlassen zu können. Am Ende des langgestreckten Empfangsgebäudes war der Eingang, vor dem sich schon die Passagiere anstauten.

Geduldig, in echter arabischer Manier, stellten wir uns an. Es dauerte lange – sehr lange. Die wartende Menschenmenge wurde nicht weniger. Da kam mir der einleuchtende Gedanke, die Zeit zu nutzen, um nach meinem Filmapparat zu sehen. Ich gab Schuckart ein Zeichen und verschwand durch einen kleinen, unscheinbaren Nebeneingang mit der vagen Hoffnung, etwas zu sehen. Sofort fand ich mich in einem sehr langen Gang und sah darin keinen Menschen. Das langgestreckte Gebäude vermittelte den Eindruck, als wäre darin jedes Leben abgestorben.

Ich lief wie gehetzt durch den kahlen Gang. Kein Laut aus den Zimmern. Die Türen standen alle offen. Kein Wunder bei dieser Hitze! Mir wurde es langsam unheimlich, und ich wollte schon wieder unverrichteter Dinge umkehren. Instinktiv lief ich aber weiter, dabei in jedes Zimmer einen Blick werfend. Mein Handeln kam mir eigentlich widersinnig vor. Trotzdem lief ich weiter, wie gehetzt. Ich mußte wohl schon am Ende des Ganges angelangt sein, als ich wieder vor einer offenen Zimmertür stand. In der Mitte dieses Raumes sah ich einen Tisch, davor zwei Stühle und sonst nichts, gar nichts. Gähnende Leere.

Aber auf dem Tisch lag – mein Filmapparat!

Nirgendwo ein Mensch. Instinktiv trat ich ein, nahm den Apparat an mich, und ohne mich umzudrehen rannte ich den langen Gang zurück und ins Freie. Dort stand noch Schuckart. Er war inzwischen kaum vorangekommen. Er war genauso überrascht über die „Ehrlichkeit" der Irakis wie ich.

Wir hatten noch eine geraume Zeit zu warten, dann traten plötzlich zwei Männer auf uns zu, die sich als unsere Abholer auswiesen, um uns nach Safwan, der unmittelbaren Grenzstation zu Kuwait, zu bringen. Sie halfen uns noch bei der Erledigung der notwendigen Formalitäten am Flughafenschalter. Dann ging es in Richtung Süden, einem neuen Erlebnis entgegen, über das in einem gesonderten Kapitel berichtet werden soll.

Der Rückflug, obwohl schon gebucht, fand dann nicht statt. Ich wollte ja bei dieser Gelegenheit mög-lichst viel vom Land sehen. Die unglückliche Wolkendecke beim Herflug hatte mir jeglichen Blick geraubt. So bat ich nach Erledigung meiner Aufgaben in Safwan und Umgebung die State Organization of Minerals (S.O.M.), die Rückfahrt mit einem Auto unternehmen zu dürfen. Obwohl ich kaum an die Erfüllung dieser Bitte glauben konnte, wurde nach einer Woche ein Auto mit Fahrer aus Bagdad geschickt, und ich konnte die fast 600 km auf der Landstraße zurückfahren. Im letzten Augenblick hatte sich Schuckart noch angeschlossen.

Der Fahrer war ein williger Mensch, sprach jedoch kein Wort englisch, französisch und – noch weniger – deutsch.

So starteten wir in den frühen Morgenstunden in der Grenzstation Safwan. Bis Basra war uns die Straße schon bekannt. Man kommt an mehreren ausgedehnten Lagerstellen europäischer und japanischer Firmen vorbei und auch an Betrieben, die bereits schon seit Jahren von solchen Firmen aufgebaut wurden und in Betrieb sind.

Bis Basra war die Straße sehr gut ausgebaut und der Verkehr mit Lkws und Pkws belebt. Man hatte den Eindruck, daß in dieser Gegend schon viel geleistet worden ist.

In Basra hatte unser Fahrer zwischenzeitlich eine dienstliche Erledigung abzuwickeln, so hatte ich Gelegenheit, die Stadt und den Hafen ausführlich zu besichtigen. Als Europäer ist man immer wieder erstaunt über das orientalische Leben in solchen Städten und mehr noch über den primitiven Eindruck, den die Häuser und Geschäfte auf einen machen.

Ich wollte eine Packung Datteln als Wegzehrung kaufen und bat den Fahrer unter vielen Gesten, mich beim Kauf zu unterstützen. In einem Geschäft in der Nähe des Hafens glaubten wir, den Kauf tätigen zu können. Was einem dabei auffällt ist, daß in solchen Geschäften keine Frauen tätig sind, zumindest standen an einer primitiven Theke nur ältere Männer. Ob sie im Hintergrund bei der Verpackung mitwirkten, konnte ich nicht eindeutig feststellen.

Ich erstand also eine Packung Datteln, die genau so aussahen, wie wir das von Deutschland her gewohnt sind, und als ich dann, wieder auf der Straße, die Rückseite der Packung ansah, mußte ich feststellen, daß selbst im Land der Datteln der Hinweis zu lesen war „made in England", wo diese bestimmt nicht gewachsen waren.

Es fing leicht zu regnen an, als wir Basra verließen.

Rasch fuhren wir durch die Außenbezirke der Stadt. Mehrere Häuser machten einen zerstörten Eindruck.

Inzwischen hatten wir auf unserer Fahrt die bereits bekannte Straßenkreuzung im Westen der Stadt

Reiserouten im Irak.

Basra erreicht. Der Regen hatte sich verstärkt, als wir in die Straße nach Norden einbogen.

Schon nach wenigen Kilometern überquerten wir über eine gut ausgebaute Brücke einen breiten Fluß. Es war der Euphrat, der sich weiter östlich mit dem Tigris vereinigt und dann als Shatt el Arab in südlicher Richtung weiterfließt.

An den Ufern des Euphrat herrschte eine spärliche, aber kräftige Vegetation, deren Breite entlang des Flusses meist nur etwa hundert Meter betrug. Unmittelbar daran anschließend begann die Sandwüste.

Nachdem wir weitere zehn Minuten gefahren waren, stießen wir auf eine zweite Brücke. Auf ihr überquerten wir den in südlicher Richtung fließenden Tigris. Die beiden Brücken stellen bemerkenswerte Bauten im Irak beziehungsweise in Mesopotamien dar.

Am Ende des letzteren Bauwerks mußten wir die Geschwindigkeit stark reduzieren, denn eine entgegenkommende Kamelkarawane, etwa 15 bis 20 Tiere und zwei Treiber, behinderten unseren Verkehrsfluß. Es war beängstigend, wie die Kamele auf unser Fahrzeug in ihrem Paßgang draufzutrotteten. Wir konnten uns kaum noch bewegen. Wenn ich aus meiner „Froschperspektive" den vorbeiziehenden Tieren in die Augen sah, wurde mir bewußt, daß ich Zeuge war, wie sich in diesem Augenblick mehrere Jahrhunderte begegneten. Dieser Vorgang hinterließ in mir einen überwältigenden Eindruck.

Ich schaute unseren irakischen Fahrer von der Seite an – und sah, wie er bedeutungsvoll lächelte. Konnte er dieselben Gedanken haben wie ich? Wohl kaum!

Wir fuhren vorbei an einzelnen Gehöften oder kleineren Orten. Die Häuser, die beim Vorbeifahren zu erkennen waren, sind meist niedrige, schmucklose, kleine, viereckige Behausungen, zum großen Teil ohne erkennbare Bedachung. Ich vermutete, daß sich das Leben darin auf wenige, abgegrenzte Räume bezog und nur einer, auch wegen des Regens, eine primitive Bedachung hatte, der dann als Schlafstelle und als Aufenthaltsraum diente. Außerhalb der Behausungen konnte ich des öfteren eine Kochstelle beobachten, an denen von den Frauen das Essen zubereitet wird, das sicher nach unseren Begriffen sehr kärglich ist.

Was einem unbedingt auffiel, waren die vielen Kinder, die sich außerhalb der Häuser herumtrieben und dadurch Bewegung in diese trostlose Gegend brachten.

Ab und zu waren an lange Ketten angebundene Ziegen zu sehen, die sicher einen wichtigen Beitrag zur Ernährung ihrer Besitzer leisteten.

Mitunter sah ich einzelne verkrüppelte Palmen am Rand der Gehöfte. Ich wurde den Eindruck nicht los,

Ein Wüstendorf mit Häusern aus luftgetrocknetem Lehm.

soeben durch den ärmsten Teil Asiens zu fahren, und zugleich wurde mir die Tatsache bewußt, daß wohl auch der größte Staatsverdienst hier herrschen muß, da ja eine ungeheure Menge Öl in die ganze Welt verschickt wird. Welch paradoxer Gegensatz!

Nun, unsere Fahrt ging ohne Halt weiter. Da die Straße nach Bagdad nur auf der rechten Seite des Tigris ausgebaut war, kamen wir in der Folge durch die Orte Al Huraiba, Al Usair, Kala und Atak, was ich später anhand der Landkarte feststellen konnte. Der Eindruck von den einzelnen Orten war stets derselbe. Sie unterscheiden sich kaum voneinander. Auf der rechten Seite sahen wir die ausgedehnten Sümpfe. Teilweise reichten sie bis an das Tigrisufer heran.

Nach einer fünfstündigen Fahrt erreichten wir die Kleinstadt Amara. Unser Fahrer und auch wir ver-

Die Dorfbewohner vor ihren Behausungen.

spürten Hunger. An einer Abzweigung verließ er, ohne unser Kommando, die Hauptstraße, hielt vor einem großen zweistöckigen Gebäude an und bedeutete uns beiden, hier ein Mittagessen einzunehmen. Amara ist eine Stadt im südöstlichen Irak. Es liegt am unteren Teil des Tigris, der sich hier in drei Arme teilt. Die Entfernung von Bagdad beträgt etwa 380 km, und seit Basra sind wir etwa 180 km gefahren. Schon frühzeitig wurden Bewässerungsfelder in der Nähe des Tigris angelegt. Daher werden angebaut: Gerste, Weizen, Gemüse, Obst und in größerer Entfernung auch Reis. Um diese Erzeugnisse auch vermarkten zu können, wurden Getreidelagerhäuser und Mühlen gebaut. Eine Besonderheit sind Eisfabriken, in denen die marktgerechte Konservierung der Fische aus dem Tigris vorgenommen werden kann.

Nachdem wir den nicht ganz einfach zu findenden Hauseingang entdeckt hatten und durch einen langen, unbelichteten Korridor gewandelt waren, verschwand unser Fahrer plötzlich in einem Seitengemach, und wir beide standen vor einer Zimmertür auf der rechten Seite des Ganges.

Als wir eintraten, fanden wir keinen Menschen im Raum, aber aus einer Nische trat ein großgewachsener Araber auf uns zu und murmelte irgend etwas auf arabisch, das wir nicht verstanden.

Er zeigte auf einen Tisch, auf den er eilfertig ein nicht mehr ganz weißes Tischtuch ausbreitete. Eine Speisekarte gab es nicht. Der Wirt blieb vor uns stehen und hatte dann wohl seine Menues aufgezählt, wovon wir als einziges „Chicken" verstanden. So war unsere Auswahl äußerst begrenzt.

Wir bestellten die „Chicken" und warteten lange darauf. Es blieb uns also genügend Zeit, den Raum und das übrige Interieur zu betrachten.

Die bis auf den Boden hängenden Vorhänge gaben dem Gastraum eine gespenstische Atmosphäre. Nur ein paar einzelne elektrische Birnen, an langen Leitungen aufgehängt, erleuchteten notdürftig den Raum. Die Tische, fünf an der Zahl, standen wie planlos herum und waren von einfachen Stühlen umgeben. Die Theke, an der vorher noch der Wirt gesessen hatte, war nach unserer Meinung eher ein mittelalterliches Möbelstück und paßte kaum in eine solche Umgebung. An der Wand zum Gang hingen an einem Haken mehrere Tageszeitungen, die dem Anschein nach sicher schon älteren Datums waren. Da sie in arabischer Sprache gedruckt waren, sahen wir keine Veranlassung, das „Neueste" vom Tage zu lesen.

Endlich brachte der Wirt zwei Teller mit Suppe, die wir nicht bestellt hatten. Er stellte sie mit gravitätischer Miene vor uns auf den Tisch und holte aus seinem „Servierschurz" zwei Löffel riesigen Ausmaßes hervor. Ich erinnerte mich eines „Bonmots" aus meiner Militärdienstzeit: „Das Essen war reichlich und

heiß und wurde von den Truppen gerne genommen!" So war es jetzt auch. Es sollte wohl eine Gemüsesuppe sein, denn es war allerhand darin verborgen!

Wir hatten Hunger – und dann schmeckt jedes Essen köstlich. Kaum hatten wir den Teller leer, da brachte der Wirt mit freundlicher Miene die „Chicken". Das waren einst riesengroße Viecher, und sie sahen jetzt noch, nachdem sie gebacken waren, danach aus. Der Wirt sagte noch ein paar Worte – wir glaubten, daß er uns einen guten Appetit wünschte – und verschwand dann wieder hinter dem Schanktisch.

Das Chicken war heiß und scharf gewürzt. Wir bekamen unsäglichen Durst, und – so leid es uns tat – wir mußten den Gasthauschef nochmals bemühen, uns etwas zu trinken zu bringen. Ohne unsere genauere Bestellung abzuwarten, brachte er zwei sehr große Bierflaschen, deren Inhalt dazu gemünzt war, das „Feuer" der scharfgewürzten Chicken zu löschen. An dieser Stelle waren wir dem fürsorglichen Wirt für seine „Vorsorge" dankbar.

Während des Essens unterhielten wir uns darüber, was das frugale Mahl wohl kosten würde. In Anbetracht unserer lückenhaften Kenntnisse der Irak-Land-Gastronomie schätzten wir weit daneben. Gönnerhaft beschied uns der Gasthauschef den Betrag von einem Dinar pro Person. Das hat uns fast umgeworfen. So billig haben wir nirgendwo gegessen. Später haben wir allerdings erfahren, daß unser Fahrer im Auftrag der S.O.M. alles bezahlt hatte und daß der tatsächliche Betrag viel höher lag als das von uns gespendete „Trinkgeld".

Es war fast 15 Uhr, als wir die Gaststätte verließen. Nach wenigen Minuten mündeten wir auf der Weiterfahrt in die Hauptstraße ein, die von nun ab in nordwestlicher Richtung verlief.

Der Regen hatte inzwischen aufgehört, und die Sonne drang immer häufiger zwischen Wolkenfetzen durch. Der Verkehr auf der breiten Straße hatte sichtlich zugenommen. Wie seither waren es hauptsächlich große Laster, teilweise mit Anhänger. Wie gewohnt waren alle „haushoch" überladen. Später habe ich erfahren, daß alle Laster auf Verlangen der irakischen Regierung in weiser Voraussicht mit verstärkten Federn ausgerüstet sein mußten.

Wir fuhren immer entlang des Tigris. Auf der rechten Seite reichten die Sümpfe bis fast an die Straße heran, und wir vermuteten, daß auf dieser Seite in nicht allzugroßer Entfernung auch die Grenze zum Iran sein mußte.

Unser „braves" Auto hatte einen Kraftstoffmesser, der allerdings nicht angeschlossen war. Unser Fahrer wurde daher immer unsicherer. Er wußte nicht, wie lange sein Benzinvorrat noch reichen würde, und einen leeren Tank wollte er sich nicht vorstellen, denn auch wir hatten am Rande der Straße keine Zapfsäulen festgestellt – und das während der gesamten bisher zurückgelegten Strecke.

Man merkte ihm die Erleichterung an, als wir schon von Ferne Türme und hohe Schornsteine sahen, die darauf schließen ließen, daß wir uns einer größeren Siedlung oder gar Stadt näherten.

Es war Kut al Amara, eine Stadt am Tigris im Ost-Irak. Von dort aus ging als Abzweig der Nebenarm Shatt al Gharraf zum Euphrat ab.

Schon bei der ersten Abzweigung bog unser Fahrer von der Hauptverkehrsstraße ab, und nach wenigen hundert Metern hielt er an einer „bescheidenen" Tankstelle an. Schuckart und ich, wir beide waren froh, unsere Beine ein wenig vertreten zu können und schauten deshalb dem Tankvorgang interessiert zu. Die Zapfsäule sah genauso aus, wie wir sie vor etwa 50 Jahren auch in Europa gesehen hatten. Man mußte zuerst mit einer Handpumpe den Kraftstoff in einen Glasbehälter hochpumpen und dann diese etwa fünf Gallonen über ein Ventil und einen „Tankschlauch" in den Tank des Fahrzeuges entlassen. Da nun in unserem Fahrzeug keine Tankanzeige vorhanden war, konnte der Fahrer auch nicht abschätzen, wann der Kraftstoffbehälter im Auto gefüllt war, und tatsächlich war das Fassungsvermögen bereits bei der vierten Füllung überschritten. Trotz unseres Einspruchs hatte unser guter Araber die überschüssige Menge auslaufen lassen, was natürlich eine riesengroße Lache hinter das Auto zauberte.

Im selben Augenblick machte Schuckart mich auf eine besondere Attraktion aufmerksam. Auf der Hauptstraße, etwa hundert Meter von uns entfernt, ritten zwei junge Männer hintereinander auf einem Pferd sitzend im Galopp an uns vorbei. Ich hatte gerade noch Gelegenheit, mit meinem Filmapparat diese Szene aufzunehmen, als unser Fahrer zur Eile antrieb, denn es rannten bereits mehrere Jugendliche mit wildem Geschrei auf uns zu. Der arabische Fahrer hatte mich schnell in unser Fahrzeug hereingezogen, die Türe direkt hinter mir geschlossen, sie von innen verriegelt, den Motor gestartet, um mit noch geöffnetem Tankverschluß abzufahren.

Das ging alles in Sekundenschnelle. Ich wurde der bedrohlichen Situation nicht so rasch gewärtig, konnte aber an meinem hochgekurbelten Seitenfenster feststellen, daß eine Meute von jungen Leuten mit wilden Gebärden uns anzugreifen versuchte. Unser Fahrer war so beeindruckt, daß er keinen Ton mehr von sich gab. Erst nachdem er zwei bis drei Kilometer gefahren war, stieg er aus und verschloß den Tank, der in der Eile offen geblieben war. Als er dann wieder im Wagen saß, sah ich ihm an, daß wir wohl einem gefährlichen Angriff mit knapper Not entgangen waren. Ich konnte mir allerdings nicht

denken, was wir getan hatten, um eine solche Affäre heraufzubeschwören.

In späterer Zeit, als schon Gras über dieses Vorkommnis gewachsen war, hatte mir ein Kenner der arabischen Psyche erklärt, daß unser Lächeln über die beiden reitenden Araber und meine gleichzeitige Filmaufnahme den Anlaß gegeben hatten. Alle Araber verabscheuen es, Fotos oder Filmaufnahmen von Episoden in besonderen Situationen zu machen. Sie glauben, daß sie damit auf der Erde festgehalten würden und des späteren Eingangs ins Nirwana verlustig gehen würden.

Inzwischen fuhren wir weiter auf der Straße nach Bagdad und genossen die regenfreie Abendstimmung. Die Orte Nachfor-Schadi und Humamijia konnte ich bei untergehender Sonne deutlich sehen. Es war einfach überwältigend, in welchen Farben und in welch kurzer Zeit die glühende Sonne in der dunklen Wüste versank. Dann umgab uns sehr rasch eine unbeschreibliche Nacht. Das geschah alles so schnell, daß ich beim Weiterfahren den kurz danach folgenden Ort Al Asisijja gar nicht mehr erkennen konnte, dabei war ich sehr gespannt, die historischen Ausgrabungen Seleucia und Ctesiphon zu sehen. Fast spontan war eine tiefe Nacht hereingebrochen, als wir in die Außenbezirke von Bagdad einfuhren.

Ehe wir dort unsere Reise beenden konnten, hatte unser Fahrer, ohne daß wir ihn dazu aufforderten, an einer großen Halle angehalten. Er kannte sich wohl gut aus, denn er wies uns mit freundlichen Gesten den Weg ins Innere. Vorher verschwand er, ohne uns ein Zeichen zu geben, im Vorraum des riesigen Gebäudes.

Wir vermuteten, daß es sich um ein Sportheim handeln könnte. In der Halle standen Hunderte von Tischen und Bänken in Reihen geordnet herum, aber kein Mensch war zu sehen. So ließen wir uns in der vordersten Reihe nieder und harrten der Dinge, die da kommen sollten.

Nach einer geraumen Weile erschien ein in eine lange Kutte gekleideter Mann und bot uns etwas zu trinken an. Es war das Nationalgetränk der Irakis, nämlich Pepsi-Cola. Da wir Hunger hatten, brachte er uns noch zwei Sandwiches. Wir fanden uns völlig einsam in der großen Halle und beschlossen, so bald wie möglich wieder aufzubrechen. Als wir auf die Uhr sahen, war es zehn Uhr nachts.

Auch bei diesem Halt hatte unser Fahrer alles bezahlt. Dann nahmen wir die letzte Strecke unserer Reise durch den Irak unter die „Räder".

Wohlbehalten, aber müde, kamen wir nachts um halb zwölf Uhr vor unserem Hotel, dem Gilgamish, an, das wir vor mehr als einer Woche verlassen hatten. Das Trinkgeld, das wir dem freundlichen Araber noch geben wollten, schlug er kategorisch aus und fuhr in die Nacht hinaus.

Safwan

Es war schon zwölf Uhr, als wir die Stadt Basra verließen. Schuckart und ich saßen im Fond des Fahrzeugs, der Fahrer war ein Iraki, und der Beisitzer, der uns begrüßt hatte, war der Schwager von Suhail Khoury, wie sich später herausstellte.

Kaum hatten wir die Außenbezirke der Stadt verlassen, legte der Iraki ein scharfes Tempo vor. Die Straße war sehr gut ausgebaut, und der Regen hatte nachgelassen und nach wenigen Minuten völlig aufgehört. Wir fuhren in südöstlicher Richtung, der kuwaitischen Grenze zu. Der Verkehr war mäßig, fast ausschließlich Lkws, die aber meist, wie üblich in diesem Land, haushoch überladen waren.

Entlang der Straße konnten wir den Aufbau des Staates Irak bewundern. Europäische und japanische Firmen, fast alle weltbekannt, gaben sich hier ein Stelldichein. Wir konnten uns wie zu Hause fühlen. Die Irakis hatten sich sicher schon viel Geld mit dem Export von Öl verdient – und waren noch mitten drin.

Wir fuhren durch das Senkungsgebiet des mesopotamischen Troges, wie das vor vielen Jahrhunderten durch den Zusammenfluß von Euphrat und Tigris entstandene aufgeschwemmte Land genannt wird. Das Delta, das die beiden Ströme bilden, wird von den Arabern Shatt el Arab genannt – und dieser Shatt el Arab mündet in den Persischen Golf, was man allerdings so den Irakis nie sagen darf, denn sie heißen den großen Golf den Arabischen Golf.

Das Klima ist sommerlich, mit Temperaturen bis 53°C und wird nur im Winterhalbjahr von Niederschlägen in den Küstengebieten unterbrochen. Da wir gerade jetzt das Ende des Frühjahres melden konnten, war das bisherige Regenwetter durchaus programmgemäß.

Inzwischen hatten wir den ersten größeren Ort passiert und waren in die gut ausgebaute Hauptstraße eingemündet. Links und rechts der Fahrbahn sahen wir eine Vielzahl von Bauwerken, teils noch im Rohbau befindlich, und bekamen damit einen Eindruck von dem Aufbauwillen der Irakis, was uns unser Fahrer mit Stolz zu vermitteln suchte.

Zwischen den Dörfern und den von europäischen Firmen aufgebauten Industrieanlagen bestand ein riesiger Unterschied. Die Häuser der Dörfer sind aus luftgetrocknetem Lehm wahllos, wie wir empfanden, in die Landschaft gestellt, und die Gebäude der Firmen wurden nach unseren Vorstellungen von Architekten aus den europäischen Staaten errichtet. Auf wenigen Kilometern Entfernung ein herbes Nebeneinander. Man fragte sich unwillkürlich, was am Ende aus diesen Gegensätzen werden sollte. Wird ein Volk das verkraften können? Man gewinnt den Eindruck,

Shatt el Arab bei Basra.

daß an einer solchen Straße einige tausend Jahre sich begegnen.

Als wir ungefähr eineinhalb Stunden gefahren waren, bog der Fahrer etwa zweihundert Meter weit in ein Zeltlager ab, und unser Libanese erklärte uns, daß wir hier unseren Montagemeister aus Backnang treffen könnten. Seit fast einem Jahr war er hier tätig und betreute die auf zwei Baustellen eingesetzten Baufahrzeuge.

Als wir ihn gleich darauf sahen, war er sehr erfreut, alte Bekannte zu sehen und lud uns in sein geräumiges Zelt ein. Es war ausgestattet mit einem Feldbett, Batterieempfänger, Fernsehapparat, Radiogerät und vielen anderen modernen Attributen der menschlichen Zivilisation. Inmitten der sonstigen trostlosen Umgebung sah dies direkt komfortabel aus.

Angeregt durch die ansprechende Einrichtung hielten wir uns fast eine Stunde in dem Zelt auf, dann fuhren wir weiter, unserem Endziel, der Grenzstation zwischen dem Irak und dem Land Kuwait, entgegen.

Wir durchfuhren also das aufgeschwemmte Gebiet, das keinerlei Reize bot, wo die Straße aber ausgezeichnet in Ordnung war, und kamen nach etwa einer Stunde in dem mit Safwan bezeichneten Ort an. Wenn man aber glaubte, an der Grenze zweier europäischer Staaten zu stehen, dann hatte man sich hier gewaltig geirrt. Der Grenzverkehr war so gut wie gestorben. Kaum ein Auto oder Lastwagen war zu sehen. Obwohl wir uns inmitten einer Region des „Großarabischen Reiches" befanden, hatte man den Eindruck, daß „hüben" und „drüben" große Unterschiede im Lebensstil der Menschen herrschten.

Das überreiche „US-Dollar-Land" Kuwait grenzt sich sehr stark vom Irak ab – mit einer großen Ausnahme. Im Irak kann jeder Mensch Alkohol in den verschiedensten Formen und Qualitäten kaufen und konsumieren, in Kuwait erhalten die Einheimischen keinen Alkohol und die Ausländer, also Europäer und Amerikaner, nur dann, wenn sie ihre Herkunft mit einem Ausweis beweisen. Der Volksmund nennt diesen „Paß" kurz und bündig den „Trinkerausweis". Man kommt sich dabei unwillkürlich als notorischer Säufer vor!

Eine Vorstellung davon bekam ich schon am ersten Abend. Die Nacht bricht in diesem Breitengrad ziemlich abrupt ein. Die Sonne, die lange noch als roter Ball am Himmel hängt, verschwindet plötzlich in der Versenkung.

Wir beide, Schuckart und ich, hofften allerdings, nach der langen Fahrt zuerst etwas zu essen zu bekommen, denn es war ja nachmittags 16 Uhr. Da der „Ober" des Rasthauses um diese Zeit wohl noch Pause machte, bot uns der Küchenchef sein internationales Gericht an. Das ist für alle Gäste „Chicken", also gebratene Hähnchen. Da der Tisch, an dem wir Platz genommen hatten, noch übersät war von den Resten der Vorgänger, nahm der Küchenchef einen feuchten Lappen, mit dem er die fettigen Speisereste gleichmäßig auf der Tischplatte verteilte und verrieb.

So haben wir das Empfangsmahl genossen! Ein Eßbesteck wurde uns nicht gereicht – das gab es wohl überhaupt nicht –, was uns dazu veranlaßte, mit den Händen auf arabische Art die Chicken zu zerkleinern.

Nach dem Essen wollten wir unsere beiden ebenerdigen Zimmer aufsuchen. Diese waren wohl sehr geräumig, aber damit war schon der ganze Komfort aufgezählt.

Als ich den mir zugewiesenen Raum betrat, war das breitangelegte Fenster, das direkt an der kuwaitischen Grenze seinen Abschluß fand, mit einer herabgelassenen Jalousie „verdunkelt". Es ist mir während meines gesamten Aufenthaltes in Safwan nicht gelungen, diese Jalousie zu öffnen. So konnte ich nur ahnen, wie es direkt außerhalb aussehen mußte.

Als ich das bereitgestellte Bett in Augenschein nahm und gleich eine Liegeprobe versuchte, mußte ich interessante Entdeckungen machen. Anstelle einer sonst üblichen Matratze waren hier Holzbrettchen eingelegt, von denen aber nur noch einige sporadisch vorhanden waren. Zwischen meinem Kopf und meinen Fußsohlen lagen insgesamt vier Brettchen, auf denen ich also punktweise aufliegen konnte. Das Ganze war dann noch mit einem Leintuch bedeckt, das den Anschein erweckte, daß es früher einmal weiß gewesen sein mußte.

In dem Zimmer fand ich als „Luxusgegenstände" einen Kleiderschrank, dessen Schloß natürlich niemals funktioniert hatte und in dem ein uralter Kleiderbügel hing, der nicht in Anspruch nahm, daß jemals darüber Kleider gehängt werden sollten, weiter ein Nachttischchen aus rohgezimmertem Holz und ei-

nen kleinen Schreibtisch, ebenfalls rohgezimmert. Als ich dann einen Blick zur Zimmerdecke riskierte, entdeckte ich dort an einem herabhängenden Kabel eine nicht ganz ungefährliche Fassung, in der eine einfache elektrische Birne eingeschraubt war, die ohne Schirm den Raum erhellte.

Dann ging ich daran, den Toilettenraum zu besichtigen und fand eine Einrichtung, die alles Vorangegangene noch in den Schatten stellte. An der Wand waren deutliche Spuren von schmutzigen Spritzern erkenntlich, die vom übermäßigen Bedienen der Wasserspülung herrührten. Am Waschbecken war ein wesentlicher Teil abgebrochen, ein Wasserablaufstutzen war nicht mehr vorhanden, der Wasserhahn hatte zwar einen Kalt- und Warmwasseranschluß, aber es gab nur Wasser aus der kalten Leitung. Eine Toilettenablage suchte ich vergebens.

Noch „schöner" sah es aus, als ich das eingebaute Klosett besichtigte. Darin lagen noch die Exkremente meines Zimmervorgängers. Als ich dann versuchte, durch Betätigen der Wasserspülung die Hinterlassenschaft zu entfernen, mußte ich die betrübliche Entdeckung machen, daß die Anlage überfunktionierte. Auf dem Steinboden des Raumes stand das schmutzige Wasser knöcheltief und roch fürchterlich.

So blieb mir keine andere Wahl, als meine technischen Kenntnisse in Einsatz zu bringen und mir von der Resthouse-Verwaltung entsprechendes Handwerkszeug zu besorgen. Nach mühseliger Arbeit war ich nach etwa zwei Stunden soweit, daß Zimmer, Klosett, Boden und Waschbecken einigermaßen in Ordnung waren. Der Geschäftsführer des Hauses war mir für meinen Einsatz sehr dankbar, als ich ihm das Handwerkszeug zurückgab und ihm den „neuen" Zustand schilderte.

Danach wollte ich bei Schuckart nachsehen, wie weit dessen Renovierungen gediehen waren, da ich ihn im Nebenzimmer hantieren hörte. Er hatte nahezu dieselben Probleme, war aber nun auch soweit, seine „Umbauten" als gelungen zu betrachten.

Nachdem wir noch einen kurzen Blick auf die Umgebung des Resthouses geworfen hatten, nahmen wir Platz in dem geräumigen Speisesaal des Hauses.

Inzwischen war die Nacht hereingebrochen. Zu dieser Zeit fährt vor dem Resthouse eine große Anzahl Straßenkreuzer amerikanischer Herkunft auf, in denen jeweils nur eine einzige Person sitzt, den Kopf umwickelt mit einem Turban, die im Innern des Resthouses verschwindet.

Im gesamten Gastraum standen ca. 25 quadratische Tische bereit, an denen jeweils einer Platz nahm und auf die ebenfalls turbanumwickelte Bedienung wartete. Die Platznehmenden waren unschwer als junge Scheichs zu definieren.

Dasselbe Spiel konnte ich dann Abend für Abend erleben. Diese Gäste wurden solcherart bedient, daß der „Ober" sämtliche Flaschen, die der Gast bestellt hatte, stets auf dem Tisch stehen ließ, auch wenn sie im Lauf der folgenden Nacht, die häufig bis in die frühen Morgenstunden ausgedehnt wurde, völlig geleert wurden. Ich konnte beobachten, daß auf dem Tisch mehrere Schnaps-, Whisky- und Coca-Cola-Flaschen standen, was dem „Ober" die Abrechnung sehr erleichterte, da ja nur einer am Tisch saß, also sein Konsum leicht zusammengezählt werden konnte. Erst beim Abgang des letzten Gastes, der wie alle andern schwankend und wankend das Resthouse verließ, konnte er seine diesbezügliche Abrechnung vollenden.

Die Rückfahrt der Scheichs nach Kuwait-City verlief dann sehr einfach und problemlos, die Straße hatte die ersten zwanzig Kilometer rechts und links keine Begrenzungen, sie war teilweise bis zu zwei Kilometer breit, also waren auch keine guten Fahrkenntnisse vonnöten. Die trinkfesten Scheichs fuhren vorsichtshalber in Abständen von ca. fünf Minuten ab. Welch gut durchdachte Fahrweise!

Wir, Schuckart und ich, hatten uns kaum gesetzt, als unsere Gesprächspartner erschienen. Es waren die technischen Leiter der State Organization of Minerals for South Iraq. Im Gegensatz zu den Kuwaitis saßen wir zu fünft an einem Tisch und unterhielten uns über die Probleme auf der Baustelle. Dort, in der Nähe von Safwan, das heißt bis hin zum „Internationalen Distrikt", wurde etwa 25 m unter dem Wüstensand Kies gefunden, der geborgen werden mußte, um damit Beton zu schaffen, den man für zu erbauende Anlagen verschiedener Art benötigte. Es mußte also

zuerst der Abraum, das heißt der Sand, aufgeladen, abgeführt und dann drei Kilometer weiter abgeladen bzw. abgekippt werden.

Zwölf Hinterkipper der Firma Kaelble waren hier eingesetzt. Als besondere Attraktion zeigte man mir anderntags zwei Hinterkipper, die einen besonderen Unfall hatten. Sie waren auf der ebenen Sandwüste frontal gegeneinander gefahren. Obwohl es hier keine Straße, keine Mauer, keinen Baum und keinen Strauch gibt, fanden die Fahrer der beiden Fahrzeuge zueinander, und zwar mit relativ hoher Geschwindigkeit. Beide Fahrer wurden am Kopf sehr schwer verletzt, und beide Fahrzeuge hatten an der Vorderfront eine Verkürzung von mehr als einem Meter erfahren, womit die Wucht des Zusammenpralls beschrieben ist. Sowohl Stoßbalken, Kühlerblock, Ventilator, Antrieb der Lichtmaschine, Scheinwerfer und noch mehrere andere Aggregate, einschließlich eines Teils der Motorhaube, waren zusammengedrückt, ganz zu schweigen von dem Versatz der angetriebenen Vorderachse. Der gesamte Fahrzeugrahmen war im vorderen Teil total verbogen und verbeult. Das eine Fahrzeug war mit 26 Tonnen beladen, das andere war leer. Beide Fahrzeuge hatten ein Leergewicht von je 23 Tonnen.

In Bagdad hatte der Technische Chef des Unternehmens mir das ganze als Bagatelle dargestellt – und gemeint, es wäre wohl für mich ein leichtes zu sagen, wie man auf einfache Weise beide Fahrzeuge repariert, damit sie bald wieder voll einsatzfähig seien.

Zunächst versuchte ich mir die Unfallsituation vorzustellen. Zu einer plausiblen Lösung kam ich aber nicht.

Die einheimische Service-Mannschaft.

Motorenzerlegung im Wüstensand.

Stolze Kipper-Parade.

„Schrottplatz" in der Wüste.

Die Herren der S.O.M. hatten mich erwartungsvoll angesehen, und ich sollte womöglich eine Zauberformel sagen, damit beide Fahrzeuge wieder intakt dastehen. Ich spürte direkt, wie die Erwartung knisterte.

Um etwas Abstand davon zu gewinnen, fragte ich zuerst nach dem Befinden der beiden Fahrer und bekundete meine Anteilnahme. Dies wurde mir nur durch eine Nebenbemerkung erklärt. Die Menschen erfahren in diesen Ländern und bei solchen Einsätzen keine allzugroße Beachtung.

Dann stellte ich mir vor, wo überhaupt eine Reparatur durchgeführt werden könnte. Es schien mir unmöglich, hier an der kuwaitischen Grenze etwas Nachhaltiges zu unternehmen.

Nachdem ich aus taktischen Gründen noch dreimal die defekten Fahrzeuge umrundet hatte, sah ich ein, eine Generalreparatur kam überhaupt nicht mehr infrage, denn die Schäden waren zu groß und umfangreich. Inzwischen hatten auch die Leute der S.O.M. die Lust am Reparieren verloren, und wir einigten uns darauf, zwei neue Fahrzeuge aus unserer Firma in Backnang zu liefern – aber mit einem erheb-

lichen Preisnachlaß. Ich hatte mich nun an meinen alten Chef erinnert, der in solchen Fällen meist den Vorschlag ausrechnete, zuerst 25% Preiszuschlag, dann einen Nachlaß von 13% gewähren – um den Eindruck zu erwecken, daß man ein sehr faires Angebot gemacht hatte. Man muß eine solche Rechnung natürlich verschlüsselt und sehr langatmig vortragen und mit entsprechender Mimik untermauern.

So geschah es auch. Die Weiterverwendung der beiden desolaten Fahrzeuge als Ersatzteilträger habe ich dann noch vorgeschlagen, was die Zustimmung sichtlich förderte.

Das große Essen

Samir Khoury hatte uns, das heißt Artur Weimann-Kaelble und mich, zunächst in sein Büro mitten in der Stadt Bagdad eingeladen, da er noch einige Telefongespräche abwickeln mußte und auch noch zwei Klienten zu versorgen hatte. Wir saßen im Nebenzimmer und hörten uns den Disput durch die Zimmerwand an. Verstehen konnten wir kein Wort,

„Hinterkipper" wörtlich genommen: Nach dem Überfahren der Anschlagrampe.

Hinterkipper als Ersatzteilträger.

das Arabische hat eine Menge gutturaler Konsonanten, die, wie wir glaubten, ineinander überfließen. Aber es ging so lautstark zu, daß wir anfänglich der Meinung waren, die Leute im Nebenzimmer hätten einen gewaltigen Krach miteinander. Wir sahen uns betreten an und vermuteten, daß Samir nach dem langen Disput ganz erschöpft zurückkommen würde. Aber wir konnten beruhigt sein, Samir erschien ganz gelöst bei uns und berichtete, daß er soeben ein gutes Geschäft abgeschlossen hätte. Auf unsere Frage, ob die Gesprächspartner nicht friedlich gewesen wären, beruhigte er uns, daß ein solches Gespräch unter Freunden immer etwas überlaut vonstatten ginge. Das sei eben die „arabische Art", fügte er hinzu.

Ohne Umschweife forderte er uns auf, mit ihm in sein neues Haus außerhalb von Bagdad zu fahren, denn dort hätte seine Frau zusammen mit seinen Bediensteten ein „bescheidenes" Abendessen vorbereitet.

Wir fuhren also quer durch die Stadt auf die südliche Außenseite.

Das Haus, das er erst vor kurzem gekauft hatte, war sehr umständlich zu erreichen. Als wir den Stadtrand verlassen hatten, kamen wir durch ein völlig unerschlossenes Gebiet. Die Straßen gingen über in unwegsame Feldwege. Unzählige Bettler lungerten im Sand und hoben beide Arme, um von uns etwas Eßbares oder wenigstens ein „Bakschisch" zu erhalten. Die ganze Gegend sah trostlos aus. Die Menschen, an denen wir vorbeifuhren, taten mir ganz einfach leid. Wir fuhren zum Essen – und diese hatten rein gar nichts.

Gegen Ende der Strecke war es Nacht geworden, und da sah alles noch viel trostloser aus. Da hatte ich mir überhaupt nicht vorstellen können, daß Samir Khoury ausgerechnet in einer solchen Umgebung leben könnte. Unterwegs hatte er uns erklärt, daß er das Gebäude von dem Innenminister des Irak übernommen habe, weil er an diesen Herrn eine größere Lieferung getätigt hatte und dieser kaum ein Zehntel davon hätte bezahlen können. Darauf waren sich beide einig geworden, daß Samir dessen „Villa" als Ausgleich übernehmen würde. So einfach geht das hier in diesem Land.

Mittlerweile fuhren wir durch die stockdunkle Nacht – Straßenlaternen hatten wir schon eine geraume Weile nicht mehr gesehen – als Samir plötzlich neben einer zweieinhalb Meter hohen weißgetünchten Mauer anhielt. Über der Oberkante der Mauer schien eine helle Beleuchtung sich bemerkbar zu machen.

Wir stiegen aus und wurden durch einen Mauerdurchbruch ins Innere der Behausungsanlage geführt.

Aber wie waren wir nun überrascht. Hinter der Mauer schien eine total andere Welt zu sein. Hier war saftiges grünes Gras, das von niederen Bodenlampen beleuchtet war, und mehrere herrliche Wasserfontainen, die den gepflegten Rasen im Dauerzustand benetzten. Aus den vielen Fenstern des dahinterstehenden eingeschossigen Gebäudes drang ein mildes Licht auf die weiträumige, bis hin zu der hohen Mauer reichenden Fläche.

Welcher Kontrast: Hier eine unbeschreibbare Pracht – und außerhalb die dunkle, finstere Nacht mit den bettelnden und mit Schwären überzogenen Arabern, die sich aus Schwäche kaum noch im glühend heißen Sand erheben konnten.

Als wir in das Haus traten, war unsere Verblüffung vollständig. Die Innenbeleuchtung war so wohltuend und das Mobiliar so erlesen, daß wir uns gar nicht satt sehen konnten.

Madame Khoury, als Dame des Hauses, begrüßte uns. Sie hatte einen Umhang an, dessen weite Ärmel und altägyptische Farbornamentik an die „Königin Kleopatra" erinnerten. So stand sie gebieterisch in der Mitte des wunderbaren Raumes und lächelte, wie eben die „Kleopatra" lächeln konnte.

Es war alles wie in einem Märchen aus „Tausend und einer Nacht".

Die Stühle und der Tisch waren aus indischem Rosenholz geschnitzt, das Eßbesteck war komplett vergoldet, und die wunderbare Tischdecke war eine kunstvolle Stickerei von Madame Khoury, wie sie uns voll Stolz erklärte. Wir waren so überwältigt und sprachlos, daß wir lange Zeit brauchten, bis wir diese Pracht in uns aufgenommen hatten. Jede Kleinigkeit machte einen pompösen Eindruck, es war einfach alles sehr gut aufeinander abgestimmt.

Schließlich bat uns die „Königin Kleopatra" an den Tisch. Von zwei Bediensteten wurde das Essen aufgetragen. Ein Essen, das es im besten Hotel der Welt nicht umfangreicher und besser hätte geben können. Dazu wurde das beste Bier, direkt aus Prazdroy, aus der Tschechoslowakei, eingeflogen und der auserlesenste Rotwein aus Deutschland kredenzt. Elf Gänge hatte das „Festmahl" und von jedem Gang das Beste. Ich konnte mich nicht erinnern, jemals mehr und besser gespeist zu haben.

Während des Essens hatte uns Khoury berichtet, daß er seit einer Woche telefonisch mit der ganzen Welt verbunden sei. Um das zu beweisen, forderte er uns auf, von hier aus über seinen vergoldeten Telefonapparat bei uns zu Hause in Deutschland anzurufen. Es war inzwischen 22 Uhr Ortszeit, also 18 Uhr in Deutschland.

Khoury nannte uns aus einer Tabelle die Vorwahlnummer. Ich wählte, und sofort meldete sich am anderen Ende meine Frau, die völlig überrascht war, einen solch klaren Anruf aus Bagdad zu bekommen.

Von Mal zu Mal waren wir in Erstaunen versetzt. Das hätten wir nicht erwartet, nach der unwegsamen Fahrt durch die karge Wüste – und ich hatte den Eindruck, daß sich das Ehepaar Khoury an unseren Verblüffungen ergötzte.

Es war schon lange nach Mitternacht, als wir unser „Märchen aus Tausend und einer Nacht" beendeten.

Das Vielbettzimmer

Ich habe mir lange überlegt, wie man ein solches Nachtquartier nennen soll, denn es war für mich etwas Außergewöhnliches.

Es war an einem Abend. Wir hatten uns noch lange, bis spät in die Nacht, über alles mögliche unterhalten und dann noch ein arabisches Abendessen eingenommen, das ebenfalls eine geraume Zeit in Anspruch genommen hatte. Es war schon eine Stunde nach Mitternacht, als ich mich verabschieden wollte, um im Bagdad-Hotel, wo wir saßen, mein Zimmer aufzusuchen. Wie aus einem Mund haben mir dann die beiden Khourys erklärt, ich würde zusammen mit Mister Olweg im Gilgamish-Hotel für die nächsten Nächte wohnen.

Man darf bei den Arabern nicht überrascht sein, ganz plötzlich solche „Neuigkeiten" zu erfahren. Ich holte also meinen Koffer und die sonstigen Utensilien an der Rezeption des Bagdad-Hotels ab und ging zusammen mit Mister Olweg einige Häuser weiter zum Gilgamish-Hotel. In der dortigen Rezeption, die allerdings sehr dürftig war, um diesen Titel überhaupt zu benützen, wies uns ein träumender Boy in unser Schlafgemach ein. Wir hangelten uns eine Treppe hoch und kamen in einen großen Raum, in dem schon mehrere Araber kreuz und quer auf dem Boden lagen und so taten, als schliefen sie. Wir stiegen mit unserem Gepäck über die behaarten Beine der Schnarcher hinweg in ein Seitenschapp zu zwei Betten, die einzeln an den Außenwänden standen.

Mein Begleiter ließ mir die Wahl, ob ich links oder rechts an der Wand schlafen wollte. Zwischen den beiden Betten stand ein niedriges Regal, auf dem wir einen Teil unserer Utensilien ablegen konnten. Den größeren Rest lagerten wir auf dem Boden. Die Betten strömten einen besonderen Geruch aus, ein Zeichen dafür, daß sie wohl kaum frisch überzogen waren. Ich zog es deshalb vor, mich nicht ganz zu entkleiden.

Wie ich in der Dunkelheit – Licht gab es keines – feststellen konnte, war in diesem Seitenraum kein Fenster, und auch in dem vorgeschalteten großen Vorraum konnte ich nichts Derartiges erkennen. So legte ich mich in dem vielgepriesenen Vielbettzimmer

zur Ruhe, begleitet von den sich überlagernden Schnarchtönen der im Vorraum Schlafenden.

Mister Olweg, der das rechte Bett benutzte, hatte sich ebenfalls relativ bald in das Schnarchkonzert eingereiht, während ich noch eine geraume Zeit benötigte, mich an diese neue Umgebung zu gewöhnen.

Ich muß dann am andern Morgen doch lange geschlafen haben, denn ich wurde gewahr, daß inzwischen alle anderen aufgestanden waren und den Raum verlassen hatten; nur mein Kollege, Mister Olweg, hatte sich eben erst in seinem Bett aufgerichtet und begrüßte mich auf seine arabische Art.

Wir mußten uns zuerst zurechtfinden, denn auch am Morgen konnten wir noch keine Beleuchtung der Räume entdecken. Auf meiner Armbanduhr, die ein Leuchtzifferblatt hatte, war zu erkennen, daß es acht Uhr war, also Zeit zum Aufstehen.

Mister Olweg öffnete die Außentür, die sich vom Gruppenraum zum Hausgang befand und – oh Wunder – herein drang ein heller Lichtschein! Erst jetzt konnten wir konstatieren, daß inzwischen alle anderen Übernachtungsgäste das Haus bereits verlassen hatten. Wir hatten zudem noch direkten Zugang zu dem danebenliegenden Waschraum. Dieser bestand aus vier Brausen, die an der Raumdecke angebracht waren und gemeinsam mit einem Handventil betätigt wurden. Der Boden war gekachelt, und da der Abfluß nicht funktionierte, stand das schmutzige Wasser knöcheltief im Raum. Zum Abtrocknen mußten wir das „pompöse" Badezimmer verlassen, denn erstens waren die Deckenbrausen nicht ganz dicht zu bekommen und zweitens war das „Fußbad" nicht abgelaufen.

Trotz intensiven Suchens konnten wir kein Licht in unserem Schlafgemach finden; so kleideten wir uns im Finstern an und begaben uns in den Frühstücksraum im Parterre, eingedenk dessen, daß es dort neue Überraschungen geben würde.

Großzügig, wie ich nun war, bestellte ich ein weichgekochtes Ei und ein Fladenbrot. Das Brot war sehr gut, das Ei hatte den Geschmack, als wäre es durch den Hahn schon seit geraumer Zeit befruchtet gewesen, denn es war ziemlich dunkel und roch entsetzlich.

So ernährte ich mich mit dem Fladenbrot und trank eine Tasse Geißenmilch. Wobei man wieder sagen konnte: „Der Mensch gewöhnt sich an alles!"

Nun war auch die Zeit gekommen, etwas Näheres über meinen Schlafgenossen zu erfahren.

Er stammte aus Beirut, sah gepflegt aus und war gebildet. Er sprach fließend englisch und französisch und natürlich seine Muttersprache, arabisch.

Ich konnte noch soviel aus ihm herausbringen, daß er ein besonderes Mitglied des dortigen Geheimdienstes war und daß er in dieser Funktion ein gefährliches Leben führte, was auch dadurch bewiesen wurde, daß unsere Zusammenkunft an diesem Tag seine letzte war; denn bei meinem nächsten Besuch in Bagdad, also etwa eineinhalb Monate später, war er nicht mehr unter den Lebenden.

Das Äffle von Bagdad
im Garten der britischen Botschaft

Es handelte sich nicht um die offizielle Dienststelle der britischen Botschaft in Bagdad, vielmehr gehörte schon seit mehreren Jahren oder wohl schon Jahrzehnten ein Gasthaus mit Publikumsverkehr zu der Botschaft. Samir Khoury, als reicher und einflußreicher Bürger der Stadt, verkehrte ab und zu in diesem renommierten Lokal. Er besaß eine Identitätskarte, mit deren Hilfe er auch Gäste mitbringen durfte. So hatte er auch mich in diese Kreise eingeführt.

Durch das im englischen Stil erbaute langgestreckte, niedrige Gebäude mit seiner breiten Eingangspforte traten wir zur Mittagszeit in das Vestibül, das einen ehrwürdigen Eindruck machte. Auf der linken Seite des Vorraums stand eine Theke und dahinter eine Dame, der man ihre englische Herkunft deutlich ansah. Sie kontrollierte die Eintrittsausweise der eintretenden Gäste und überprüfte auf geflissentliche Weise anhand einer ausführlichen Liste die Legitimation der Hereinkommenden. Es waren zum großen Teil Europäer, um genauer zu sagen: Briten. Als wir dann in den Gastraum treten wollten, wurden wir gleich hinter der Türe darauf aufmerksam gemacht, daß der Raum vollkommen besetzt sei, was wir auch selbst feststellen konnten.

Wir erhielten eine Nummernkarte, die auswies, daß wir zu gegebener Zeit aufgerufen würden. Man bat uns in den großen Garten, wo unter Pinien eine große Anzahl Tische und Stühle standen. Zettel auf den Tischen wiesen uns darauf hin, daß in dem Garten normalerweise keine Bedienung tätig wäre. Wir ließen uns also auf den Stühlen nieder, die auf dem mit Kies bedeckten Gartenboden standen, und warteten der Dinge, die da kommen sollten.

Doch bald zog eine besondere Attraktion unsere Aufmerksamkeit auf sich. In einer Ecke des Gartens saß ein kleines Äffchen auf einem Tisch, das, als es uns sah, sofort auf uns zulief. Es bewegte sich völlig ungezwungen, sprang von Tisch zu Tisch und blieb ganz possierlich endlich direkt auf unserem Tisch sitzen, faltete seine Affenhände, gerade so, als wollte es uns um eine milde Gabe bitten.

Mein Begleiter verstand diese Geste sofort, ging in das Vestibül und kaufte eine Tüte Erdnüsse.

Jetzt war die Freude des Äffchens riesig groß. Wir konnten beobachten, wie es die Erdnüsse von der Schale befreite. Das machte es mit seinen Affenhändchen so geschickt, daß wir von Mal zu Mal in Erstaunen gerieten. Die Schalen warf es einfach in großem Bogen auf den sandigen Platz, und das Affenkind schaute uns dabei mit knitzen, blinzelnden Augen unaufhörlich an.

Für uns war es eine ergötzende Episode.

Das ganze Schauspiel dauerte eine geraume Weile, und wir vergaßen, daß wir eigentlich zum Essen gekommen waren. Erst als uns ein Ober die Aufforderung überbrachte, ins Innere des Restaurants zu kommen, verließen wir den Garten.

Nur ungern trennten wir uns von „unserem" Affenkind, das uns traurig nachschaute. Es hatte sich in unser Herz „geknabbert".

Die ausführliche Speisenkarte, die man uns reichte, war schon mehrfach zusammengestrichen. Es gab nur noch einige Steaks, die auf englische Art zugerichtet waren. Das zähe Fleisch war gewaltig dick, äußerlich dunkel bis schwarz, innerlich rot und blutig. Dazu gab es etwas einheimisches Gemüse – auch auf englische Art gekocht.

Man mußte sich tatsächlich fragen, mit welchem Gebiß die Engländer eine solche Mahlzeit zwischen die Zähne bekommen. Jetzt beneidete ich mein kleines Äffchen, das mit Wonne seine Erdnüsse knabbern konnte, ich aber mußte mich mit dem Steak herumplagen. Affen haben es halt doch besser!

Nabai

Mister Haisam, der Technische Chef der State Organization of Minerals, hatte mich gebeten, wegen einer besonderen Reise zu ihm in das Gebäude der S.O.M. zu kommen.

Es war sehr mühsam, die vielen Treppen bis zum achten Stock hochzusteigen, da an diesem Tag der Fahrstuhl nicht funktionierte. Ich konnte bei dieser Gelegenheit aber den Fortgang des Ausbaus der einzelnen Stockwerke bewundern.

Haisam, der fließend deutsch sprach, weil er einst in der Bergakademie in Leoben in der Steiermark acht Semester Bergbau studiert und dann eine Österreicherin geheiratet hatte, wartete schon auf mich. Er stellte mir einen jungen irakischen Ingenieur vor, der mich an diesem Tag begleiten sollte. Unser Ziel war der Ort Nabai. Er liegt ca. 50 bis 60 km nördlich von Bagdad, also in Richtung Mossul.

Dort waren in einem Kieswerk zehn Kaelble-Hinterkipper und fünf Euclid-Hinterkipper eingesetzt.

Unterwegs in Richtung Mossul.

Die Ziegelei.

Wie immer gab uns Haisam keine detaillierten Anweisungen, was zu tun war, so konnten wir beide uns bereits nach fünf Minuten verabschieden.

Der Ingenieur hatte einen „Toyota", der uns nun als Fahruntersatz diente. Ich war natürlich begierig zu erfahren, um was für einen „Ingenieur" es sich bei meinem Begleiter handeln würde, denn solche Titel sind in diesem Land sehr selten.

In seinem Auto erzählte er mir dann in einem richtigen Kauderwelsch, daß er in Deutschland und in Österreich studiert habe. Seine gesamte Studienzeit setzte sich aus acht Wochen auf der Bergakademie in Leoben und vier Wochen auf der Universität in Heidelberg zusammen. In Bagdad hatte er zuvor in der Berlitz-School etwas Deutsch gelernt, das er bei seinem „Studium" und jetzt bei mir anbringen konnte. Ich hatte den Eindruck, daß er ein besonderer Günstling des Herrn Haisam war.

Als wir durch die Außenbezirke von Bagdad fuhren, konnte ich ihn dazu bewegen, mir einiges über die Stadt zu erzählen. Am Hauptbahnhof, den wir bald passierten, erzählte er mir, daß dieser bereits vor dem Ersten Weltkrieg vom damaligen Deutschen Reich geplant und zum großen Teil auch gebaut worden sei. Ich kannte diese Hinweise, denn während meiner Schulzeit hatten wir gelernt, daß die Bagdadbahn eine besondere Leistung des ehemaligen Deutschen Reiches war. So war ich nun begierig, einiges davon zu sehen.

Zunächst fuhren wir allerdings durch einen ausgedehnten Palmenhain, und es dauerte fast eine Stunde, bis wir aus den Vororten und dem Palmenhain herauskamen.

Als wir die nähere Umgebung der Stadt verlassen hatten, fiel mir immer wieder auf, daß sich einzelne schwerbeladene Esel dahinquälten, angetrieben von Irakis, die mitunter diese Tiere gewaltig attackierten. Über dem Rücken der Esel lag in einem geflochtenen Tuch, in dem mehrere ungebrannte Backsteine enthalten waren, ihre beschwerliche Last.

Ich konnte mir zunächst keinen Reim daraus machen, was der ganze Transport zu bedeuten hatte. Erst nachdem wir in etwa zwanzig Kilometer Entfernung gewahr wurden, daß dort eine Brennerei für Backsteine stand, war mir das Verfahren klar.

Die Esel taten mir leid, besonders nachdem ich einige sah, auf denen noch zusätzlich der Arabi saß und das Gewicht der Last damit verdoppelt wurde. Dabei schleiften die langen Beine der „Reiter" fast am Boden. Auf dem Heimweg vergaß keiner der Irakis, auf den Esel aufzusitzen. Ich empfand es als Tierquälerei!

Als wir in der Nähe der Brennerei waren, konnte ich besser dieses mittelalterliche Verfahren kennenlernen. Einer der Eselreiter nahm einen vollen Kanister mit Benzin und stieg eine an der Brennerei angelehnte Metalleiter hoch, derweilen sein Esel mit seiner Last geduldig am Fuß der Anlage stehen blieb. Dann sah ich etwas, das mir den Schweiß aus den Poren trieb. Von der obersten Sprosse der Leiter kippte der Iraki, angetan mit der obligatorischen Kutte, den in dem Kanister enthaltenen „Sprit" in das vom Vorgänger her noch glostende Feuer. Explosionsartig war an der Brennstelle eine etwa sechs bis acht Meter hohe Stichflamme entstanden, die aber nach zwei Minuten so umgelenkt wurde, daß nur noch eine flache Brennflamme übrig blieb. An dieser „geregelten Flamme" brannten die Irakis über einem Rost ihre Backsteine, während sie ihren Esel ganz in die Nähe der Brennflamme dirigiert hatten. Rund um die Brennerei waren etwa acht bis zehn Brennstellen. Sie wurden wechselweise von den gerade ankommenden Irakis benutzt. Danach packten die Leute die noch heißen Backsteine wieder ein, und die Esel trotteten mit ihrer Last zurück nach Bagdad.

Nachdenklich fuhren wir weiter.

Die Straße war ziemlich holprig. In einem seitlichen Abstand von rund 15 Metern zu dieser Straße verlief eine Eisenbahnschiene. Ehe ich danach fragen konnte, hatte mir mein Begleiter erklärt, daß diese eingleisige Strecke die „weltberühmte Bagdadbahn" sei, die einst das damalige Deutsche Reich schon vor dem Ersten Weltkrieg gebaut und finanziert habe und daß diese Bahn heute noch in Betrieb sei. Kaum hatte er dieses erwähnt, sah ich in der Ferne, Richtung Norden, Dampfwolken, die wohl von einem Lokomotivkessel ausgestoßen wurden. Ganz begeistert erklärte mir mein Begleiter, daß wir nun das große Glück hätten, eine solche Eisenbahn zu sehen. Er wäre schon etliche Male hier vorbeigefahren und hätte noch nie einen Eisenbahnzug zu Gesicht bekommen, da die Fahrpläne Stunden und manchmal auch Tage differierten. Inzwischen kamen wir und der Zug einander näher. Unschwer konnte man erkennen, daß die Gleisspur derjenigen der Deutschen Reichsbahn entsprach. Zudem waren die Gleise so verlegt, daß, wo irgend möglich, eine geradlinige Strecke zustande gekommen war. Der Gleisunterbau schien natürlich keinesfalls gut befestigt zu sein, denn die uns entgegenkommende Bahn fing gewaltig an zu wackeln und zu schwanken. Daher war wohl auch die Geschwindigkeit nicht gerade erheblich. Ich schätzte zwischen 25 und 30 km pro Stunde. Der Lokomotive angehängt war ein Tender, in dem die zum Betrieb der Bahn erforderliche Kohle mittransportiert wurde. Ich konnte während des Vorbeifahrens den Heizer beobachten, wie er stark damit beschäftigt war, die nötige Kohle in die Feuerung zu schaufeln.

Hinter dem Tender waren zwei Güterwagen für Gepäck angehängt. Dann folgten vier Personenwagen, in denen auf einfachen Holzbänken die Passagiere saßen. Die Bänke waren alle besetzt, und im Gang dazwischen standen noch eine Menge Leute. Man hatte den Eindruck, daß die Bahn überladen war. Kein Wunder, denn sie war neben dem Auto das einzige Transportmittel im ganzen Land.

Nach einer Fahrt von fast zwei Stunden kamen wir an eine Abzweigung der Hauptstraße nach Mossul. Schon seit einiger Zeit bemerkte ich ein Schild in englischer Sprache, das auf ein besonderes Areal der amerikanischen Regierung hinwies. Nachdem wir die Hauptstraße verlassen hatten, standen wir plötzlich vor einem modernen, riesigen Gebäudekomplex, den ich anfänglich wegen der Sonneneinstrahlung nicht identifizieren konnte. Mein Begleiter klärte mich jedoch auf, daß hier vor etwa fünf Jahren die Amerikaner ein Kraftwerk mitten in der Wüste gebaut hätten, das zur Stromversorgung von Bagdad dienen sollte. Wie ich sehen konnte, war die Anlage völlig komplett. Es war alles „dran", aber weit und breit kein

Mensch zu sehen. Auch keine Hochspannungsleitungen, kein Wasseranschluß, nichts, was auf ein in Funktion befindliches Kraftwerk hätte hindeuten können.

Mein Begleiter meinte, daß es ein Zeichen des Aufbaus im Irak darstellen würde, aber aus irgendwelchen Gründen nie eingeweiht, geschweige denn in Betrieb genommen worden sei. Das war für mich als Techniker unvorstellbar.

Wir hatten über Sandwege hinweg noch etwa zwei bis drei Kilometer zu fahren, bis wir gerade vor uns eine große Werkstatt, einen Waschplatz, ein Verwaltungsgebäude und ein gesondertes Gebäude, in dem ein Speisesaal und eine Gebetsabteilung untergebracht waren, sahen. In dem Verwaltungsgebäude waren einige Irakis versammelt, die schon auf uns gewartet hatten, denn Haisam hatte uns angemeldet. Zu meiner Überraschung stand vor dem Haus unser Monteur aus Backnang. Er hatte natürlich eine riesige Freude, einen Landsmann mitten in der Wüste zu treffen. Wir konnten uns auf echt schwäbisch unterhalten und die neuesten Nachrichten austauschen. So konnte ich auf einfache Weise mir ein Bild von den Problemen vor Ort machen, die beileibe nicht so groß waren, wie Haisam in Bagdad mir berichtet hatte.

In das allgemeine Palaver hinein lud man mich ein, da es inzwischen Mittagszeit war, am Mittagessen im Speisesaal teilzunehmen. Unser Backnanger Monteur hatte es abgelehnt, mit den Einheimischen zusammen zu essen. Er nahm mich auf die Seite und erklärte mir, daß es ihm regelmäßig schlecht würde, wenn er den anderen beim Essen zusehen müßte. Die Folge wäre, daß er alles, was er im Beisein der Leute essen würde, schon kurz danach erbrechen würde.

Solcherart vorbereitet, schritt ich munter zusammen mit den Irakis zum „frugalen Mahl". Es gab gekochte Nudeln und Auberginen, und ich hatte an einem langen Tisch auf einer einfachen Bank Platz genommen. Als Ausnahme hatte ich als „lieber deutscher Gast" einen Löffel bekommen, während die anderen die fettigen Nudeln und die feingeschnittenen Auberginen mit der Hand zusammenstreiften. Dabei ergaben sich ergötzliche Laute. Als Getränk wurde einfaches Wasser aus einer Karaffe gereicht. Das Glas, aus dem ich trinken sollte, war sicher schon von einigen benutzt worden, denn den oberen Rand „verzierten" mehrere Mundabdrücke. Nun verstand ich meinen Monteur – aber ich war ja schon mitten drin.

In meiner Jugend hatte ich in manchen Karl-May-Büchern gelesen und gelernt, daß man den Tod verdient hätte, wenn man ein angebotenes Essen ablehnen würde.

Also aß ich tapfer weiter, und mein Gegenüber am Tisch war der Meinung, daß es mir prächtig schmecken würde, denn er schöpfte mir ein zweites Mal, ohne meine Aufforderung abzuwarten, aus der riesigen Schüssel nach. Derweilen konnte ich meine „Mitesser" beobachten. Sie strichen sich die Nudeln genüßlich ums Maul. Offenbar war das Essen gut, und die Auberginen taten ihr Bestes.

Als das Essen zu Ende war, sammelte der Küchenchef die halbleeren Gläser auf dem Tisch ein, entleerte sie alle in eine Schüssel und führte damit eine ausführliche „Fußwaschung" durch – und das mitten im Saal.

Mein Monteur erwartete mich nach dem Essen vor dem Speisesaal und starrte mich gespannt an, ob ich irgendetwas sagen würde.

Ich verkniff mir eine negative Antwort.

Stattdessen sollten wir uns die einzelnen Geräte und Fahrzeuge ansehen. Dabei erlebte ich neue Überraschungen. Die Muldenkipper, 30-Tonnen-Fahrzeuge, standen zur Inspektion auf einem Sandplatz, mit hochgekippter Mulde, ohne Absicherung! Und das bei laufendem Motor! Gleichzeitig hantierte ein Iraki innerhalb des Fahrerhauses, und zwei besonders Intelligente bedienten außerhalb der Fahrzeuge eine automatische Fettpresse, und zwar derart, daß der Preßkopf nur selten den betreffenden Schmiernippel berührte, sondern zwischendurch lange Fettschlangen ins Freie abgab, die zumeist über die ehemals weißen Überhänge der Irakis liefen. Das Aussehen des „Schmiermeisters" war also ein Bild für einen „Weihnachtskalender". Ich mußte ob der ungewollten Komik laut und herzlich lachen und vergaß dabei die anderen, zum Teil lebensgefährlichen, aber unbewußt hervorgerufenen Situationen.

Wenn man bedenkt, wie penibel wir solchen Arbeitsdienst zu Hause in Deutschland behandeln, dann wird man sich hier in der Sandwüste erst klar, was man alles verkehrt und gefahrvoll machen kann.

Einer der irakischen Monteure, wie sich später herausstellte der Chef dieser Truppe, nahm mich auf die Seite, um mir seine „Erfindung" beziehungsweise „Verbesserung" an den Fahrzeugen zu erklären. Er hatte beobachtet, daß der Antrieb der Hinterachse „gewaltig" verbessert werden könnte. Ich war also neugierig, was der „Sohn der Wüste" Grundlegendes entdeckt haben wollte. Also bat ich ihn, seine „geistigen Ergüsse" mir darzulegen. Was er auch bereitwillig tat.

Und das sah so aus: Der Antrieb über die Gelenkwelle an der Hinterachse wird durch das Kegel- und Tellerrad auf eine Seite der Antriebsachse übergeleitet. Würde man nun zwei Tellerräder einsetzen, was technisch durchaus möglich wäre, dann hätte man je einen Antrieb auf beiden Seiten der Hinterachse, also

die doppelte Antriebsleistung der Hinterachse, was er „die Doppelreduktion" nannte. Das war einleuchtend. Er vergaß dabei nur, daß dann die linke Seite gegenüber der rechten Seite eine Gegendrehrichtung aufweisen würde. Man würde in diesem Zusammenhang das zentrale Differential einsparen, aber in der Praxis könnte ein solches Fahrzeug sich nur um sich selbst drehen, und bei mehrachsigen Fahrzeugen würden die einzelnen Achsen sich gegenseitig sperren.

Alle Erklärungen und in den Sand gezeichneten Darstellungen nützten nichts. Er blieb hartnäckig bei seinen Vorstellungen und gab seinen Widerstand erst auf, als ich ihm zusagte, zu Hause die Angelegenheit nochmals in Ruhe zu überdenken und dann, wenn ich zu demselben Ergebnis kommen würde wie er, ihm eine Dotation zukommen zu lassen, die ihn für alle Zeiten der Sorge entheben würde, für seinen Lebensunterhalt Geld verdienen zu müssen. Ich war mir klar, daß das nie eintreten würde, aber ich sah ihm an, daß er glücklich war, in mir einen gelehrigen Schüler gefunden zu haben.

Kaum hatte ich den „Erfinder" zufriedengestellt, als mir unser Backnanger Starmonteur eine neue „Botschaft" überbrachte. Er stellte mir seinen „Schwiegervater" vor. Nun kannte ich zwar seinen echten Schwiegervater in Backnang, aber der, den er mir gerade präsentierte, war mir nicht bekannt.

Einer der „Schmiermaxe", die ich schon in ihrem verdreckten Dress beobachten konnte, hatte zu Hause in seinem Wigwam, rund zwei Kilometer entfernt, mehrere Kinder und eine geplagte Frau.

Die älteste Tochter war im heiratsfähigen Alter, etwa 18 Lenze jung, und der Iraki als treusorgender Vater war darauf bedacht, einen leidlichen Schwiegersohn zu ergattern. Und bei dieser Suche war er auf den seiner Meinung nach intelligenten Monteur aus Deutschland gestoßen. Er tat alsbald seine Wahl dem Deutschen kund, allerdings mit einer wichtigen Bedingung. Der zukünftige Schwiegersohn müßte dem Islam beitreten und sich Allah als dem alleinigen Gott unterwerfen. Dafür schilderte der Iraki besonders das sexuelle Liebesleben mit seiner bis jetzt noch keuschen Tochter in den schillerndsten Farben.

Auf Grund der wiederholten Werbungen des „Schwiegervaters in spe", der auch noch die Mitgift zu erwähnen nicht vergaß, die er auf einen Esel, eine Geiß und vier Hühner bezifferte, und den drängenden weiteren Angeboten faßte unser Monteur den Entschluß, wenigstens „versuchsweise" die vorgesehene „Braut" zu besichtigen. Also verabredete er sich für das nächste Wochenende mit dem Iraki.

Es war an einem Samstagvormittag, als beide mit dem Fahrzeug des Monteurs zu der betreffenden Siedlung fuhren.

Vor dem ungedeckten Haus stand, wie bestellt, das junge weibliche Wesen, tief verschleiert. Es war einfach nichts zu sehen, und unser Monteur durfte auch nur auf Distanz die vermummte Gestalt besichtigen. Außerdem war der Duft, den diese Gestalt ausströmte, nicht gerade angenehm. Mag sein, daß dieses junge Wesen enthüllt eine liebliche Schönheit war, aber diese Vorstellung unter diesen Bedingungen hatte das Interesse nicht wecken können, das heißt, sogar das Gegenteil war erreicht.

So unterblieb die Besichtigung der Mitgift, des Esels, der Geiß und der Hühner.

Und im Grunde genommen war unser Monteur froh, daß er bis jetzt nicht eingestehen mußte, daß er in Deutschland eine angetraute Frau und drei Kinder hatte, die er abgöttisch liebte. Das Abenteuer war also beendet.

Nach einer kurzen Verabschiedung konnten wir beide, der irakische Ingenieur und ich, beruhigt wieder nach Bagdad zurückfahren.

In letzter Minute

Die Boeing 727 setzte zu ihrem Landeanflug auf den Flughafen Bagdad an. Die Passagiere hatten sich schon vor einiger Zeit angeschnallt und warteten auf das Aufsetzen der Maschine. Alle waren gespannt, was ihnen der neue Aufenthalt im Irak an Überraschungen bringen würde.

Der Ausstieg ging daher rasch vonstatten. Jeder suchte unter den am Rande des Flughafengebäudes versammelten und wartenden Menschen ein bekanntes Gesicht. Auch ich hatte bis dahin noch keine Nachricht erhalten, wer sich wohl der Aufgabe unterziehen würde, mich abzuholen. Ich hatte bereits in Backnang gehört, daß einige schwierige Verhandlungen unmittelbar nach der Ankunft in Bagdad auf mich warten würden. So war ich sehr überrascht, als ich aus der Menge Samir Khoury hervortreten sah. Er machte an diesem Tag einen äußerst gespannten Eindruck und konnte mich entgegen seiner sonstigen Art überhaupt nicht herzlich begrüßen. Er bat mich, wenn meine Gepäckformalitäten am Flughafen erledigt seien, so rasch wie möglich in sein Auto einzusteigen, denn er wäre sehr in Eile.

Was hatte ihn heute so erregt? Im Auto, als wir zum Stadtinnern unterwegs waren, erklärte er mir den Grund seiner übertriebenen Hast.

Heute früh, als er sich gerade auf den Weg machen wollte, hatte sich ein Monteur, der aus Mosbach stammte, bei ihm in seiner Wohnung in Bagdad gemeldet. Khoury war überrascht, denn er hatte noch nicht mit ihm gerechnet, schon gar nicht zu dieser Morgenstunde.

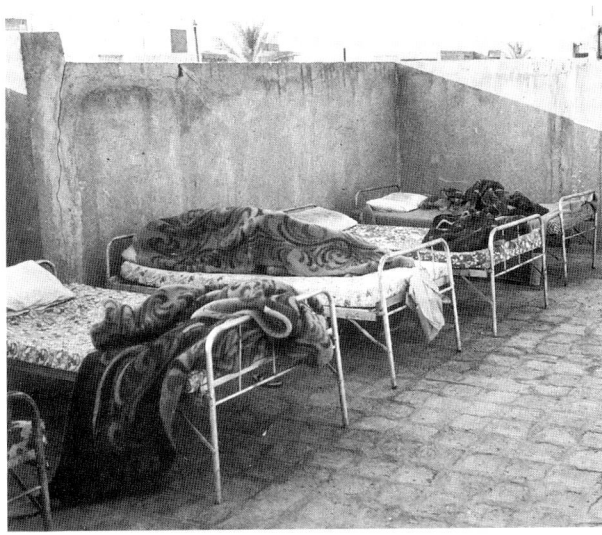

Unser luftiges Quartier in Kerbela.

Der Mann mußte ihm in hastigen Worten erklären, daß er überraschend in der Nacht in der Nähe von Mossul abgefahren wäre, außerplanmäßig, denn seine Monteurskollegen, die teils Engländer und teils Italiener waren, hätten ihm dringend geraten, so schnell wie möglich das Land zu verlassen, wenn er nicht Gefahr laufen wollte, in einem irakischen Gefängnis zu landen.

Bruchstückweise nur hatte Khoury den Vorfall aus ihm herausbringen können.

Der Monteur hatte gestern seinen letzten Dienst an einigen Planierraupen der Firma Kaelble abgeleistet. Dann war nach seinem Plan seine Tätigkeit im ganzen Irak beendet. Wie das so üblich ist, hatte er dort in Mossul zum Abschied für seine Kameraden noch „einen ausgegeben". In vorgerückter Stunde war man noch sehr fröhlich und ausgelassen gewesen. Der Alkohol hatte seine Wirkung getan. Dabei waren dann auch Worte gefallen, die für die Araber nicht angenehm zu hören waren. Besonders unser Monteur hatte sich zu Ausdrücken hinreißen lassen, die die Araber beleidigen mußten. Er hatte sie „Tagediebe", „Verbrecher", nutzloses Gesindel", „unfähig, etwas Vernünftiges zu tun" und noch mehr solcher Dinge genannt. Alles in deutscher Sprache, die die Araber nicht verstanden – und damit wäre die Sache nicht weiter tragisch gewesen. Aber gerade hier nahm das Schicksal seinen Lauf.

Unter den Mittrinkern waren auch zwei Leute aus der ehemaligen DDR, die häufig von den Irakis als Spitzel eingesetzt waren. Diese verstanden die Ausdrücke des Monteurs natürlich recht gut und gaben sie ungeschminkt an die irakische Polizei weiter.

Die anderen Monteure aus England und Italien hatten beobachtet, daß die DDR-Leute sich sofort

Notizen gemacht hatten, und ihnen schwante Schlimmes. Als nach langem Zechgelage kurz nach Mitternacht die fröhliche Gesellschaft auseinanderging und der Mosbacher Monteur noch einen kräftigen „Toast" auf die „unverbrüchliche Gemeinschaft" der westeuropäischen Monteure ausbrachte, da hatten die Engländer und die Italiener inzwischen mitbekommen, daß die beiden DDRler alles mitgeschrieben hatten und daher unserem Monteur geraten, so schnell wie möglich das Land zu verlassen. Sie hatten alle Mühe, den Mosbacher Monteur zu überzeugen. Sie boten ihm noch einen Pkw an, den er am Flughafen stehen lassen sollte, wo sie ihn wieder abholen wollten.

Und so lief oder fuhr der Monteur mit den DDR-Leuten und der irakischen Staatspolizei um die Wette.

Er hatte seine Utensilien ja schon zusammengepackt, somit war es nicht schwer, nachts um halb zwei Uhr mit dem Pkw in Mossul zu starten und die Nacht durchzufahren. So kam er früh morgens in Bagdad bei Khoury an, dessen Adresse er ja kannte.

Dieser hatte sofort, nachdem er den Sachverhalt gehört hatte, seinen anwesenden Schwager beauftragt, mit dem „Delinquenten" zum Flughafen zu fahren und ihn in das nächstbeste Flugzeug nach irgendeinem Land in Europa zu setzen.

Soweit der Bericht von Khoury, als wir im Auto saßen. Er war sehr aufgeregt, denn er wußte, daß mit solchen Sachen im Irak nicht zu spaßen ist.

Als wir dann kurz darauf in Khourys Wohnung eintrafen, standen schon zwei irakische Geheimpolizisten da, die zuerst meinten, sie könnten den vermeintlichen „Verbrecher" gleich verhaften, denn ich wäre derjenige. Khoury und ich mußten alle Hebel in Bewegung setzen und beweisen, daß ich gerade erst mit dem Flugzeug aus Deutschland eingetroffen war, also unmöglich der „Delinquent" sein konnte.

Khoury hatte sie dann in ein längeres und ausführliches Gespräch verwickelt, um Zeit zu gewinnen, damit der Monteur inzwischen einen passenden Flug nach Deutschland bekommen konnte. Da die Unterredung in Arabisch ablief, konnte ich nichts davon verstehen, konnte aber an der Miene von Khoury ablesen, daß er, je länger es dauerte, umso gelassener wurde.

Inzwischen hatte ich gehört, daß draußen ein Auto vorgefahren war, und ich sah durchs Fenster, daß der Schwager von Khoury ausstieg.

Es war inzwischen schon nach fünfzehn Uhr.

Freudig trat der Schwager ein und begrüßte die Geheimdienstler sowie Khoury und mich. Schon an seinen Gebärden konnte ich merken, daß er die „Sache" zum Guten hatte wenden können.

Die beiden Herren nun zu verabschieden und ihnen bei der weiteren Suche viel Erfolg zu wünschen, war nun das nächste. Khoury sah ich an, daß ihm sichtbar ein Stein vom Herzen gefallen war. Wir aber lauschten dem Bericht des Schwagers, der uns die abrupte Abreise des Monteurs ausführlich schilderte. Die nächtliche Fahrt von Mossul nach Bagdad und die anschließende Fahrt zum Flughafen hatten den etwas beduselten Monteur zur Besinnung gebracht. Erst dann wurde er sich bewußt, in welcher Gefahr er sich befand.

Am Flughafen hatten sie festgestellt, daß an diesem Tag nur noch die „Swissair" nach Europa flog, diese aber bereits vollbesetzt war. Mit vielen Worten und einem guten Trinkgeld für den Chefsteward hatte es der Schwager endlich erreicht, einen Notsitz im hinteren Teil des Passagierraumes zu belegen, denn, wie er uns mit treuherzigem Augenaufschlag bestätigte, der Monteur müsse sofort nach Hause kommen, da sein Vater im Sterben liege und den müsse er noch lebend sehen. So wurden die Formalitäten am Flughafen sehr schnell und unbürokratisch abgewickelt, denn der planmäßige Start der Maschine stand unmittelbar bevor.

Der Schwager hatte der Swissair-Maschine noch nachgeschaut, wie sie aufgestiegen und gegen Nordwesten am Mittagshimmel in der Sonne funkelnd verschwunden war.

Das Intermezzo in Bagdad

Aus Bagdad kam eine telegraphische Anforderung. Ich sollte dringend noch einmal zu einer wichtigen Besprechung dorthin kommen. Weimann-Kaelble sollte auch dabei anwesend sein. Er war bereits in den anderen arabischen Staaten unterwegs, so mußte ich getrennt anreisen.

Samir Khoury holte mich am Flughafen in Bagdad ab und brachte mich ins Hotel.

Weimann-Kaelble war schon da, so konnte ich ihn gleich sprechen. Er erzählte mir sofort von dem „dringenden Vorhaben". Samir und Suhail Khoury waren der Meinung, daß weitere Hinterkipper für den Irak im Gespräch seien und womöglich sofort bestellt werden sollten. Man wollte aber über die Größe der Fahrzeuge verhandeln. Deshalb war meine schnellstmögliche Beteiligung gefordert.

Am Abend trafen wir noch im Hotel mit Samir zusammen, der uns die Probleme schilderte, die er mit seinem Bruder Suhail „auszufechten" habe. Er tat dies sehr ausführlich, wie dies unter Arabern üblich ist.

Dann fuhren wir in sein Haus, das in der Nähe der Deutschen Botschaft von Bagdad steht. Dort sollten wir – ohne Suhail – das ganze Problem nochmals durchsprechen.

Als wir an dem Botschaftsgebäude vorbeikamen, hatte es Samir nicht unterlassen können, uns ein Erlebnis besonderer Art zu schildern. Der bei den Deutschen angestellte Iraki, der die Aufgabe hatte, jeden Morgen die Dienstflagge der Botschaft am Fahnenmast aufzuziehen, habe diese verkehrt herum aufgehängt, so daß der Hoheitsadler nach unten zeigte, das heißt, daß er „im Sturzflug" zur Erde ging. In der Botschaft hatte es niemand bemerkt, erst als der Botschafter persönlich gegen zehn Uhr erschien, habe er den Iraki zurechtgewiesen, und zur selben Zeit war Samir gerade vorbeigegangen und hatte natürlich den „Fauxpas" auch gesehen.

Weimann-Kaelble hatte mir schon unterwegs im Auto berichtet, daß er am Tag zuvor die Sekretärin und die Frau von Samir bewundern konnte. Beide hatte Samir heute zum Gespräch hinzugezogen. Von der Sekretärin meinte Weimann, sie sei ein „goldiges Kind", also war ich gespannt, ob ich zur selben Meinung kommen würde.

Gleich darauf sah ich sie auch und sagte dann zu Weimann:

„Wenn sie so intelligent wie schön ist, dann gefällt sie mir auch!"

Sie bediente eine arabische Schreibmaschine, die mir wie ein „böhmisches Dorf" dünkte. Nach meinen Beobachtungen vollbrachte sie eine Kette von Schreibfehlern. Sie mußte das Blatt vier- bis fünfmal wechseln, bis der Text von sechs Seiten endlich einigermaßen stand. Dann lagen mitunter mindestens dreißig „verschriebene" Schreibmaschinenbogen am Boden. Ich sammelte sie alle ein, um einen Beweis für meine Ahnung zu haben. Jedoch Weimann-Kaelble blieb hartnäckig bei seiner Feststellung, daß es ein „schönes Kind" sei. Sie hatte den arabischen Teint, der eine herbe dunkle Note in ihr Gesicht zauberte – und das machte sie interessant.

Samir hatte einige Flaschen deutschen Wein kaltgestellt, den wir an diesem Abend mitten im Araberland verkonsumierten.

Am nächsten Morgen mußten wir einige Besuche und Besprechungen in verschiedenen Ministerien absolvieren, und da war dann Suhail dabei. Die Besprechungen waren sehr langatmig, und die Irakis waren zudem mit zwölf Mann erschienen. Für mich war dies anstrengend, denn alle arabischen Beteiligten, dazu auch Weimann-Kaelble, rauchten im Verlauf der Besprechung unaufhörlich arabische Zigaretten, wodurch zahlreiche Aschenbecher mit Kippen gefüllt wurden.

Da in dem Raum keine Fenster geöffnet werden konnten, war ein fast undurchsichtiger Nebel entstanden, der mir zudem noch den Umstand bescherte, daß meine Augen zu tränen begannen.

Den Nachmittag brachten wir im Garten und im Schwimmbecken des Bagdad-Hotels zu. Weimann hatte unbedingt den Wunsch, noch eine tiefe Bräune seines Teint zu ergattern, da er bald wieder zurück nach Deutschland wollte. Er setzte sich, ohne Oberhemd, an die pralle Sonne, rieb seine Haut mit einem Sonnenöl ein und trank dazu acht Gin-Tonic pur, also ohne das übliche Wasser.

Alle übrigen Gäste suchten den Schatten auf, er aber hatte sich gebräunt! Welch große Leistung!

Als es dunkel wurde, kamen Samir und Suhail wieder, und wir setzten uns in die Lobby des Hotels, wo wir über verschiedene Vorhaben sprachen. Der große Raum war nahezu ganz besetzt, und an der Kleidung der anderen Gäste konnte ich feststellen, daß es zumeist Scheichs waren, meistens älterer Garnitur.

Inzwischen war es Nacht geworden.

Die Lobby hatte große, bis zum Boden reichende Fenster. Da es draußen ziemlich kühl geworden war, blieben die Fenster geschlossen. Nicht bei Weimann-Kaelble, der ja durch die drastische Aufheizung am Nachmittag ziemlich viel Hitze gespeichert hatte. Er stand plötzlich auf und riß das nächstliegende Fenster auf. Der daneben sitzende Scheich stand sofort ebenfalls auf und schloß es wieder.

Weimann-Kaelble öffnete es von neuem – und der Scheich wurde sichtbar unmutig und schloß es wieder. Diese Zeremonie wiederholte sich noch dreimal. An dem Tisch, an dem die Scheichs saßen, wurde eine merkliche Unruhe spürbar. Suhail und Samir drangen in Weimann-Kaelble, das „grausame Spiel" nicht mehr weiter zu treiben, denn sie befürchteten, daß die Scheichs allesamt zum tätlichen Angriff übergehen würden. Beide schlugen vor, daß wir jetzt im nebenliegenden Speisesaal etwas essen sollten, was natürlich dem „Spiel" in der Lobby ein Ende bereiten würde.

Es war schwierig, Weimann zur Vernunft zu bringen, die Sonnenhitze und die diversen Gin-Tonics pur hatten ihre Wirkung getan. Ich war froh, aus dieser Affäre im rechten, das heißt im letzten Augenblick herauszukommen. Sowohl Suhail als auch Samir erklärten uns, daß die Scheichs in solchen Fällen allzu leicht und schnell zum Messer oder zum Dolch, den sie ja in ihrem Gürtel tragen, greifen würden, und dann wäre jegliche Beschwichtigung nutzlos. Kleine Ursachen – große Wirkung!

In den nächsten Tagen hatten wir noch einige Verhandlungen in Bagdad und auch in den Außenbezirken. Weimann-Kaelble war nicht dabei – er hatte sich gesundheitlich disqualifiziert und lag bei Samir zur Erholung im Bett, gepflegt von dessen Sekretärin.

Auf meinem Rückflug mit der Swissair konnte ich die Erfahrungen der letzten Tage nochmals überdenken, denn ich war allein. Das war wohltuend!

Rückflug nach Deutschland

Ich hatte wenigstens für den Augenblick alle geschäftlichen Probleme erledigt und war nun wieder bereit, nach Hause zu fliegen. Da mein Flugticket aber erst für drei Tage später gebucht war, mußte ich in Bagdad zunächst in ein entsprechendes Reisebüro gehen, um eine Umbuchung vorzunehmen.

In meinem Hotel, dem „Gilgamish", hatte ich an dem dort aushängenden Flugplan gelesen, daß für den morgigen Tag ein Flug der Swissair nach Zürich vorgesehen war, und zwar war der Start der Maschine auf 12 Uhr geplant. Der Weg vom Hotel bis zum Büro der Swissair war nicht weit.

Das Büro war angenehm ausgestattet. Darin besorgte eine modern gekleidete, also unverschleierte arabische Dame den Kundendienst. Sie sah mich sehr freundlich an, und ich versuchte, ihr auf englisch klarzumachen, daß ich entgegen der bisherigen Eintragung in meinem Flugschein nicht erst in drei Tagen mit der Lufthansa, sondern bereits morgen mit der Swissair fliegen wolle und dabei dann ab Zürich eine mir bekannte Zubringermaschine von Zürich nach Stuttgart in Anspruch nehmen würde. Das war ein Verfahren, das bestimmt nichts Außergewöhnliches darstellte, solche oder ähnliche Umbuchungen waren an der Tagesordnung.

Nicht aber bei meiner arabischen Dame.

Als ich ihr meinen Vorschlag erläutert hatte, wurde ihr Gesicht immer länger und länger. Sie holte einen Weltatlas herbei, darauf war wohl Bagdad eingetragen, nicht aber Zürich, denn diese Stadt, die in der Schweiz den größten Flughafen hat, hat einen anderen Namen und heißt Zurico. Die Dame fand dadurch meinen Anschluß von Zürich nach Stuttgart, wie auf meinem Flugticket verzeichnet, nicht. Meine diesbezüglichen Erklärungen konnte sie, aus welchen Gründen auch immer, nicht akzeptieren, dennoch zeigte sie sich aber bemüht, mir eine „gute Heimreise" zu besorgen. Auf ihrer Weltkarte fand sie ebenfalls keinen Namen, der wenigstens so ähnlich wie Stuttgart gelautet hätte. Auch meine Beteuerungen, daß dies eine sehr bekannte Stadt mit einem Flughafen in „Germany" sei, konnte sie einfach nicht glauben.

Der Verzweiflung nahe, gab ich endlich das Rennen auf. Meine Versuche, ihr die Landkarte zu erklären, waren samt und sonders nicht von Erfolg gekrönt. Derweilen hatte die adrett uniformierte Dame den Weltatlas mehrere Male umgedreht und schließlich eine Möglichkeit gefunden, mein Ticket so abzuändern, daß ich von Bagdad über Athen und weiter über Genf und Basel fliegen mußte. Um dann nach Germany zu gelangen, trug sie einen Weiterflug nach „Muniko" (München) ein. Meine verzweifelten

Zwischenbemerkungen trugen nicht zur Aufklärung bei, und so ging ich nach mehr als zwei Stunden Bemühungen, innerlich genervt, aus dem Swissair-Büro in Bagdad, eingedenk der Tatsache, daß ich eben von München nach Stuttgart irgendwie kommen mußte.

Als ich im Gilgamish-Hotel meine Sachen zusammenpackte, war ich gespannt, welche Odyssee mich morgen erwarten würde.

Der Schwager von Khoury war bereit, mich im Laufe des Vormittags mit seinem Auto zum Flughafen zu bringen. Unterwegs hatten wir noch einen besonderen Aufenthalt. Der Bagdader Flughafen ist immerhin ca. 30 km vom Stadtrand entfernt, und auf dieser Strecke mußten wir ein eigenartiges Fahrzeug überholen. Es war ein Omnibus ältester Bauart. Im Innern saßen etwa dreißig männliche Irakis, alle in einem gesetzten Alter. Sie blickten angestrengt und stur geradeaus. Ich hatte den Eindruck, daß es sich um eine streng religiöse Fahrt handeln würde – und das war es wohl auch, denn auf dem Dach des Busses lag auf einem mit niedrigen Gittern umgebenen Platz ein rohgezimmerter Sarg, dessen Deckel bei der holprigen Straße ständig auf- und zuklappte. Von der Seite her konnte ich den Toten, der mit Tüchern vermummt war, immer wieder sehen, während die „Trauergäste" ihren sturen Blick in Fahrtrichtung beibehielten.

„Die fahren nach Kerbela", hatte mir zur Erklärung Khourys Schwager zu verstehen gegeben. „Dort ist eine Begräbnisstätte für wohlhabende Irakis", fügte er hinzu.

Um das makabre Spiel zu beenden, gab ich Bescheid, schnell dieses Fahrzeug zu überholen, denn es hatte uns schon 30 Minuten Langsamfahrt gekostet. Aus Pietät dürfe man nicht schnell vorbeifahren, wurde mir bedeutet, aber weil wir zum Flughafen müssen, sei es schon erlaubt.

Endlich war ich froh, das Flugzeug der Swissair auf dem Rollfeld zu sehen. Nachdem alle Fluggäste ihr Gepäck abgegeben hatten, konnte ich beruhigt auf den Start warten. Vorher wurden wir durch einen Vorraum im Flughafengebäude geschleust. Da ich in solchen Situationen immer aufmerksam blieb, konnte ich von meinem Standpunkt aus beobachten, daß eine Tür, die einen Blick in den Gepäckraum gewährte, offen stand – und was ich da sah, erregte mich sehr. In dem Gepäckraum waren Irakis damit beschäftigt, das Gepäck der Fluggäste auf einen Anhänger zu laden. Auf einem der Anhänger wurden die Koffer und Taschen derart aufgestapelt, daß ich vermuten mußte, man würde mit dieser Last kaum durch das Tor ins Freie gelangen – und prompt streifte der Querträger dem Anhänger bei der Durchfahrt die oberen drei Lagen der Koffer ab. Ich sah, wie die Koffer zu Boden fielen, der Iraki mit der kleinen Zugmaschine aber ungehindert weiterfuhr. Am Boden blieben sechs bis

Orientalische Gepäckabfertigung.

acht Gepäckstücke liegen, die ein anderer Iraki rasch auf den nachfolgenden Wagen warf.

Ich blieb wie angewurzelt stehen, denn ich konnte sehen, daß unter den liegengebliebenen Gepäckstücken auch mein Koffer war. Blitzschnell stellte ich mir vor, daß der zweite Transport nicht zu der Maschine der Swissair geplant war – und dadurch mein Koffer in ein anderes Flugzeug eingeladen werden würde. In der Lage, in der ich mich gerade befand, war es mir aber unmöglich einzugreifen. So wartete ich ungeduldig, bis wir endlich zum Flugzeug weitergehen konnten. Wahrscheinlich hatten auch andere Passagiere Bedenken bekommen, man hatte uns also noch außerhalb des Flugzeugs zur „nochmaligen Kontrolle" unseres Gepäcks aufgerufen. Es fehlten acht Gepäckstücke – und die wurden gerade in die ebenfalls am Start stehende Maschine der „Lot", eine Illuschin, die nach Polen wollte, verladen. Dort sah ich noch, wie mein Koffer über eine Rampe in den Gepäckraum des Flugzeugs befördert wurde. Ich stellte mir vor, daß mein Koffer in Warschau ausgeladen wird, während ich in Stuttgart das Flugzeug gerade verlasse. Dann schlug ich Alarm – und mit mir noch fünf andere, alles Schweizer aus Zürich.

Durch unsere Intervention mußten die Polen ebenfalls eine Sichtkontrolle durchführen, und von den Stewards der polnischen Maschine wurde nach einer zusätzlichen Verzögerung von nahezu einer Stunde unser Gepäck zur Swissair gebracht. Die Irakis schauten uns nur „treuherzig" an, lediglich der Schweizer Flugkapitän entschuldigte sich unmittelbar vor dem Start.

Dann flogen wir gen Westen, immer über dem Euphrat, den wir tief unten deutlich sehen konnten. Es war ja heller Sonnenschein.

Etwa über der Grenze zwischen dem Irak und Syrien verließen wir den Flußlauf. Doch schon nach wenigen Minuten setzte die Boeing zur Landung an. Da gab der Pilot durch Bordradio bekannt, daß eine Landung im Augenblick nicht erlaubt wäre, aus politischen Gründen, wie er hinzufügte.

In relativ niedriger Höhe flogen wir in weiten Schleifen über das Land. Wir überquerten die Golanhöhen und sahen von oben in die Geschützstellungen hinein, sowohl in die der Israelis als auch in die der Araber. Sie waren noch alle frisch und hoben sich deshalb von dem hellen Wüstensand deutlich ab. Gekämpft wurde heute nicht, die Kanonen waren gegeneinander gerichtet, die Kanoniere lagen friedlich daneben. Dann flogen wir über Damaskus und sahen hinein in die uralten Gassen der Stadt. Und schließlich überquerten wir zum dritten Mal den Norden von Damaskus und sahen die Stadt Homs. Die Schleife reichte bis fast nach Aleppo und ging zurück über den Ort Baalbek. Wir sahen den Autoverkehr auf den Wüstenstraßen – und mir schien die Zeit stillzustehen.

Wieder setzten wir zu einer neuen Schleife an. Endlich, nach einer Stunde Flugzeit, gab der Flugkapitän bekannt, daß er zur Landung in Damaskus die Erlaubnis bekommen hätte, aber daß es leider den Passagieren nicht erlaubt wäre, das Flugzeug zu verlassen. Wir sollten uns ruhig verhalten, denn der Flug ginge nach wenigen Minuten Aufenthalt weiter nach Beirut, das wir nach dem Start in ca. zehn Minuten erreichen würden.

Inzwischen hatte das Flugzeug sanft auf dem Damaskus-Flughafen aufgesetzt, und nach dem Ausrollen kamen sofort fünf uniformierte Beamte an Bord und prüften die Pässe aller Personen, auch die der Stewardessen. Diese Leute machten einen finsteren Eindruck. Dann war der Zustieg für sieben neue Fluggäste freigegeben, die sich alle im vorderen Teil der Kabine niederließen. Der ganze Aufenthalt dauerte eine Viertelstunde, bis der Flugkapitän die Maschine wieder in die Höhe zog. Wir mußten ja zuerst das Antilibanongebirge und unmittelbar danach das Libanongebirge überfliegen, um nach Beirut zu gelangen. Von Norden her über Tripoli erreichten wir den Flughafen der Stadt. Es war interessant, den Anflug zu beobachten. Auf der rechten Seite hatte man einen weiten Blick über das Mittelmeer, während man links die Stadt Beirut und die prächtigen Hänge des Libanongebirges deutlich wahrnehmen konnte. Diese schöne Stadt, die einen gepflegten, europäischen Eindruck machte, war schon einige Tage lang von Schießereien verschiedener Gruppen heimgesucht worden – und es war fraglich, ob wir unter solchen Umständen überhaupt landen durften. Es war deshalb streng verboten, das Flugzeug zu verlassen. Lediglich für einen Einstieg von drei Personen wurde das bordeigene Fallreep herausgelassen. Der Flugkapitän selbst hatte nur unter Begleitung von Offizieren der heimischen Armee die Möglichkeit erhalten, eine Meldung in der Flughafenzentrale abzugeben.

Während er dort war, flammte ein Gewehr- und MG-Feuer ganz in der Nähe des Geländes auf, und wir waren heilfroh, daß der Kapitän bald wieder an Bord der Boeing war. Die Flugsicherung gab uns sofort den Start frei. Wir waren dankbar, daß es schnell wieder auf die freie See hinausging.

Der Flugkapitän gab uns, während wir uns mit Kuchen, Kaffee, Tee oder Wein stärkten, einen Lagebericht durch. Er hatte in Erfahrung gebracht, daß an diesem Tag schon 32 Personen in Beirut gefallen waren und daß das Gewehr- und MG-Feuer noch anhalten würde und man deshalb mit noch weiteren tödlichen Verlusten rechnen müßte. Wir hätten noch mehrere Passagiere an Bord nehmen sollen, die aber aufgrund der Schießerei um das Flughafengebäude herum dieses nicht verlassen durften. Auch für ihn sei es sehr gefährlich gewesen, unter diesen Umständen zum Flugzeug zurückzukommen. Aber er sei ja jetzt hier und könne seine Aufgabe wieder wahrnehmen.

Im ganzen Flugzeug brauste ein minutenlanger Beifall auf.

Nachdem wir in nördlicher Richtung die Insel Zypern überflogen hatten, war unser nächstes Ziel die Südflanke der Türkei. Zuerst mußten wir eine Kursänderung nach Westen durchführen und erreichten nach einer Flugzeit von etwa zwanzig Minuten die „Sonneninsel" Rhodos, berühmt durch den „Koloß von Rhodos", eines der sieben Weltwunder aus der hellenischen Zeit.

Über die Kykladen, eine Inselgruppe, deren einzelne Inseln wir von oben beobachten konnten, ging der Flug weiter nach Athen. Schon mehrere Male hatte ich das „Vergnügen", auf diesem Flughafen zu landen, aber immer wieder war ich froh, wenn das Manöver beendet war. Da die Piste sehr nahe am Meer liegt, die Sichtverhältnisse wegen der Berge im Hintergrund nicht günstig und die Befeuerung besonders bei Nacht nicht auf dem neuesten Stand ist, haben die Flugkapitäne eine Abneigung gegen den Athener Flughafen.

Nach dem geglückten Start sahen wir auf der rechten Seite die Akropolis. Wenn man solche Denkmäler sieht, wird man an die ruhmreiche Geschichte dieses Landes und seiner Menschen erinnert.

Es ging weiter der dalmatinischen Küste entlang bis zum Delta des Po auf der italienischen Seite. Dort verließen wir die Adria und flogen direkt auf Mailand zu. Beeindruckend war die weitausladende Stadt Mailand, die ich schon öfters besucht hatte.

Diesmal war in Mailand keine Zwischenlandung vorgesehen, so sahen wir direkt vor uns das gewaltige Gebirgsmassiv der südlichen Alpen. Wir hatten den Mont Blanc vor uns und mußten in einem großen Kreis fliegen, um den Flughafen von Genf in der Tiefe zu erreichen. Es ist ein eigenartiges Erlebnis, aus den gigantischen Riesen auf die Stadt am See hinabzusteigen.

Erst als wir mit der Swissair-Maschine auf dem schönen Flugplatz ausrollten, hatte ich das Gefühl „die Erde hat uns wieder". Von nun an konnte ich die geographischen Fähigkeiten der irakischen Dame von gestern auskosten, denn auf meinem Flugticket war ja vermerkt, daß ich über Genf, Basel und München nach Deutschland fliegen sollte. Es gab auch keine Möglichkeit, an mein Gepäck in den Tiefen des Flugzeugs heranzukommen. So hatte mein Koffer auch meine Route vorgeschrieben. In Genf hatten wir eine Pause von einer Stunde, und dann konnte ich im halbbesetzten Flugzeug das Schweizer Land von oben besichtigen. Es zeigte sich im Halbdunkel, denn es war fast Nacht. In Basel fragte ich die Stewardeß, ob sie mir einen Tip geben könnte, wie ich schnell und unbürokratisch an meinen Koffer kommen könnte. Es gab keinen – stattdessen versorgte sie mich mit einer Flasche „Pinot Noir", die mir den Flug von Basel nach München so kurzweilig wie möglich erscheinen ließ.

Vor dem Start konnte ich noch meinen Chauffeur in Backnang verständigen, damit er mich in München abholen sollte.

Es war zwanzig Minuten nach zwölf, als wir in München landeten, was gleichzeitig die letzte Landung in dieser Nacht war. Mein Chauffeur hatte eine Stinkwut im Bauch und glaubte meiner Erklärung kein Wort, daß an dieser Folge von unglücklichen Zusammenhängen eine schöne Flughafendame in Bagdad die Schuld tragen würde. Er hatte eine hohe Meinung von dem Flughafenpersonal in Bagdad, und ich brauchte die ganze Strecke von München-Riem bis Großbottwar, um ihn eines Besseren zu belehren.

Geographie ist halt Glückssache.

Der unnötige Krieg

Kurze Zeit nachdem ich den Bericht über meine Erlebnisse im Irak niedergeschrieben hatte, war ein kurzer, aber umso heftigerer Krieg über das Land hereingebrochen. Die Amerikaner und mit ihnen die Engländer und ein bescheidenes Kommando der Franzosen hatten aus der Luft den Irak angegriffen und, wie man hörte, in den wenigen Wochen durch unablässige Bombardierungen weit mehr Bomben abgeworfen, als in dem fünfeinhalbjährigen Verlauf des Zweiten Weltkrieges auf Deutschland und die angrenzenden Länder niedergegangen sind.

Die Irakis konnten sich in dieser Zeit kaum wehren, denn sie mußten sich südlich des 38. Breitengrades in Deckung bringen. Man konnte sich leicht ausmalen, daß das bombardierte Gebiet „total umgepflügt" sein mußte, zumal man sich vorstellen muß, daß entsprechend der Berichte aus dem Kampfgebiet die Fliegerangriffe unablässig, also Tag und Nacht, pausenlos, stattfanden.

Während dieses Bombardements hatten die Irakis nur die bescheidene Möglichkeit, durch einige versteckt aufgestellte Raketenbasen auf den Staat Israel Gegenangriffe zu starten, die aber in keinem Verhältnis zu dem Dauerbombardement der Amerikaner standen.

Als nach vierwöchigem Bombenangriff die Alliierten zum Landangriff ihrer Fußtruppen übergehen wollten, hatten die Irakis keine Kraft mehr, sich zu verteidigen.

Der Anlaß zu diesem sinnlosen Krieg war die Besetzung des Emirats Kuwait und seiner Ölquellen durch Armee-Einheiten des Irak im Jahr 1990. Dieses von einer Feudalmacht regierte Land sollte ja, laut den Geschichtsbüchern, schon längst an den Irak angeschlossen werden. Die Feudalherren hatten zwar, eingedenk dieser Tatsachen, nach der Wiederherstellung ihres Landes eine eingehende Reform ihres Regierungsstils angekündigt, aber diese Maßnahme natürlich „vergessen".

Die amerikanischen Herren, also Präsident Bush und sein militärischer Befehlshaber, der deutschstämmige General Schwarzkopf, wurden als überwältigende Sieger gefeiert und ihnen bei der nächsten Wahl in Washington ein glänzendes Abschneiden vorausgesagt (mehr als 93% der Wählerstimmen galten als sicher).

Tatsächlich blieb es eineinhalb Jahre später bei weniger als 40%, und der deutschstämmige General verschwand wieder in der Versenkung.

Reise nach Annaba/Algerien

Anlaß dieser Reise war die Unterstützung eines guten Schlackentransporter-Kunden. Der Flug dorthin war fast abenteuerlich. Es ging über Zürich und Genf nach Annaba in Algerien. Das dortige Stahlwerk war ein Werk der ehemaligen französischen Besatzungsmacht. Was da am Rande der Wüste aufgebaut worden war, bedeutete eine Pionierleistung ersten Ranges.

Der Flughafen war relativ klein. Es stiegen nur wenige Fluggäste aus, denn der Weiterflug ging nach Constantine. Mit einem Taxi fuhren wir in die Stadt Annaba. Es war schwül und heiß.

Das Hotel war mittlerer Qualität. Anderntags wurden wir in der Einkaufs- und Ausrüstungsabteilung des Stahlwerks empfangen. Die Angestellten waren alle Franzosen und technisch sehr gebildet. Aber sie zeigten eine überaus freundliche Haltung uns Deutschen gegenüber.

Nachdem wir sämtliche Fragen und Reklamationen erledigt hatten, fuhren wir mit einem Werksbus wieder in die 6 km entfernte Stadt Annaba zurück.

Den Rückflug in die Schweiz hatten wir erst auf den übernächsten Tag gebucht, so daß uns noch genügend Zeit blieb, die Stadt, die Umgebung und das Leben der Bevölkerung zu studieren. Auch konnten wir uns noch einige Andenken kaufen, was uns wichtig erschien, denn so schnell konnten wir dieses Land ja nicht wieder betreten.

In einem Kaffeehaus war zu dieser Zeit eine rege Unterhaltung über das an diesem Abend stattfindende Fußballspiel Bundesrepublik gegen Algerien im Gange.

Die Debatten, die wir uns in französischer Sprache anhören konnten, waren so reich mit Gesten und so laut, daß wir Bedenken bekamen, während des Spiels noch in diesem Land zu sein. Besonders hatten wir die Vorstellung, daß, wenn Deutschland gewinnen würde, worüber wir uns sicher waren, die Algerier uns zerreißen würden. Dieser Gefahr wollten wir uns nicht aussetzen. So beschlossen wir, fluchtartig das Land zu verlassen und hatten Glück, daß am selben Abend noch eine Maschine nach Genf abflog.

Im Flugzeug baten wir die Stewardeß, den Nachrichtendienst einzuschalten. Als wir in Genf umsteigen mußten, war das Spiel noch in vollem Gange. Erst als wir in Zürich in die Stuttgarter Maschine umgestiegen waren, wurde das Ergebnis bekannt: 0:2 für Algerien.

Unser erster Ausspruch war: Jetzt hätten wir doch noch bleiben können.

Amerika – God's own country

Nach dem Krieg kam die Zeit der „Fraternisation". Mit den Deutschen, die man zuerst verdammt hatte, wollte man wieder Frieden finden, man lud sie ein, nach Amerika zu kommen, um ihr „God's own country" zu sehen.

Jeder Architekt sollte sich ein Beispiel an den Wolkenkratzern nehmen, damit jedes bayrische und jedes schwäbische Dorf ein gleichartiges Gebäude erstellen könne, und jeder Politiker sollte sehen, wie wunderbar in Amerika alles geregelt sei.

Und unser Bundespräsident Theodor Heuss hatte, nachdem er inzwischen drei Jahre dieses Amt inne hatte, geseufzt, daß er immer noch nicht in Amerika gewesen sei, wo doch schon jeder Bauarbeiter dort gewesen wäre.

So hatten sich die Verhältnisse und Begriffe innerhalb kurzer Zeit geändert. Nun, Deutschland ist aus den Trümmern wieder aufgestanden und wurde aufgebaut von der Kriegsgeneration, der übriggebliebenen, und die Deutschen sind wieder nüchterner geworden.

Und so ist es mir ermöglicht worden, mehrere Jahre später geschäftlich nach Amerika zu reisen. Ich war gespannt, God's own country zu sehen – und hatte es als solches nicht erkennen können. Zwar hatte es interessante landschaftliche Reize, aber ebenso trostlose Gegenden. So gab und gibt es viele arme Menschen und einige unsagbar reiche, eine übergroße Machtfülle und eine verzweifelte Depression. Kurzum, vieles von dem, was uns vorgespielt wurde, war kein Glanz zum Anstarren, und dieser Glanz wird im Lauf der Zeit immer matter.

Zu dieser Reise kam es, da unsere Tochtergesellschaft ein besonderes Gerät nach Amerika geliefert hatte und wir nun daran interessiert waren, diesem noch weitere folgen zu lassen. So reisten wir, d. h. unser Exportchef, ein Konstrukteur aus Mosbach und ich, nach Chicago und von dort aus mit einer inneramerikanischen Fluglinie weiter nach Indianapolis, denn dorthin hatte man das Gerät verkauft – und merkwürdigerweise über eine ehemalige deutsche Firma.

Weiter ging die Reise nach Bettendorf im Staate Iowa. Der dortige Flughafen war Moline, der inmitten von ausgedehnten Wäldern lag, direkt neben dem Mississippi. Unser Besuch galt der Firma John Deere, die auch eine Niederlassung in Westdeutschland besaß.

Ein Schaufellader, geeignet zur Truck-Trailer-Beladung: der SL 14 B mit Hochkippschaufel.

Diese Firma hatte uns zum Empfang einen Holländer gesandt, mit dem wir uns glänzend unterhielten und der uns mehrfach gebeten hatte, ihn bei uns in Deutschland anzustellen, weil er das amerikanische Wesen nicht mehr ertragen wollte.

Anderntags hatten wir einen Besuch bei John Deere geplant. Dort trafen wir den Vizepräsidenten des weltweit operierenden Unternehmens, einen Deutschen aus Heidelberg, der uns erzählte, daß er vor fünfzehn Jahren auch bei der Firma Kaelble gedient hatte – und zwar im Konstruktionsbüro – und er sich noch gut an den Chef Carl erinnern konnte.

So hatten wir einen Gesprächsstoff für die nächsten zwei Stunden. Die Welt ist doch so klein.

Zur Erinnerung habe ich ihm noch einen Bildband von Baden-Württemberg überreicht.

Die Unterredung fand in seinem Direktionszimmer statt – in bestem Schwäbisch und das inmitten der Vereinigten Staaten. So wechseln in diesem Land innerhalb eines Tages die Eindrücke.

Mit den Sachbearbeitern konnten wir dann noch die weitläufigen Werksanlagen und vor allen Dingen die fast unübersehbaren Lagerbestände der John-Deere-Produkte überblicken. Unsere Begleitung im Jeep, mit dem wir das sogenannte Freigelände durchfuhren, versicherte uns, daß dies eine Monatsproduktion wäre und daß täglich vier Eisenbahnzüge mit diesen Waren hier abfahren würden.

Unser Erstaunen wuchs von Minute zu Minute. Wir brauchten lange Zeit, bis das dargebotene Mittagessen schmeckte, eingedenk unseres Lagers in Backnang. Wohin mit all diesen Waren, wenn einmal eine Rezession eintritt ?

Am späten Nachmittag, nachdem wir noch einige geschäftliche Dinge geklärt hatten, brachte uns der freundliche Holländer über den Mississippi zum Flughafen.

Das kleine Flugzeug war dicht besetzt und brachte uns direkt über die ausgedehnten Wälder nach Chicago, von wo wir dann den langen Rückflug über den Atlantik antraten, reich gesegnet mit neuen Eindrücken.

Der Wüstenzoo

Unsere Verbindungen mit dem Land Libyen hatten über unsere Firma hinaus Furore gemacht und uns ins Rampenlicht gezerrt. Da wir seit einiger Zeit einen kaufmännischen Berater hatten, der speziell alle Belange im Zusammenhang mit diesem Land bearbeiten sollte, blieb es nicht aus, daß davon auch der damalige Zoodirektor des Frankfurter Zoos, Herr Grzimek, erfahren hatte, und unser Sachbearbeiter hatte

natürlich damit versucht, unser Image zu fördern. Also reiste er nach Frankfurt, um dort Kontakte aufzunehmen, was ihm bestens gelang, weil er von vornherein alle Kosten für Flugreisen, Aufenthalt in Libyen usw. übernahm. Die Firma Kaelble stellte sich als Mäzen des Frankfurter Zoos dar.

Es wurde eine ausgedehnte Erkundungsreise geplant und auch durchgeführt, um die Möglichkeit und die eventuelle Lage eines Wüstenzoos zu ergründen. Man ließ sich von einem maßgeblichen Mitarbeiter des Herrn Gaddafi ein gewisses Gebiet südlich von Tripolis abstecken und suchte nach Wüstentieren, die man unterzubringen versuchte.

Anfänglich lief die Sache enthusiastisch, mit der Zeit wuchsen die Kosten der Firma Kaelble über den Kopf. Das Projekt „Wüstenzoo" fand natürlich ein klägliches Ende.

In einem libyschen Gefängnis

Schon während meiner letzten Reise nach Libyen hatte ich den Wunsch, verschiedene Filmaufnahmen zu machen. Um diese Sache abzusichern, versuchte ich, eine schriftliche Bestätigung zu erhalten, um in Libyen selbst keine Unannehmlichkeiten in Kauf nehmen zu müssen. So bat ich also unseren in Backnang weilenden Mit-Geschäftsführer Ramadan um ein solches schriftliches Zertifikat in arabischer Sprache, da wir im Verlauf der nächsten Verhandlungen in Tripolis Aufnahmen von dem umgebauten Schützenpanzer machen wollten.

Nach vielen Worten hatte er mir dieses Schreiben auch bereitwilligst gegeben, nicht ohne den Hinweis, daß ich, wenn ich in Libyen wegen dieses Zertifikates angehalten werde, dieses sofort vernichten sollte. Er war sich also seines Einflusses und seines Gewichts nicht sicher.

Nun waren wir, das heißt drei meiner Mitarbeiter und ich, in einem neuen Hotel in Tripolis einquartiert. Ich wollte gleich am ersten Nachmittag einige Aufnahmen von der Stadt Tripolis machen, besonders von den Stellen, an denen einst das deutsche Afrikakorps gekämpft hatte bzw. angelandet war. Das war zunächst der Hauptplatz beim Hafen von Tripolis. Dort stand schon ein Berufsfotograf, der sich anbot, die Passanten aufzunehmen. Ich hatte daher keine Bedenken, dort auch Filmaufnahmen zu machen. Ich ging also mit meinen drei Begleitern über den „Grünen Platz", so genannt, weil dort jedes Jahr die Paraden am 1. September, dem Revolutionstag, stattfinden. Als ich noch einige schöne Palmen am Rande des ausgedehnten Platzes aufs Bild bekommen hatte, trat plötzlich der Berufsfotograf vor mich und verlangte, ihn mit meiner Kamera zu begleiten. Er sagte

4. Fink,

außer der gewünschte
Brief in arabisch.
Bitte benutzen sie ihn
nur im Notfall und geben
sie ihn keiner arabischen
Behörde. Nach Gebrauch, oder
falls sie ihn nicht benötigen,
bitte vernichten!
Falls sie die Kamera trotzdem
abgeben müssen, bitten sie
jemanden von M.I.O. mit
Ihnen zu der Behörde zu gehen,
damit sie sie zurückbekommen

Begleitschreiben zum arabischen Zertifikat: top secret und nur für den Notfall.

dies in einem höflichen Ton, und ich schöpfte dabei keinen Verdacht. Meine drei Begleiter schlossen sich mir an. Am Rande des Platzes war ein Schilderhaus aufgestellt. Der Fotograf gab dem Posten ein Zeichen, daß wir in dieses Wachhaus eintreten sollten.

In einem Raum des Gebäudes waren wir längere Zeit allein und harrten der Dinge, die jetzt kommen sollten, waren aber bisher keineswegs besorgt. Nach einer Dreiviertelstunde kamen zwei Zivilisten und baten uns, zu ihnen in ein größeres Auto einzusteigen. Sie fuhren mit uns quer durch die Stadt Tripolis. In einem uns unbekannten Stadtteil hielt das Auto, und die beiden Zivilisten ließen uns allein, baten aber höflich darum, hier zu warten, bis sie wiederkommen würden. Das dauerte sehr lange, wir aber waren immer noch ganz gelassen, denn wir waren uns keiner Schuld bewußt. Nach einer Wartezeit von weiteren drei Viertelstunden wurden wir sehr ungehalten, denn wir sahen es als Schikane an. Erst danach kamen zwei andere Personen, die uns eine weitere Strecke quer durch die Stadt transportierten – und langsam schien uns die Sache undurchsichtig zu werden.

Vor einem Gebäude in der Nähe der Mittelmeerküste hielt der Wagen an. Uns wurde in einem bestimmenden Ton befohlen, in den zweiten Stock des Hauses zu gehen, wo uns ein Mann erwarten würde, der einige Fragen an uns zu stellen hätte.

Dieser Mann, der dem libyschen Geheimdienst angehörte, wie sich später herausstellte, legte uns je ein Schreiben vor, das in arabischer Sprache verfaßt war und das wir unterschreiben sollten. Das lehnten wir natürlich ab, denn wir wußten ja nicht, was wir da unterschreiben würden. Der Geheimdienstler ließ uns dann allein in dem Raum, als Bedenkzeit, bis wir zur Unterschrift bereit wären.

Nach einer Viertelstunde sah er wieder zu uns herein und fand die Zettel noch nackt und bloß vor uns liegen.

Dann folgte eine weitere Wartezeit mit der dringenden Bitte, doch endlich zu unterschreiben.

Als wir nicht willens waren, beorderte man uns einzeln auf den Gang, wo ein mit den modernsten fotografischen Mitteln ausgerüsteter Berufsfotograf uns von allen Seiten aufnahm. Als diese Prozedur zu Ende war, mußten wir uns vor das Haus begeben, und erneut ging es mit einem Pkw durch die Stadt, bis wir vor einem bescheidenen Gebäude anlangten. Dort wurden wir zu ebener Erde in einen dürftigen Raum eingewiesen und alleingelassen. Es waren gerade vier Hocker vorhanden. Dann berieten wir, was zu machen wäre. Wir wollten unbedingt einen maßgeblichen Libyer sprechen, dem wir unsere Misere vortragen wollten.

Ich hatte noch meinen Filmapparat umgehängt! Bis jetzt hatte ja noch keiner danach gefragt!

Inzwischen war es dunkle Nacht geworden, und in dem Raum, in dem wir uns befanden, war kein Licht. Soviel war uns jetzt klar, daß wir uns in den Klauen des Geheimdienstes befanden. Die Tür unseres Verlieses war nicht zu verschließen, das Türschloß klemmte.

Nachdem wir nach einiger Zeit auf den Gang hinaussehen wollten, konnten wir zwar mühsam die verklemmte Tür öffnen, aber draußen war es dunkle Nacht. Weit und breit kein Mensch zu sehen, auch keiner zu hören. Alle möglichen und unmöglichen Gedanken gingen uns durch den Kopf.

Sollten wir einen Ausbruch machen?

Auf unserer Uhr konnten wir auf den Leuchtziffern erkennen, daß es schon auf Mitternacht zuging. Da müßten doch eigentlich unsere Kameraden, die noch im Hotel zurückgeblieben waren, etwas unternehmen.

Da ging bei uns im „Gefängnis" die Tür auf, und herein kam ein gut gekleideter Herr mittleren Alters. Er stellte zuerst eine Lampe in die Mitte des Raumes, die uns anfänglich blendete. Zu unserer Überraschung sprach er deutsch. Dann stellte er sich vor. Er war der zweite Chef des Tripoliser Geheimdienstes.

Er beschlagnahmte sofort meinen Filmapparat. Dann wollte er unsere Pässe sehen, aber die anderen hatten sie im Hotel belassen. Ich hatte zwar den meinigen in der Tasche, aber nachdem er uns von zwei Soldaten ins Hotel fahren lassen wollte, gab ich ihm ebenfalls an, meinen Paß dort holen zu wollen, denn mir fiel ein, daß ich ihn im Hotel auch „fingiert" holen könnte.

Es kam also wieder ein Pkw des Geheimdienstes, in dem schon zwei Soldaten auf uns warteten. Wir hatten uns während der Fahrt abgesprochen, wie wir in unserem Hotel erstens unsere Kameraden unterrichten zweitens die Soldaten in die Enge treiben könnten und wie das ganze überhaupt ablaufen sollte.

Glücklicherweise fuhr der Geheimdienstchef nicht mit, denn er hätte unsere in Deutsch geführten Gespräche verstanden. Die beiden Fahrer hielten direkt vor dem Hotel, einer mußte beim Pkw bleiben, so hatten wir nur einen direkten Aufpasser im Innern des Hotels.

Wir sprangen fast gleichzeitig aus dem Auto und liefen ins Hotelinnere. Dort sah ich sofort in großer Aufregung die Zurückgebliebenen sitzen. Ich hatte mir bereits im Vorhinein die Worte überlegt, die ich schlagartig vortragen wollte, um sie zugleich um die notwendigen Maßnahmen zu bitten. Das ging alles so planmäßig schnell, daß die drei anderen erst langsam zu den zwei Fahrstühlen im hinteren Teil des Vorraums kamen. Dem libyschen Posten haben wir bedeutet, daß wir im sechsten Stock unsere Zimmer hätten, was natürlich nicht den Tatsachen entsprach. Als der erste Fahrstuhl ankam, hatte einer schon auf den sechsten Knopf gedrückt und den Posten hineingeschoben. Da war auch schon der zweite Fahrstuhl angekommen, aus dem noch zwei Fremde ausstiegen. In diesen sind wir alle vier eingestiegen und in das zweite und dritte Stockwerk gefahren, während „unser lieber Freund" in das sechste Stockwerk unterwegs war.

Nun hatten wir ja etwas Zeit und konnten unten in der Lobby unsere Leute noch etwas ausführlicher unterrichten, bevor uns der fehlgeleitete „Freund" wieder eingeholt hatte. Wir haben uns bei ihm, der wohl nicht zu den Intelligentesten gehörte, noch vielmals entschuldigt für „ein Versehen".

Inzwischen war es lange nach Mitternacht, und in unserem „Gefängnis" war von dem Geheimdienstchef nichts mehr zu sehen. Also haben wir uns selbständig entlassen. Die Libyer hatten aber meinen Filmapparat und unsere Pässe.

Am nächsten Tag hatte ich eine Besprechung mit Hassan Ischkal in dessen Büro in der Stadt Tripolis und war sehr erstaunt, daß dieses Büro nur um die Ecke von unserem „Gefängnis" lag. Ein Mitgefangener von gestern nacht war mein Begleiter bei Hassan Ischkal, und wir beide haben ihm unsere Odyssee vom Vortag erzählt. Er hatte dafür nur ein Lächeln übrig.

Ich bat ihn dringend, uns unsere Pässe und meinen Filmapparat wieder zu besorgen und setzte ihm dafür einen Termin, was er bestätigte.

Mittags war meine Besprechung beendet, aber Ischkal hatte noch nichts. Dann versprach er, bis am späten Nachmittag die Pässe und den Filmapparat zu haben. Als ich bis 17 Uhr noch keine Nachricht von ihm hatte, nannte ich als neuen Termin den Abend, aber ohne Ergebnis. Am anderen Morgen machte ich den Vorschlag, daß, nachdem wir wußten, wo das Haus des Geheimdienstes ist, mein Begleiter Herr Hoffmann sofort dorthin geht, in Begleitung eines seiner Offiziere, um die fraglichen Gegenstände zu holen. Ischkal hatte auf mein Drängen zwar keinen Offizier, sondern nur einen Sergeanten beauftragt, meinen Begleiter in die „Höhle des Löwen" zu führen. Schon nach zehn Minuten kam Hoffmann atemlos zurück. In der Hand hatte er vier Pässe und über die Schulter gehängt meinen Filmapparat, aber der Film war ausgespult. Hoffmann hatte uns erzählt, daß der Sergeant ihn nur bis zwanzig Meter vor das Geheimdienstgebäude begleitet hatte und ihn dann, trotz inständigen Bittens, umgehend verlassen hatte.

Er war dann allein in das Geheimdienstgebäude gegangen und hatte die Pässe und die Kamera im ersten Stock vorgefunden. Ohne lange zu überlegen, hatte er blitzschnell alle Sachen zusammengerafft und umgehend das Haus wieder verlassen. So stand er nun vor uns.

Ischkal hatte wieder nur ein Lächeln übrig. Ob er überhaupt begriffen hatte, was da vorgefallen war, entzieht sich meiner Kenntnis. Ich teilte ihm jedenfalls mit, daß wir zunächst erst mal heute nachmittag nach Hause reisen würden. Das ging dann auch programmgemäß, denn in der Lufthansa-Maschine waren noch ein paar Plätze frei.

Die Fahrt durch die Wüste

Nachdem an dem Schützenpanzer mit der russischen Bezeichnung BTR-60 alle Umbauarbeiten des Antriebsstrangs abgeschlossen waren, wurde ich zur Testfahrt nach Libyen eingeladen. Ich flog mit der Swissair nach Tripolis und konnte von dort mit einem Personenwagen nach Sirte gebracht werden. Dort traf ich am Abend desselben Tages ein und übernachtete bis zum großen Ereignis am anderen Morgen.

Es sollte schon früh losgehen, denn wir hatten ein umfangreiches Programm. Zudem hatten wir Deutschen noch Bedenken, ob überhaupt alles gut gehen würde, denn wir hatten noch keine Gelegenheit, den Schützenpanzer zu prüfen oder zu fahren. Es war also alles ein Vabanquespiel!

Wie es üblich war, begann der Start des Unternehmens erst gegen zehn Uhr. Wir Deutschen, die Pünktlichkeit gewohnt waren, konnten uns einfach nicht vorstellen, was man da noch alles vorbereiten sollte. Wir hatten eine lange Stahltrosse und etliche Schäkel in dem Schützenpanzer zusammengesammelt, einen uns begleitenden Toyota mit mehreren Kanistern Sprit und Öl bestückt, und auch an Proviant für das Personal hatten wir gedacht, besonders an eine Unmenge Früchte der Wüste, Bananen, Orangen, Granatäpfel und Melonen, kurzum, es sah so aus, als wollten wir mehrere Tage unterwegs sein.

Währenddessen hatten die Libyer ihren Toyota mit einem frischgeschlachteten Hammel und Kochtöpfen beladen. Für uns Europäer war es interessant zu beobachten, wie sich die Wüstensöhne für eine solche Reise verproviantieren müssen. Endlich gab der libysche befehlshabende Major den Start frei.

Unser Konvoi bestand aus dem Panzer, der vorausfuhr und in dem wir Deutschen uns befanden, und insgesamt drei Toyotas, die ausschließlich mit libyschen Soldaten und Offizieren besetzt waren. Von der Kaserne ging es zuerst in östlicher Richtung. Wir selbst, d. h. die Deutschen, hatten keine Ahnung, wohin es gehen sollte. Auch die Richtung war uns nicht bekannt. Erst nach ungefähr einem Kilometer setzte sich ein Wüsten-Pkw vor uns, in dem zwei Soldaten saßen, und wir hatten die Anweisung, uns direkt hinter diesem Fahrzeug zu halten, denn darin saßen die sogenannten Fährtensucher. Wie notwendig dies war, mußten wir später noch erkennen.

In unserem Panzer saß vorn der Fahrer Mailänder und neben ihm als Beobachter, auf einem einfachen Sitz, ich. Vor uns hatten wir, wie bei einem Panzer üblich, die Sehschlitze. Auf den hinteren Sitzen hatten Gehringer und Vizziello Platz genommen. Wir hatten den Eindruck, daß wir, wie einst in dieser Wüste, das deutsche Afrikakorps repräsentierten.

Anfänglich fuhren wir in östlicher Richtung, drehten aber bald in südlicher Richtung ab. Es sah so aus, als wäre die Fahrbahn festgefahren. Nach einer Dauer von 45 Minuten überholte uns unser Major und gab das Zeichen, anzuhalten. Wir waren in einem Wüstendorf angekommen, und der Major mußte in einem großen Gebäude eine Meldung abgeben.

Es dauerte ewig, bis er wieder gemächlich aus der Meldestelle erschien. Dann wurde die Fahrt fortgesetzt in derselben südlichen Richtung. Die Sonne schien glühend heiß auf unseren Schützenpanzer. Zwischendurch hatten wir Kraftstoffmessungen, Temperaturmessungen und Geschwindigkeitsmessungen durchgeführt. Unsere Kladde füllte sich Zahl um Zahl.

Vorn durch die Sehschlitze war kaum noch etwas zu erkennen. Alles flimmerte vor uns. Die Wüste tat sich in voller Breite vor uns auf. Kein Weg und kein Steg. Unaufhörlich ging es voran.

Zwischendurch nahmen wir aus der Kiste Bananen. Das war unsere hauptsächliche Ernährung.

Der Bodenbewuchs wurde immer spärlicher. Es gab nur noch einzelne ganz niedrige Büsche und zuletzt überhaupt keine mehr.

Man kam sich ganz verlassen vor.

Die beiden Fährtensucher hatten uns inzwischen auch verlassen. Ganz in der Ferne konnten wir sie durch die Sehschlitze als Schemen noch erkennen. Wir waren also mit dem Panzer als Vorausfahrzeug allein.

Von hinten her gab uns der Major das Zeichen, anzuhalten. Wir sahen auf die Uhr. Es war inzwischen nach zwölf Uhr. In der Annahme, daß draußen die Luft etwas frischer wäre, verließen wir den Panzer und die nachfolgenden Fahrzeuge, empfanden aber bald draußen die sengende Hitze noch viel stärker.

Nun gibt es ein altes Gesetz in der Wüste, in der Mittagszeit nicht viel zu trinken, auch wenn man reichlich Lust dazu hätte. Man muß es sonst durch übermäßigen Schweiß wieder ausstoßen. So haben wir „nur" unsere Wanderungen um unsere Fahrzeuge herum unternehmen können.

Unser Major hatte uns die Zeit zu verkürzen versucht, indem er uns berichtete, daß in dieser Gegend einstmals das deutsche Afrikakorps und der legendäre Generalfeldmarschall Rommel ebenfalls eine Verschnaufpause eingelegt hätten. Da ich heute an dieser Fahrt wohl mit großem Abstand der älteste Teilnehmer war, denn ich war kurz vor meinem sechzigsten Geburtstag, konnte ich mich gut in die damalige Situation hineindenken. Wie die Zeit vergeht!

Wir hatten bald genug vom Herumwandeln. Der Major gab das Zeichen zum Aufbruch. Von unseren Fährtensuchern war überhaupt nichts mehr zu sehen, also hatten wir mit dem Panzer die Führung übernommen – und das war unser Verhängnis.

Immer noch bot sich beim Durchblick durch die Sehschlitze das gleiche verschwommene Bild. Wir fuhren mit Höchstgeschwindigkeit des Panzers, das sind etwa sechzig Stundenkilometer.

Weder Mailänder noch ich konnten die Fahrbahn vor uns taxieren, und da war es auch schon geschehen. Nur im Nachhinein konnten wir den Fall rekonstruieren.

Es gab einen gewaltigen Schlag. Der Panzer flog etwa sieben Meter durch die Luft und schlug dann mit den Rädern aller vier Achsen auf dem Fahrbahnboden auf. Ich selbst wurde von meinem Sitz hochgeschleudert, so daß ich mit dem Kopf durch den geöffneten Turmlukdeckel kam, und fiel dann wieder zurück auf den Rohrrahmen, glücklicherweise in vorgeneigter Stellung. Wäre dies nicht in der Form geschehen, sondern in rückwärtiger Position, wäre ich von derselben Minute an mit einer Querschnittslähmung behaftet gewesen. So hatte ich, wie sich später herausstellte, eine Quetschung des dritten Lendenwirbels, was mir von nun an gewaltige

Schmerzen bescherte. Und das mitten in der Wüste – während einer Probefahrt. Meine Stimmung war dahin. Merkwürdigerweise ist den Achsen und auch dem übrigen Panzer nichts Nachteiliges geschehen. Auch Mailänder und die anderen Insassen haben diesen Crash unbeschadet überstanden.

Es ging also ohne Halt weiter.

Fünf – sechs Stunden, ohne Halt. Es wurde dunkel – und wie das in der Wüste geht, sehr schnell.

Wir machten halt, um den abgezogenen Hammel zu verzehren. Nur mit Mühe brachte ich einige Bissen hinunter, obwohl mir die Libyer das beste Stück davon gekocht hatten. Meine Leute hatten mich zwar aufgemuntert, weil man den Wüstensöhnen kein Essen abschlagen dürfe, aber es ging mit dem besten Willen nicht mehr.

Dann konnten wir Deutschen erleben, wie man in der Wüste Biwak macht.

Da in der Nähe des Lagerplatzes ein paar total vertrocknete Sträucher standen, wurden diese mit einem Buschmesser abgeschnitten und damit ein Feuer angezündet. In dieses Feuer legten die Libyer das in Streifen geschnittene Hammelfleisch, um es zu braten. Beim Essen des gebratenen Fleisches biß man fortwährend auf halbverbrannte Kohle. Neben dem Feuer hatte ein anderer Libyer aus dem Sand eine Kuhle ausgegraben und etwas Holzkohle hineingelegt. Darauf hatte er eine Teigschicht gebracht und das ganze wieder mit Sand zugedeckt. Etwa fünf Minuten später hatte er es wieder aufgedeckt und das inzwischen angebackene Brot umgedreht und die Prozedur von neuem begonnen.

Inzwischen hatten einige das im Panzer liegende Stahlseil so um den Lagerplatz gelegt, daß der Platz ganz umschlossen war. Auf meine Frage, wieso, bekam ich zur Antwort: „Als Schutz gegen die Schlangen, denn das stachelige Seil überquert keine Schlange". Und im Nu hatten sämtliche Libyer sich zum Schlafen innerhalb der Stahlseilumrandung auf den Boden gelegt. Nur wir Deutschen hatten es vorgezogen, innerhalb des Panzers zu schlafen, auch wenn es, trotz Müdigkeit, unbequemer war.

Der Sonnenaufgang früh am Morgen dauerte nur wenige Minuten, dann wurde es sehr schnell hell. Die Libyer hatten ein Radio dabei, und am frühen Morgen konnten wir sogar die Nachrichten in Deutsch von Norddeich-Radio empfangen – und das hatte uns Deutsche alarmiert.

Wir hörten, daß am gestrigen Nachmittag ein amerikanischer Flugzeugträger, der in der Bucht der Syrte operiert hatte, zwei sich ihm nähernde libysche Flugzeuge abgeschossen hatte. Wir hatten diese Nachricht sofort unseren libyschen Freunden weitergegeben, aber der Major hatte gemeint, daß, wenn ein solcher Kampf stattgefunden hätte, die Libyer eher

Mittagsrast unter sengender Sonne.

Aufbruch zur nächsten Etappe der Testfahrt.

Geschafft, aber zufrieden: nach der Testfahrt vor dem Haus in Sirte (Erwin Fink, Werner Gehringer, Pasquale Vizziello; Fotograf Karl Mailänder).

den Flugzeugträger versenkt hätten als umgekehrt. Nun ja, so entstehen immer alle Kriegsereignisse!

Wir fuhren weiter Richtung Süden, dort ist das andere Wüstenland, der Tschad.

Aber immerhin, unser Major war stutzig geworden. Er versuchte eine Wüstenstation anzulaufen, wo ein Telefon vorhanden war.

Unterwegs wollte er eine Pause machen, und wir fanden eine verlassene Wüstenbaustelle, wo in einem Gebäude ein KHD-Motor stand, dabei noch ein Kanister Kraftstoff und verschiedene Utensilien. Aber alle Bemühungen, den Motor in Gang zu bringen, waren vergeblich. Dann wollte unser Major einige Schießübungen durchführen. An der aufgelassenen Baustelle lag noch eine Blechtafel, die als Zielscheibe in einiger Entfernung aufgestellt wurde. Bald fing ein lustiges Geballere an, stehend, freihändig, liegend aufgelegt usw. Die Libyer hatten ihre Freude daran, ihre Munition zu verschießen. Ich bekam die Erlaubnis, liegend aufgelegt zu schießen, weil mein Kreuz erhebliche Schmerzen verursachte.

Dann kamen wir in ein Wüstendorf. Der erste Weg unseres Majors war an das Telefon. Es gab dort tatsächlich eine Poststelle. Er kam lange nicht mehr zurück und sagte uns kein Wort, was wir als Bestätigung der deutschen Norddeich-Radio-Meldung ansahen. Jedenfalls wurden die Libyer sehr aufgeregt.

Wir fuhren von nun an nicht mehr südlich, sondern meist westlich und manchmal sogar nördlich, also der Küste zu. Wir konnten uns immer nur am Stand der Sonne orientieren.

Nach einigen Stunden der Irrfahrt kamen wir auf eine befestigte Straße und im Verlauf von mehreren Kilometern an ein verlassenes Baulager, wo wir einwandfrei feststellen konnten, daß es dereinst von der Firma Hoch-Tief erstellt worden war. Die Anlage drum herum war nach deutschem Muster sehr anheimelnd eingerichtet, aber weit und breit kein Mensch zu sehen. Trotzdem – in uns erweckte die Anlage heimatliche Gefühle.

Wir setzten uns in den früher als Aufenthaltsraum geltenden Saal und hatten dort sogar noch ein funktionierendes Klosett. Was es nicht alles gibt!

Nachdem wir uns längere Zeit dort aufgehalten hatten, trieb uns unser Major wieder an. Er wollte jetzt unbedingt eine Geländefahrt einschalten. Nun, wir waren einverstanden. Ein unebenes Gelände war vorhanden, und wir machten auch dabei unsere Messungen. Bessere Testfahrten konnten wir uns gar nicht wünschen.

Die Zeit verstrich langsam. Schließlich wurde es Nacht – wiederum ganz abrupt.

Von unseren Fährtensuchern, die uns offenbar wieder entdeckt hatten, bekamen wir ein Geweih.

Mailänder war der Glückliche, der es in Empfang nehmen konnte.

Unser Major war sich immer noch nicht im klaren, ob ein Krieg gegen USA bevorstehen würde oder was sonst die vergangenen Ereignisse bedeuten sollten.

Das hemmte unseren Unternehmungsgeist erheblich.

Auch die zweite Nacht in der Wüste brachte keine neuen Erkenntnisse.

Im Panzer schlief ich in dieser Nacht allein. Mein Rücken bereitete mir gewaltige Schmerzen! Aus Erschöpfung hatte ich dann trotzdem einige Stunden vor mich hingedöst.

Durch die Kreuz- und Querfahrten der letzten Stunden hatten wir die Orientierung verloren, doch wir nahmen an, uns in der letzten Zeit der Mittelmeerküste zu nähern.

Nach einigen Stunden wurde unsere Vermutung bestätigt. Wir fanden einige Kilometer westlich von Sirte die breite Küstenstraße wieder.

Unser Major ließ uns alle paar Kilometer anhalten. Er traute offenbar dem Frieden nicht!

Am späten Abend fuhren wir, von der Südseite kommend, in das Militärcamp ein. Ich hatte unsere Kladde inzwischen ausgefüllt und alle Unterlagen unserer dreitägigen Reise bereit.

Der Major bat mich, mit ihm zusammen eine ausführliche persönliche Mitteilung an Hassan Ischkal abzugeben, was ich als Abschluß des Unternehmens und als völlig gelungenen Umbau des russischen Panzers ansehen konnte.

```
                              4.2.1983

Subject: Conversion Type "L"
_____

We give full guarantee for operation and function
of the conversion effected on a/m vehicle during
1981/82 with regards to Mercedes Diesel engine,
ZF manual gearbox, Kaelble distributor gearbox
and cooling system, including also equipment for
amphibious operation, such as propeller etc.

In relation to the original version, essential
improvements could be stated during a number of
tests, such as increased radius of action, reduced
fuel consumption and better off-road ability.

            - CARL KAELBLE GMBH -
```

Garantiefrage für den Panzerumbau unbürokratisch gelöst.

Libysche Offiziere und Generalfeldmarschall Rommel

Die ausgedehnte Testfahrt durch die Wüste war beendet. Der libysche Chef des Unternehmens lud mich zu einer kurzen Abschlußbesprechung in das Kasino ein. Als „Bonbon" wollte er mir einen erbeuteten Farbfilm, den die Amerikaner gedreht hatten, zeigen. Ich war also begierig zu sehen, was uns die Amis zu zeigen hatten.

Es war wohl eine Wochenschau aus dem Zweiten Weltkrieg. Zuerst kamen einige Bilder von der alliierten Seite, dann aber wurden Bilder gezeigt, die den Kampf des legendären Afrikakorps darstellten, und da war es unvermeidlich, daß immer wieder der Chef des Korps, der Generalfeldmarschall Rommel, auftrat – und jedesmal, wenn dieser Feldherr auf dem Bild erschien, standen die libyschen Offiziere spontan auf und riefen begeistert seinen Namen. Es war schon merkwürdig, daß ich als einziger sitzenblieb. Die spontane Begeisterung hatte mich tief beeindruckt, wo doch der Krieg schon mehr als 30 Jahre beendet und Rommel schon 35 Jahre tot war, und als ich in englischer Sprache bekundete, daß der Generalfeldmarschall ein enger Landsmann von mir gewesen war und ich denselben Vornamen habe, da fand der Enthusiasmus der libyschen Offiziere keine Grenzen mehr. Sie ließen mich minutenlang hochleben, und von dieser Stunde an stand ich im Mittelpunkt. (Im Arabischen steht der Vorname viel höher als der Geschlechtsname.)

Hassan Ischkal

Es ist notwendig, diesem Mann ein besonderes Kapitel zu widmen. Als ich zum ersten Mal nach Libyen kam, erschien er in einem Haus, in dem wir zu dritt wohnten. Er kam am Abend mit einem Leibwächter.

Die zweite Reise sollte ich zusammen mit Herrn Weimann-Kaelble machen, aber als wir am Morgen in Backnang abreisen sollten, hatte dieser durch einen Pistolenschuß seinem Leben ein Ende gesetzt.

Jetzt hatte ich die Aufgabe, Hassan Ischkal zu erklären, weshalb ich nun zusammen mit Herrn Koch und Herrn Wirth von der Firma Scheuerle allein da wäre. Ich hatte große Mühe, Hassan Ischkal dies zu verdeutlichen. Er behauptete ständig, daß Weimann-Kaelble vom Geheimdienst ermordet worden sei. Weimann-Kaelble hatte ihm seither viele persönliche Dinge erzählt, die man eigentlich einem Araber nicht sagt. Hassan Ischkal war deshalb etwas konsterniert, diesen seinen Freund nicht mehr zu sehen. Ich konnte ihm nur versichern, daß ich jetzt an dessen Stelle hier

sei und alles daransetzen würde, in Zukunft sein neuer Freund zu sein. Dieses Wort hat mir im Lauf der Jahre noch erhebliche Schwierigkeiten bereitet.

Hassan Ischkal war eine draufgängerische Figur und gehörte zu den wenigen hochgebildeten Menschen in Libyen. Er war verwandt mit Gaddafi – die Mütter beider waren Schwestern – und er befehligte den größten Militärdistrikt. Er flog ausgezeichnet eine französische Jagdmaschine, hatte sieben Autos, darunter auch einen Mercedes 500 und einen Porsche, sprach fließend drei Sprachen und hatte ausgezeichnete Geschichtskenntnisse, was in Libyen eine Ausnahme war. Und was ich besonders im Lauf der Jahre an ihm schätzte, war sein ausgeprägter Gerechtigkeitssinn. Ich hätte mir gewünscht, er wäre anstelle seines Vetters Gaddafi der Präsident des Landes. Aber dieser Gedanke hat ihm das Leben gekostet und mir nahezu auch. Im Lauf der Zeit hat er mich immer freundschaftlicher angesehen, mir aus mancher Patsche geholfen und mich als Techniker hoch geachtet. Denn das hatte er erkannt, daß ihm ein guter Techniker vonnöten war.

In seinem Dienstzimmer in Sirte hatte er vergoldete Telefonhörer, meist gleichzeitig fünf Anschlüsse, und einen riesenhaften Globus, auf dem das Land Libyen erhaben abgebildet war.

In meiner Gegenwart hatte er meist die andern scharf angegangen. Er war des öfteren in der Bundesrepublik Deutschland und bewohnte dann in Frankfurt im Intercontinental-Hotel allein das 21. Stockwerk. Oftmals hatte er zu einer Besprechung unsere Herren Schips und Kratzenberg, Koch, Kreher und mich bestellt. Es war mir klar, ich hatte bei ihm eine Sonderstellung. Das zeigte sich auch darin, daß er mir aus heiterem Himmel heraus ein Angebot machte, ich möge doch nach Libyen umziehen. Er würde mir eine schöne Villa am Strand des Mittelmeeres bauen und mir eine Reihe von Privilegien verschaffen. Als ich einwenden wollte, daß meine Frau in Deutschland hierbei nicht mitmachen würde, meinte er lakonisch, das sei auch nicht nötig, sie hätten genügend Frauen, ich könnte nach Landessitte gleichzeitig vier Frauen haben. Ob das nicht genug wären? Er versprach mir noch ein Jahressalär von einer Million Dollar.

Vier Monate später fiel Hassan Ischkal mit seinen Gefolgsleuten einem Anschlag zum Opfer.

Durch meine Zurückhaltung war ich diesem Schicksal entronnen.

Reise nach Abu Dhabi

Schon wochenlang hatten wir uns darauf vorbereitet, denn wir hatten zusammen mit der Firma Scheuerle aus Pfedelbach Zugmaschinen und Tieflader zum Panzertransport zu liefern. Es sollte ein Großauftrag werden.

Die Lieferung des Tiefladers durch Scheuerle machte jedoch große Schwierigkeiten. Uns wurde mitgeteilt, daß das Gerät in Frankreich gefertigt und vom Hafen Marseille aus verschickt werden sollte, um durch den Suezkanal in einen Hafen der Emirate zu gelangen. Dem war allerdings nicht so. Einige Tage später wurde uns mitgeteilt, daß das Schiff, auf dem sich der Tieflader befand, als Zwischenhafen Neapel angelaufen hatte und dort zunächst festgehalten wurde. Wir haben darauf gedrängt, daß Herr Wirth von Scheuerle sofort in Bewegung gesetzt werden mußte, um das Notwendige zu veranlassen, damit der Transport unmittelbar weiterginge. Herr Wirth seinerseits hatte aber unsägliche Angst vor der in Neapel tätigen Mafia. Somit dauerte seine Mission sehr lange. Inzwischen gab es für unsere Delegation, die unsere bereits vor einigen Wochen abgesandte Zugmaschine im Hafen von Abu Dhabi in Einsatz bringen sollte, immer mehr Erklärungsnöte, warum der Tieflader noch nicht angekommen sei. Nachdem uns Herr Wirth noch mitteilte, daß ihm der Weitertransport seines Aufliegers gelungen war, verließ unsere Reisegruppe zusammen mit Herrn Wirth Deutschland mit einem Flugzeug und traf abends um 23 Uhr in Abu Dhabi ein.

Dort wurden wir auf fürstliche Art durch den Scheich mit einem Rolls-Royce und einem Mercedes 500 abgeholt und in das Hotel Nihal gebracht.

Anderntags fand dann die Begutachtung unserer Zugmaschine in einer Werkstätte der dortigen BOSCH-Vertretung statt. Wir mußten noch einige Änderungen und Verbesserungen an der Zugmaschine durchführen, um den tropischen Verhältnissen Rechnung tragen zu können.

Wir hatten die Zeit ausgenützt, um dem deutschen Botschafter, Exzellenz Weindel, einen Besuch abzustatten und ihn um Unterstützung bei der Beschaffung des noch ausstehenden Tiefladeranhängers zu bitten. Im übrigen war es eine sehr freundliche Unterredung.

Zwei Tage später wurden wir zu einer Besprechung in das Verteidigungsbüro der Emirate eingeladen. Unser Scheich hatte unsere Delegation angeführt. Anwesend war außerdem je eine Delegation von Caterpillar aus Großbritannien, aus Japan und aus Italien. Jede Gruppe mußte ihre Technik erklären und eventuell ihre Bedingungen. Dann wurde das gesamte Prüfungsprogramm vorgelegt und anschließend über die Preise der Fahrzeuge diskutiert. Ich war von der Kaelble-Scheuerle-Gruppe als Diskussionsredner gewählt worden.

Ich mußte feststellen, daß Herr Wirth immer unruhiger wurde, denn von seinem Tiefladeranhänger war immer noch nichts zu sehen. Es bereitete mir große Schwierigkeiten, diesen Fauxpas zu überspringen,

daß niemand etwas davon merkte. Der Start des Versuchsprogramms war in den nächsten beiden Wochen vorgesehen.

Mein Eindruck, und auch der unseres Scheichs, der auch Khoury hieß, war durchaus ein sehr positiver. Scheich Khoury war der Meinung, daß ich nichts sagen sollte über unsere Verbindung zu Libyen. Allerdings war eine Tropenerfahrung sehr wichtig, die ich also noch einflechten konnte, ohne die geschäftlichen Verbindungen zu erwähnen. Alles in allem sind wir mit stolzgeschwellter Brust aus der Unterredung hervorgegangen.

Ich habe dann von meinem Hotelzimmer aus die Scheuerle-Zentrale in Pfedelbach angerufen und von weiteren Transportproblemen erfahren!

Unser Scheich hatte nun seinerseits die Lust verloren, und seine anfängliche Zusage, uns in den Souk einzuladen, war sowieso passé.

Unserer Delegation, außer den beiden Fahrern, hatte ich dann den Rückzug befohlen. Wir reisten dann anderntags ab. Der Rückflug war ebenfalls mit größten Schwierigkeiten verbunden. Die Maschine der malaiischen Fluglinie, die aus Singapur kam, hatte mehrere „Löcher" in der Tragfläche, die von Meteoriten herrühren sollten, wie man uns erklärte. Also mußten wir wieder aussteigen und auf eine Ersatzmaschine warten, die erst zwei Stunden später eintraf.

Entschädigt wurden wir von den freundlich lächelnden Thaimädchen, die uns den langen Flug nach Frankfurt versüßten.

Ein paar Tage später erhielten wir aus Abu Dhabi die Nachricht, daß der Anhänger endlich eingetroffen sei, aber ziemlich ramponiert sei, so daß zuerst eine Generalüberholung vorgenommen werden mußte.

Der Generalstab der Emirate war bereit, der ursprünglich anberaumten Testfahrt noch eine weitere Testfahrt anzuhängen, die dann quer durch die Emirate und durch den Nachbarstaat Oman führte. Nach Mitteilung unserer Leute war das Ergebnis gut.

Scheich Khoury kam mit einer Delegation vier Wochen später zu uns nach Backnang und geriet dort zufällig an die in der Firma anwesenden Libyer und unseren Gesellschafter Khoury, was das Ende aller Beziehungen brachte.

In das Reich der aufgehenden Sonne

Im Flughafen von Tokio ganz am Ende, am Gate 24, sollten wir uns einchecken. Das chinesische Flugzeug war eine moderne Boeing 747, also ein Jumbojet.

Es war nachmittags. Wir drei, d. h. unser Begleiter von der Firma Thyssen, Herr Winkel und ich, saßen in der ersten Klasse, ganz im Bug der Maschine, wo noch eine Treppe in der Mitte nach oben führte. Das Essen war in chinesischer Art, und es gab dazu einen guten Tee. Da auf der Bordkarte auch Wein aufgeführt war, wollte ich einmal chinesischen Wein trinken und bestellte mir ein „Viertele". Der Steward hatte dafür nur einen unbeschreiblichen Blick. Er verstand offenbar die Welt nicht mehr. Erst nachdem ich mit vielen Gesten meinen Wunsch klargemacht hatte – denn mein Chinesisch war äußerst mangelhaft –, bekam ich ein Schnapsgläschen voll Weißwein. Solch geringe Mengen taten bei mir noch keine Wirkung. Also bat ich um ein weiteres Gläschen und den Steward, die ganze Flasche bei mir zu belassen, daß ich selbständig nachfüllen könne, wenn ich Lust hätte, was ihn sichtlich einen inneren Kampf kostete. Da ich seine Landessprache nicht beherrschte, konnte ich ihm auch nicht erklären, daß ich mit den in China üblichen Mengen nicht vertraut sei. Jedenfalls hatte ich schon das sechste Gläslein nachgefüllt, als draußen die Wolkendecke aufriß und drunten der Südzipfel von Korea in der Abendsonne sichtbar wurde. Wir flogen direkt auf Shanghai zu, und ungefähr zwei Stunden später setzte die Boeing sanft auf der Piste dieser Stadt auf.

Dort sollte die Maschine aufgetankt werden, und wir, die Passagiere, mußten das Flugzeug verlassen. Der Spaziergang in dem noch im Bau befindlichen Flughafengelände hat uns wieder auf den Boden der Wirklichkeit zurückgebracht. Das Auftanken dauerte sehr lange – ich hatte den Eindruck, daß die Leute die Tragflächen, in denen sich die Kerosinkammern befinden, literweise gefüllt haben. Endlich ertönte ein Gong, und wir wurden zum Besteigen des Flugzeugs gebeten. Während des Rundgangs konnte ich feststellen, daß die Maschine vollbesetzt war, also ca. 450 Passagiere an Bord waren und daß es sich zumeist um Chinesen handelte.

Es war inzwischen Nacht, als das Flugzeug wieder startete, und es war kurz vor Mitternacht, als wir in Peking ankamen.

Die Herren von Thyssen holten uns ab, und in rascher Fahrt trafen wir in unserem neuerbauten 14-stöckigen Hotel ein. Nachts um halb zwei Uhr genehmigten wir uns noch ein Tsingtau-Bier, das nach alter Tradition von einem deutschen Braumeister in Tsingtau gebrannt wurde. Bis zum Ersten Weltkrieg war ja Tsingtau und Umgebung eine deutsche Kolonie.

Bereits anderntags begann die Besprechung im internationalen Gebäude, wo für uns ein Raum zur Verfügung stand. Eine ältere Chinesin stand uns als Dolmetscherin zur Verfügung, die dieses Metier sehr gut verstand. Sie hatte drei Jahre zusammen mit ihrem Mann, der Professor war, in Ostberlin, der da-

---

旅 客 健 康 申 明 卡
PASSENGER'S HEALTH DECLARATION

姓 名
Name in full _Fink, Erwin_

性別 Sex _mas._   年齡 Age _62_

職 业
Occupation _Director_

国 籍
Nationality _German_

交通工具名称
Flight(Train) No
Ship's Name _CA 928_

入境日期
Date of entry _21.9.84_

1.这次旅行来自何地及出发日期
Date & originating place of departure _20.9.84 Frankfurt_

经过何地及日期
Stop over places & dates _Tokyo_

2.入境前半个月是否患过发烧、急性皮疹、呕吐、腹泻、黄疸、淋巴腺肿等症状？（如有，请在症状上标"△"记号）
Ever suffered from fever, acute rash, vomiting, diarrhoea, jaundice, glandular swelling etc. durring the half month prior to your arrival? (If yes, please mark "△" above the symptom)

3.现患有何种疾病
Any illness now? _nothing_

4.在 华 住 址：
Contact address in China, _Ministry of Water Conservancy and Electric Power_

---

maligen DDR, zugebracht. Die Chinesen benötigten mehrere Hinterkipper und weitere Baumaschinen, da eine Eisenbahn entlang des Flusses Nunkiang gebaut werden sollte. Dieser Fluß, der aus der Mandschurei kommt und in das Gelbe Meer mündet, ist mit seinen zahlreichen Zuflüssen tief in das Chingan-Gebirge eingegraben, und das Gebiet müßte für eine Bahntrasse mehrfach durchschnitten werden. Eine Vielzahl von Tunnels wäre zu bauen, um die Kohle aus der Nordregion transportieren zu können.

Wir hatten also mehrere Besprechungen, denn die Chinesen wollten alles genau wissen. Ich mußte oft meine Vorstellungen für dieses Projekt erläutern.

Das Mittagessen nahmen wir in einem besonderen Speisesaal in dem Gebäudekomplex ein, und es war typisch für China, Dinge aufgetischt zu bekommen, von denen wir nur träumen können. Um die Besprechung abzurunden, bot ich an, ein weiteres Mal nach Peking zu kommen, was, wie ich wußte, nahezu unmöglich war, denn bereits seit fast einem Jahr hatte ich mein Kündigungsschreiben von der Firma Kaelble in der Tasche. Ich konnte mich aber noch mit den freundlichen Chinesen und vor allen Dingen mit der charmanten Dolmetscherin sehr gut unterhalten und sie über das Leben in China ausfragen.

Den Rückflug mußten wir mit der CAAC vornehmen, der nationalen Fluglinie der Chinesen.

Nachdem wir noch einige Andenken in einem dafür speziell eingerichteten Geschäft erstanden hatten, starteten wir am andern Tag frühzeitig mit einem Taxi zum Flughafen. Unterwegs konnte ich mich mit dem Taxichauffeur in Englisch recht gut unterhalten. Nun, mit der Zeit nehmen es die Chinesen nicht so genau. Es dauerte lange, bis wir im richtigen Flugzeug saßen und noch länger, bis es endlich zum Start kam. Es war eine uralte Boeing 707. Wir saßen in der ersten Klasse, die fast zu dreiviertel belagert war mit den Utensilien der auf zwanzig Personen verstärkten Besatzung. Offenbar haben die Leute auf dieser Strecke das Fliegen gelernt, denn es gab während des Flugs immer wieder Besatzungswechsel.

Wir flogen die innerchinesische Strecke, die allen anderen Fluglinien – außer der chinesischen – verboten ist. Von Peking aus verlief die Route über Tsinan, eine am Huangho liegende Stadt, und weiter über Tschungking am Jangtsekiang. Dort mußte eine Rechtswendung vorgenommen werden, denn vor uns tauchte das Blaue Tibetgebirge auf, das mit seinen Fünftausendern einen Vorgeschmack auf das Himalajagebirge bot. Von da ab ging es westwärts weiter. Nach mehreren Stunden erreichten wir das Gebirgsmassiv des Karakorum. Hier waren wir am westlichsten Punkt unserer Gebirgsreise angelangt. Das Flugzeug war inzwischen auf nahezu 12 000 m Höhe gestiegen, und nach einer scharfen Wendung war der Nanga Parbat in Sicht – ein überwältigender Anblick!

Und von den unbeschreiblichen Höhen ging es fast abrupt ins Tal. Unter uns breitete sich das Pandschabgebiet mit den zahlreichen Indusarmen aus. Man spürte direkt, wie die fünf Piloten im Cockpit der Maschine aufatmeten, nachdem das Gebirgsmassiv, das größte der Welt, hinter uns lag.

In niedriger Höhe überflogen wir das Indusdelta und landeten ziemlich wackelig mit der uralten Boeing auf dem internationalen Flughafen von Karatschi.

Der nun folgende vorletzte Teil unserer Asienreise war bereits anfänglich mit Schwierigkeiten behaftet. Als wir nach einem fast zweistündigen Aufenthalt in der Lobby des Flughafens mit einem Omnibus wieder zu unserem Flugzeug gebracht wurden, bemerkte ich plötzlich, daß ein neben uns fahrender Sattelschlepper den Abstand zu unserem Bus ständig verringerte und – da war es auch schon geschehen – mit großer Geschwindigkeit rammte er uns von der Seite. Eine junge Frau erlitt einen Schock und war einige Zeit lang nicht ansprechbar. Nach dieser Aufregung ging es endlich los.

Von Karatschi aus flogen die „vereinigten Flugkapitäne" über den Golf von Oman und das Arabische Meer weiter über das Gebiet von Saudi-Arabien, wo am Boden nichts außer einer unendlichen Sandwüste zu erkennen war.

Da ich wußte, daß China keine diplomatischen Beziehungen zu Israel hatte, nahm ich an, daß wir am Toten Meer eine Kursänderung vornehmen würden. Als gerade Amman, die jordanische Hauptstadt, in Sicht war, schlugen die Piloten eine Nordwende ein, und der Flug ging weiter über Syrien und den südlichen Teil der Türkei. Das Marmara-Meer lag unter uns, und wir hatten den Eindruck, Asien hinter uns und Europa vor uns zu haben.

Da es an Bord keine Hinweise über die Flugroute gab, versuchte ich aus einer leidlich englisch sprechenden Stewardeß herauszubekommen, wo wir bis Zürich zwischenlanden würden. Sie konnte mir nur erklären, daß die nächste Landung in einem kommunistischen Land – einem mit Rotchina befreundeten Land, wie sie sich ausdrückte – vorgesehen wäre. Erst als das Flugzeug an Höhe verlor und zur Landung ansetzte, konnte ich mir ausmalen, daß die letzte Zwischenlandung in Belgrad stattfinden würde.

Nachdem das Flugzeug aufgetankt worden war, starteten wir in den Abendstunden in Richtung Alpen. Nun hatten wir zwar das Himalajagebirge überflogen und die Achttausender gesehen, aber über die halb so hohen Alpenberge, da hatten unsere Flugkapitäne offenbar Schwierigkeiten. Es war inzwischen Nacht geworden, und dieser Zustand irritierte die chinesischen Piloten besonders. Mit vielen Worten bedeutete uns die englisch sprechende Stewardeß, daß wir nun im Anflug auf Zürich seien, aber eben noch über Süddeutschland die Landepiste ausfindig machen müßten, denn der größere Teil der Flugkapitäne sei noch nie hier gewesen. Wir kamen uns vor wie bei einer Fahrschule. Dreimal mußte der Anflug „probiert" werden. Es war schon Mitternacht, als der Apparat endlich mit viel Getöse aufsetzte.

Kein Mensch mehr weit und breit. Wir beide, Herr Winkel und ich, kamen uns einsam vor. Aber da hörten wir einen Schwaben schimpfen. Es war unser Abholer, der wohl erbost über unsere Verspätung war. Er brachte uns, als der Morgen begann, wieder in unsere heimatlichen Gefilde.

Dies war dann auch meine letzte große Geschäftsreise. Die schon ins Auge gefaßte zweite Chinareise kam nicht mehr zustande, nachdem die Chinesen eine andere Lösung für ihr Problem gefunden hatten. Durch Vergrößerung der Tunnelquerschnitte waren sie nicht mehr auf unsere speziellen Untertagekipper angewiesen, stattdessen konnten sie auf die gewöhnlichen Kipper der bereits besser am chinesischen Markt eingeführten Konkurrenz zurückgreifen.

Anhang

Schaustücke einst und jetzt

Kaelble präsentiert seine gesamte Produktpalette auf der Hannover-Messe 1960 ...

... und auf der BAUMA in München 1986.

Zukunftsvisionen

Flugzeugschlepper

Trotz gesamtwirtschaftlich schwieriger Lage – im Jahr 1983 begann eine vorübergehende Talfahrt für die deutsche Baumaschinenbranche – und trotz angespannter Personalsituation bei der Firma Kaelble vernachlässigte man nicht die Weiterentwicklung der einmal begonnenen Projekte. Die hier abgebildeten Projektstudien wurden nach der Idee und den Handskizzen des Autors vom Designer Günther Krämer in gekonnter Manier druckreif ausgearbeitet.

Feuerlöschfahrzeug

KDV 30 S

KDVW 520 Z

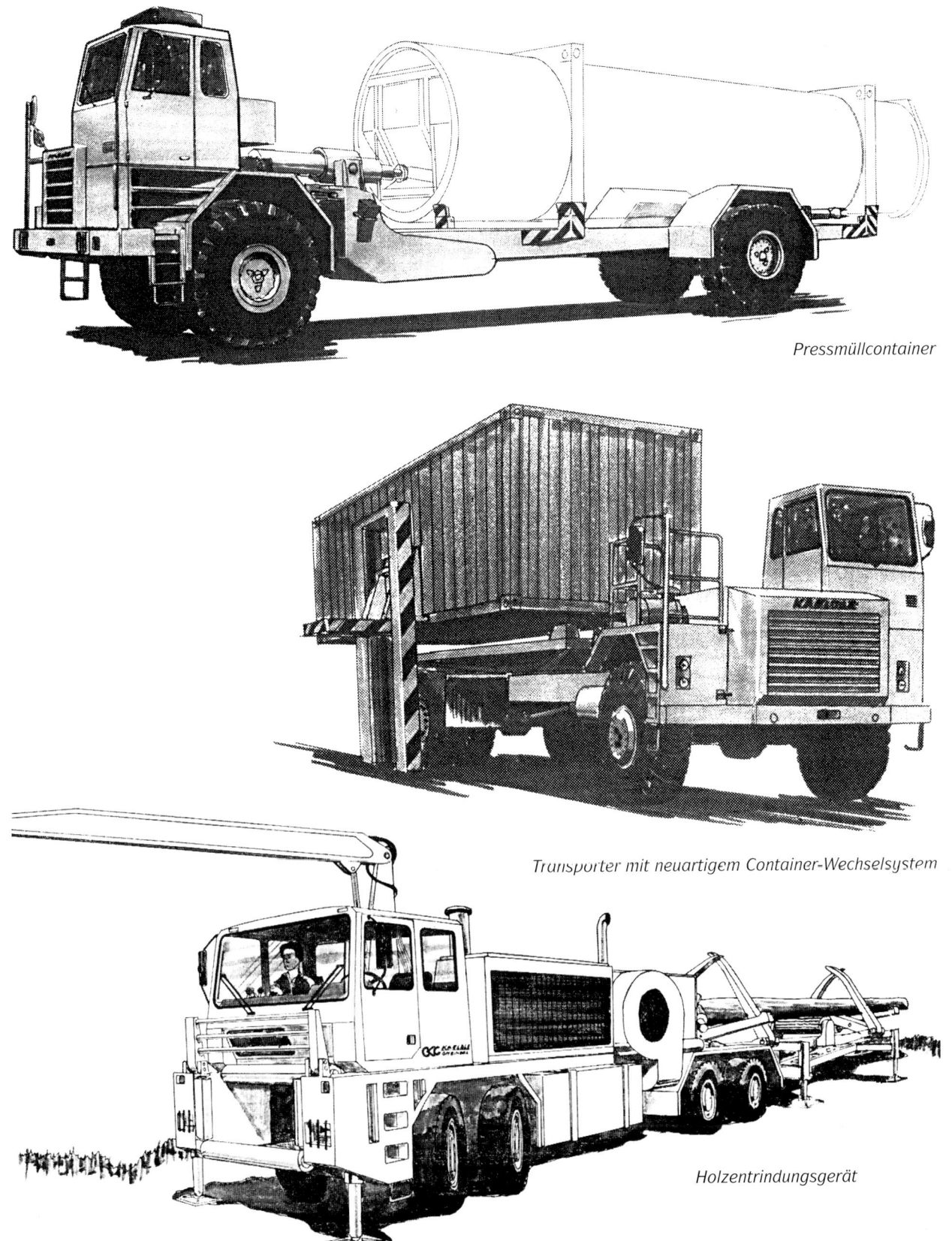

Pressmüllcontainer

Transporter mit neuartigem Container-Wechselsystem

Holzentrindungsgerät

Organisationen

Für die Firma Kaelble war es von besonderer Wichtigkeit, in internationalen Gremien präsent zu sein sowie in Forschungsgruppen mitzuarbeiten.

Bei folgenden Organisationen war Kaelble vertreten:

- **CECE**
  (Comité Européen des Matériels de Génie Civil)
  Europäisches Baumaschinen-Komitee
  Diese Gesellschaft befaßte sich in der Hauptsache mit der Normung von Baumaschinen und technischen Beschreibungen auf internationaler Basis. 26 Jahre lang wurde Kaelble von Dipl.-Ing. Erwin Fink vertreten. Das Komitee unterhielt eine Zentrale und ein Büro in Paris, die Tagungen fanden dreisprachig in fast allen europäischen Ländern statt.

- **Deutsche Gesellschaft für Wehrtechnik**
  Die Firma Kaelble hat für die Deutsche Bundeswehr verschiedene Geräte entwickelt und geliefert und deshalb einen militärischen Verbindungsmann gestellt. Um diese Sache zu aktivieren, wurde Dipl.-Ing. Erwin Fink als ehemaliger Offizier gebeten, an den jährlichen fünftägigen Beratungen in Bonn oder an der Nordsee teilzunehmen. Es wurden historische und gegenwärtige Probleme behandelt.

- **Max-Planck-Gesellschaft**
  Dies ist eine wissenschaftliche Gesellschaft, die sich aus dem Kaiser-Wilhelm-Institut entwickelt hat. An ihrer Spitze steht der Präsident, das Gremium mit den wichtigsten Kompetenzen ist der Senat, in dem eine gleichwertige Partnerschaft von Staat, Wissenschaft und sachverständiger Öffentlichkeit besteht. In der Mehrheit handelt es sich bei den Mitgliedern um international anerkannte Professoren aus den verschiedensten Fachrichtungen und Bereichen, die bei den Tagungen interessante Vorträge über den wissenschaftlichen Stand darbrachten. Die Tagungen fanden in verschiedenen Städten der Bundesrepublik statt. Repräsentant der Firma Kaelble war Dipl.-Ing. Fink.

- **Gesellschaft für elektrischen Straßenverkehr**
  Diese Gesellschaft war sehr zukunftsorientiert, weil sie Untersuchungen über neuzeitliche Antriebstechnik – also los vom Benzin oder Diesel – angestellt hat. Die Tagungen fanden in Berlin statt. Die Untersuchungen sind anfänglich nur für Pkw angestellt und ausgeführt worden. Durch die Mitarbeit von Dipl.-Ing. Erwin Fink sind die Versuche dann auch auf Schwerlastfahrzeuge erweitert worden.

- **Untersuchungen Siemens – Kaelble**
  Durch einen Auftrag der Bundesrepublik Deutschland ist eine Gruppe aus den Firmen Siemens und Kaelble gegründet worden, die unter Vorsitz von Dipl.-Ing. Erwin Fink eine Untersuchung über militärischen Schwerlastverkehr durchgeführt hat. Der Sitz der Gruppe war in Erlangen und Nürnberg.

- **DFG-Forschung an der Universität Stuttgart**
  Die Universität Stuttgart, Institut für elektrische Maschinen und Antriebe unter der Leitung von Prof. Dr.-Ing. Hans-Joachim Gutt, stellte eine Untersuchungsgruppe auf zur Erforschung neuer elektrischer Antriebe für Schwerlastfahrzeuge. Es entstanden umfangreiche Arbeiten zusammen mit der Firma Lauster, die schon bis ins Detail gingen. Ausgedehnte Probefahrten mit dieser Antriebstechnik wurden durchgeführt, insbesondere mit Nutzfahrzeugen.

- **Untersuchungen über Deponie-Methangas**
  Von der Firma Kaelble, insbesondere von Dipl.-Ing. Erwin Fink, wurde die Idee aufgegriffen, die Arbeitsgeräte, die auf den Mülldeponien eingesetzt werden, mit deponieeigenem Methangas, das bisher im Boden bleibt bzw. abgefackelt wird, anzutreiben. Untersuchung und Musterausführung eines Methangasgerätes wurde an einem Müllverdichter der Deponie Steinbach durchgeführt.

- **Deutscher Braunkohlen-Industrie-Verein**
  – Ausschuß für Hilfsgeräte –
  In dieser Vereinigung wurden die Einsatzmöglichkeiten von Kaelble-Geräten im Braunkohlenbetrieb bei der Firma Preußenelektra, Abteilung Borken, erörtert.

- **Dokumentation Kraftfahrwesen d. V. (DKF)**
  Diese Organisation befaßte sich mit Untersuchungen über die Entwicklung der Kraftfahrtechnik allgemein bis zum Jahr 2000. Die ersten Daten wurden in Form einer Kurzanalyse zusammengefaßt. Sie bilden die Grundlage für die Weiterentwicklung der Delphi-Forschung.

- **Verein Deutscher Maschinenbau-Anstalten (VDMA)**
  Hierbei handelt es sich um den Spitzenverband der Unternehmen des Maschinenbaus in Deutschland mit Sitz in Frankfurt am Main, gegründet 1890. Seit 1980 trägt der Verein die Bezeichnung „Verband Deutscher Maschinen- und Anlagenbau". Der VDMA vertritt die gemeinsamen Anliegen seiner Mitgliedsfirmen im wirtschaftspolitischen, fachlich-technischen und wissenschaftlichen Bereich gegenüber der Öffentlichkeit.

Erklärung der Typenbezeichnungen der KAELBLE Zugmaschinen und Lastwagen:

Nachdem die anfängliche Typisierung mit Z 1 bis Z 6 für Zugmaschinen mit unterschiedlichen Zylinderzahlen bald erschöpft war und eine Verfeinerung bei der Angabe des Fahrzeugtyps unabwendbar erschien, entschloß man sich bei Kaelble, eine Differenzierung zwischen Zugmaschine Z und Sattelschlepper S mit zusätzlicher Angabe der Zylinderzahl und Motorenbaureihe einzuführen.

Zum Beispiel:

Z 6 R = **Z**ugmaschine mit **6**-Zylinder-Motor, **R**eichsbahnmuster

S 6 GN 125 = **S**attelzugmaschine mit **6**-Zylinder-Motor, Motortyp **GN 125**

Z 6 W = **Z**ugmaschine mit **6**-Zylinder-Motor, **W**ehrmachtsbaumuster.

Nach dem Zweiten Weltkrieg wurde eine neue Typeneinteilung vorgenommen.

Der Anfangsbuchstabe **K** der Typenbezeichnung bedeutet **K**raftfahrzeug. Folgt darauf als weiterer Buchstabe ein **D**, handelt es sich um einen **D**reiachser. Zweiachsige Fahrzeuge erhielten keinen zusätzlichen Kennbuchstaben.

Fahrzeuge mit der Bezeichnung **KV** oder **KDV** besitzen zusätzlich einen **V**orderradantrieb und sind somit allradangetrieben.

Der ersten Kennzeichnung folgt eine dreistellige Zahl, deren Bedeutung im Verlauf der Jahre wechselte.

Die erste Ziffer gibt zunächst die Zylinderzahl an und die beiden darauffolgenden Ziffern die Zylinderbohrung in mm abzüglich 100.

Zum Beispiel: K 415 = Zweiachser mit **4**-Zylindermotor und 1**15** mm Zylinderbohrung.

Ab dem Jahr 1954 beschreiben die beiden letzten Ziffern die Motorleistung in PS abzüglich 100.

Zum Beispiel: K 680 = Zweiachser mit **6**-Zylinder-Motor und 1**80** PS Motorleistung.

Als die Motoren durch Aufladung auf höhere Leistung gebracht wurden, blieb allerdings die Typenbezeichnung dieselbe.

Zum Beispiel: K 645 SF = Zweiachser mit **6**-Zylinder-Motor und 192 PS Motorleistung.

Als weitere Kennzeichnung wurde die letzte Ziffer um 1 höher gesetzt, wenn es sich um eine Weiterentwicklung der Baureihe handelte.

Zum Beispiel: K 630, K 63**1**, K 63**2**.

Nach der Zahlenkombination folgte eine weitere Beschreibung des Typs durch ein bzw. zwei Buchstaben.

Zum Beispiel:
B   Baggerfahrgestell, Kranfahrgestell
L   Lastwagen (mit Ladepritsche)
K   Kipper
Z   Zugmaschine
F   Frontlenker
E   Erdtransporter / Muldenkipper
S   Sattelzugmaschine
Sh Schlackentransporter
T   Tiefbett-Transporter
ZR Zugmaschine für Reichsbahn
ZB Zugmaschine für Bundesbahn

Seit Anfang der 60er Jahre wurde in der Typenbezeichnung die Motorleistungsbeschreibung immer mehr durch die Tragfähigkeit des Fahrzeugs oder die entsprechende Nutzlast ersetzt.

Zum Beispiel: KV 22 E = Zweiachs-**K**raftfahrzeug mit Allradantrieb, **22** t Nutzlast, Muldenkipper.

KVW 34 = Zweiachs-**K**raftfahrzeug mit Allradantrieb, **34** t Nutzlast, mit hydraulischer **W**andlerschaltkupplung.

KDV 22 Z 8 T = **D**reiachs-**K**raftfahrzeug mit Allradantrieb als **Z**ugmaschine, **22** Tonnen Nutzlast, **8**-Zylinder-Motor mit **T**urbolader.

Zum Schluß

Nun ist Zeit, sich zu besinnen.
Außenwelt geh leise fort,
alle Sinne gehn nach innen,
das Gewissen hat das Wort.

Was ich je erlebt, erfahren,
was gesagt ich und getan,
im Zusammenhang von Jahren
stehet's da und spricht mich an.

Noch ist Zeit, sich zu besinnen,
noch ist nicht der letzte Tag.
Laß ich wieder sie verrinnen,
weil mein Stolz und Trotz nicht mag?

Ewig ist der Wechsel
reifes Gras wird Heu
und aus Heu wird Häcksel
und aus Stroh wird Streu.

Jährigen Kalender
nimmt man von der Wand
und am Kleiderständer
hängt ein andrer Tand.

Auch die Götter sterben
ihr Altar zerfällt.
Neue Priester erben
Ehr' und Opfergeld.